그래서 우리는 의정부에 올라 간다

A
A
JAZZ
BLUES

환갑 맞은 청년도시 의정부

사람이 태어나서 60년을 살면 환갑이다. 건강 100세 시대가 된 지 오래인지라 지금은 환갑이라고 하면 경로우대 혜택도 제대로 못 받는 청년이다. 그래도 예순 살이면 대단하다. 60년 인생에 그 사람이 속한 공동체의 역사와 추억이 다 담겨 있지 않겠는가.

경기도 북쪽에 자리한 도시 의정부(議政府)가 2023년으로 도시가 된 지 60년이 됐다. 환갑이다. 그전까지는 양주군에 있는 한 읍이었는데, 경기도에서 수원에 이어 두 번째로 시가 됐다. 600년이 넘은 대한민국 수도 서울에 비하면 10분의 1도 안 되는 세월이지만, 역사가 일천한 신생 공화국 대한민국으로 치면 대단한 일이다.

어찌 보면 의정부 60년에는 대한민국 역사가 농축돼 있다. 식민지배와 전쟁이 이 도시를 휩쓸고 지나갔고, 그 흔적은 군사도시 의정부, 일제강점기가 잉태했던 교통도시 의정부로 남아 있다. 그 도시에 사람들이 몰려들었다. 텅 빈 벌판에 길이 생기고 길가에 삶터가 생겨나고 그곳에서 사람들은 아주 치열하게 살았다. 어느덧 의정부 사람들은 다른 도시에서는 보기 드문 희귀한 역사와 문화를 이곳에 만들어놓았다.

그냥 축하 행사 몇 번 하고 이 생일잔치를 넘기기에는 그 세월이 너무 귀하고 그 세월을 살아낸 의정부 사람들의 땀이 너무 진하다. 그래서 환갑을 맞은 의정부시와 의정부 문화재단 그리고 이래저래 의정부와 인연을 맺게 된 작가 몇몇이 그 60년 동안 의정부에서 벌어진 일들을 책으로 만들게 됐다. 굳이 장르를 따지자면 이 책은 의정부에 관한 조금은 인문학적인 여행 안내서다.

'의정부 60년 시사(市史)' 같은 기록물을 만들 수도 있었다. 시사 편찬은 역사를 기록으로 남겨 후대에 전하는 의미 있는 작업이다. 그런데 대개 시사는 어마어마한 작업이 필요한 몇 권짜리 대작(大作)인데다 의정부 역사에 관심 있는 사람만 보면 어떡하나 싶은 알량한 우려도 있었다. 그래서 우리는 대한민국 사람 모두에게 줄 책을 만들기로 했다. 이 책은 의정부 60년 생일잔치에 독자 여러분을 부를 초대장이다.

의정부라고 하면 사람들은 대개 함흥차사(咸興差使)와 군사도시를 떠올린다. 산을 좋아하는 사람은 도봉산과 수락산 주말산행의 목적지 정도? 게다가 미군도 다 떠난 마당에 이제 의정부에는 산밖에 남은 게 없네? 산에서 내려와 봤자 미군이 남긴 부대찌개 먹고 나면 딱히 의정부에 갈 이유가….

이런 정도로만 알려진 의정부가 알고 보니 이런 도시였다.

도봉산의 기상을 품은 의정부

• 〈귀천(歸天)〉이라는 명작을 남기고 하늘로 간 시인 천상병,
  그가 살고 죽은 도시.
• 대한민국에 하나밖에 없는 미술도서관과 음악도서관을 가진 도시.
• 대한민국에서 가장 아름답고 맛있는 커피를 내리는 카페의 도시.
• 이른바 K팝 첨단을 이끌고 있는 힙합과 랩을 잉태한 도시.
• 김수근, 이중섭과 함께 대한민국 신사실주의 화풍을 주도한 화가
  백영수가 살고 죽은 도시.
• 일제강점기 조선 예술인의 자존심을 높이 세웠던 영화의 도시.
• 시대의 풍운아 홍선대원군 이하응과 그 아들 고종이 조선 천하를 두고
  마지막 합을 겨뤘던 도시.
• 근대 동아시아를 주름잡았던 청나라 장수 위안스카이가
  발자국을 찍은 도시.
• 고문으로 만신창이가 됐어도 정의를 주장했던 잘생긴 선비 박태보의 도시.
• 그리고 그 박태보를 있게 한 뿌리 깊은 나무, 박세당의 도시.
• 지금 이 글을 쓰는 데 사용 중인 문자 '한글'을 한글답게 만든
  천재 신숙주의 도시.

이만하면 아무 때나 불쑥 전철과 버스와 자가용을 타고 이 도시로 가야 할 것 같은 강박감이 들지 않을까? 웅장한 산에서 시대를 풍미한 거인의 발자국, 도서관이라고 하기에는 너무 아름다운 전문 도서관과 커피 향 가득한 카페에 이르기까지 의정부가 사람들에게 던지는 매력은 다양하고 크다.

그 도시가 2023년에 환갑을 맞았다. 환갑도 젊은 환갑, 21세기 60세다. 이 생일잔치 초대장을 만들기 위해서 의정부 토박이 유호명은 도시 뒷골목

을 들쑤시고 다니면서 의정부의 미시 세계를 취재했다. 30년이 넘도록 서울 서소문으로 출퇴근하며 직장생활을 하고도 유호명에게 의정부는 고향이고 삶터다.

또 영화 마니아면서 세상을 두루 다녔던 전직 방송기자 이동식은 신문기자보다 멋진 필체와 깊은 역사의식으로 의정부 옛 거인들 삶을 취재했다. 어린 날 극장비와 버스 값이 없어서 그 좋다는 의정부 영화관에 가보지 못한 한을 이번에 풀었다. 경기도 화성 출신이자 방송국 PD 출신의 디지털 혁신 전문가 오강선은 '지금' '여기' 의정부 도시 공간을 채운 삶의 모습을 객관적으로 취재했다.

문화재에 관한 한 자타 공인 일류 전문가 류호철은 의정부 산하(山河)에 들어앉은 옛 흔적을 이 잡듯 뒤져 답사하기 좋아하는 대한민국 사람에게 딱 맞는 안내서를 만들었다. 태생은 의정부와 무관하지만 류호철은 주말이면 의정부 고등학생에게 문화유산을 가르쳤던 반(半)의정부 사람이다. 경기도 고양시에 사는 신문기자 박종인은 굉장히 오랫동안 경기도 사람들이 "의정부에 올라간다"라고 표현했다는 사실을 알고는 깜짝 놀랐다. 왜 의정부가 그런 만형 대접을 받았는지 이번 취재를 통해 자세하게 알았고, 그래서 사람들이 의정부에 가야 할 이유에 대해 취재했다.

40대부터 70대까지 출신도 직업도 세상 보는 시각도 각기 다른 다섯 사람이 이렇게 생일잔치 초대장을 준비했다. 독자 여러분은 이 책을 들고 젊은 도시에 와서 의정부가 준비한 잔칫상을 배불리 즐기고 돌아가시면 된다. 그리고 의정부에 사는 선량한 사람들은 이 책을 읽으며 한마디 해주시면 좋겠다.

"우리, 참 열심히도 살았네."

마지막으로 책 쓸 기회를 만들어준 토박이 시장 김동근, 의정부 문화재단 대표 박희성, 교육부장 송종석, 역시 토박이로서 어마어마한 이야기를 들려준 의정부문화원 사무국장 박정근, 이분들께 무한한 감사 인사를 드린다.

2023년 11월 필자 일동

차례

4부 토박이가 안내하는 의정부

유호명

5부 청년의, 청년에 의한, 청년을 위한 도시 의정부

오강선

1부

의정부에 대한 인문학적이고 여행학적인 보고서

● 박종인

조선일보 기자. 역사 시리즈 '땅의 역사'를 연재했다. 2020년 '서재필 언론문화상'을 받았다. 《박종인의 땅의 역사》1~6, 《광화문 괴담》, 《매국노 고종》, 《대한민국 징비록》, 《여행의 품격》, 《기자의 글쓰기》, 《한국의 고집쟁이들》, 《행복한 고집쟁이들》, 《내가 만난 노자》, 《나마스떼》, 《우리는 천사의 눈물을 보았다》(공저), 《다섯 가지 지독한 여행 이야기》가 있고, 《뉴욕 에스키모, 미닉의 일생》, 《마하바라타》를 옮겼다.

1장 | 우리는 의정부에 올라간다: 북경기의 맏형 의정부

토박이 김동근의 기억

1961년 의정부에서 태어난 김동근은 2023년 현재 의정부시 시장이다. 의정부에서 태어나 의정부 시장까지 올랐으니 남부럽지 않게 출세한 사람이다. 초등학교와 중학교는 옆 지자체인 양주에서 다녔고 고등학교는 고향의 의정부공업고등학교를 다녔다. 집에서 학교까지는 10리 길이었다.

고등학교 졸업 후 김동근은 보일러 회사에 취직해 서울로 출퇴근했다. 7년 동안 보일러를 관리하다가 만학도 여학생에게 자극받아 공부를 시작했고, 성균관대학교에 합격했다. 졸업 무렵 취직을 하려고 보니 취업 제한 연령이 넘어 있었다. 그래서 행정고시를 봤고 한 번에 붙었다. 1992년 시작한 공무원 생활은 경기도 부지사로 27년 만에 끝냈다. 그리고 지금은 민선 의정부 시장이다. 속칭 '공고 출신'이 노력 끝에 시장이 됐다.

정치 진영이 첨예하게 대치 중인 21세기 대한민국에서 한 정치가 이야기

김동근 의정부 시장. 의정부공업고등학교 시절

로 이 글을 시작한다. 독자 여러분께서는 이게 뭔 의정부 인문학 서적인가 싶겠지만, 필자가 하려는 이야기가 그의 인생 속에 숨어 있어서 어쩔 수 없다. 이 입지전적 정치인 62년 인생에서 끄집어낼 말이 두 가지 있다.

김동근이 말했다. "의정부는 옛것을 부여잡고 있는 쇠락한 종갓집 같다." 그 김동근이 또 말했다. "양주 사람들이 다들 말했다. '나 의정부 올라갔다 올게' 하고." 서울에 가는 사람이 상경(上京), 곧 '서울에 올라간다'고 하는 말과 다를 바 없는 표현이다. 의정부시 주변에 사는 사람은 하나같이 의정부에 '올라간다'라고 표현했다. 낯설다. 경기도 북부 지역에서 의정부가 가진 위치가 최근까지도 서울만큼이나 크고 높았다는 뜻이다.

그런데 이 토박이 의정부 사람, 그것도 의정부 시정(市政)이라는 막중한 책임을 맡고 있는 이 토박이가 그 '올라가는 도시'를 '옛날을 붙잡고 있는 스러져가는 종갓집'이라고 했다. 시장이 돼서 꼼꼼하게 살펴보니 '의정부에 올라간다'는 표현이 일상적일 정도로 맏형 노릇을 했던 도시는 조락 중이었다. 옛 영화는 사라지고 의정부라는 고택은 먼지 쌓인 다락과 정(情)과 추억만 가득한 낡은 집으로 변해 있더라는 것이다.

그래서 시장이 된 토박이가 말한다. "'왜 의정부에 가냐'고 물었을 때 의정부에 가야 할 이유가 바로 나와야 한다." 토박이로서, 시장으로서 답이 떠오르지 않는다는 것이다.

반(半)토박이 이임성의 경험

이임성은 서울 사람이다. 직업은 변호사다. 고등학교와 대학교를 서울에서 나왔고 검찰에서 수사를 하다가 2009년 의정부에서 변호사 개업을 했다. 2023년 현재 60세다. 60년 인생 가운데 의정부에 터를 잡고 생활한 지 14년이다. 그는 의정부를 제2의 고향이라고 한다.

반토박이 이임성이 얼마 전 경기도 고양시에서 친구들을 만났다. 한 세월 잘 살아낸 고양 토박이들이 이임성에게 이렇게 말했다. "우리, 이제 결의했다. 더 이상 '의정부에 올라간다'고 말하지 않기로." 에잉? 토박이 시장 김동근이 한 말은 사실이었다. 양주는 물론 경기도 서북쪽 고양 사람도 저절로 "의정부에 올라간다", "고양(양주)에 내려간다"라고 하면서 의정부로 갔고 집으로 돌아왔다. 양주, 고양은 물론 경기 북쪽 동두천, 연천, 포천 사람도 마찬가지였다. 의정부는 과연 경기도 북쪽 동네 맏형이었다. 지금의 40대가 고등학생이던 20세기 말까지 의정부는 그들에게 '올라가는 곳'이었다.

의정부고등학교는 이 동네 최고 명문이었고 의정부역은 경기도 북쪽을 사통팔달하게 맺어주는 중심지였다. 큰 병이 나면 사람들은 그 교통로를 통해 의정부에 와서 치료를 받았고 내친김에 의정부에서 관공서 일을 본 뒤 시간을 보내다 집으로 '내려갔다'. 그런 도시가 몇 있다. 자존심 강하기로 소문난 대구 사람은 지금도 우스갯소리로 '서울에 내려간다'고 말한다(물론 대구 사람이 하는 말이다. 참고로 필자는 대구가 고향이다).

경기 남쪽에서 가장 큰 도시는 수원이었다. 해방 후 경기도에서 시로 승격된 첫 도시가 수원이었고 두 번째가 의정부였다. 수원은 해방 후 1949년에 시로 승격했다. 1963년에 시로 승격한 의정부는 올해 시 승격 60주년을 맞는다. 인천도 있었는데, 인천은 직할시로 광역시로 경기도에서 떨어져 나갔다. 자연히 수원과 의정부는 각 지역의 중심지로 발전했고, 그 지역주민 삶도 이들 도시를 공유하면서 진행됐다. 수원 주변 도시에서는 지금도 종종 '수원 올라가서 놀자'고 한다. 대도시에 대한 무의식적 동경에서 연유한 이런 표현이 여전히 살아 있는 것이다.

그런데 어느덧 그 많은 북쪽 동생 도시 가운데 고양시가 일산신도시 개발과 함께 인구가 폭증하고 교통이 좋아지더니 자존심도 훌쩍 커졌다. 이제 의정부는 토종 고양 사람들이 이제는 의정부에 올라간다고 하지 말자며 결의까지 해버린 조락한 도시가 되어버렸다. 그래서 토종 시장 김동근은 걱정이 태산이다. 시장 본인이 해결해야 할 일이니 걱정만 하고 있을 일은 아니다.

김동근이 말했다. "의정부시 최대 고용주는 성모병원이다. 직원이 2500명이다. 두 번째 최대 고용주는 직원 수 1500명인 의정부 시청이다."

굉장히 오랜 세월 의정부 경제는 주한미군에 의존했다. 미군이 있다고 오직 미군에 한정된 경제활동만 있는 건 아니다. 따라서 의정부는 주변 도시보다 부유했고 긍정적으로든 부정적으로든 왁자지껄했고 활기가 넘쳤다. 변화하는 시대정신에 따라 미군은 의정부에서 사라졌다. 주력 경제 요소였던 미군이 사라지면서 의정부는 고택으로 변했다. 딱히 미군이 철수해서만은 아니지만, 어쨌든 지금 의정부는 그렇다. 종합병원 하나와 시 자체가 최대 고용주인 섭섭한 도시로 변해버렸다.

또 다른 반토박이들의 반론

사진가 황은열은 대구에서 태어나 서울에서 30년, 의정부에서 20년 넘도록 활동하고 있다. 그가 말했다. "처음엔 군사도시 성격과 일반 거주 성격이 혼재돼 있었는데, 지금은 완전히 자연 친화적 도시로 자리 잡은 듯하다. 군사도시 얼굴은 거의 흔적이 없고 오히려 서울보다 군인 보기가 힘들다. 그럼에도 신·구 도심이 혼재돼 흥미롭다. 역사적으로 정문부 장군 묘역, 의순공주묘 사연 등 이야깃거리가 많은 고장이다."

의정부백병원 가정의학과 교수 양성관은 코로나19 때 선별검사소에서 땀 흘리며 의정부 시민을 위해 고생했다. 7년째 백병원에서 환자를 진료하는 이 부산 출신 의사가 말했다. "가끔 맑은 하늘에 천둥치는 소리와 함께 땅이 울리는데, 군부대에서 포 사격을 하는 소리니 놀라지 마시라. 경기 북부 지역 연천, 철원, 동두천 사람은 대부분 서울까지 갈 필요 없이 의정부에서 모든 것을 해결할 수 있다. 경기 북부 핵심 도시다. 그래서 의정부로 올라간다고 하는 듯하다. 의정부는 인구 50만 명의 도시로 서쪽에는 도봉산이, 동쪽에는 수락산이 있고, 가운데 천이 흘러 산세가 뛰어나다. 서울에서 수도권 제1순환고속도로를 타고 의정부에 갈 때 수락산 터널을 통과하면 눈앞에 도봉산이 갑자기 나타나는데, 이 풍경이 의정부 제1경이다."

이 두 반토박이 증언 속 의정부는 과연 아름답다. 역사적 볼거리와 즐길 거리가 의정부에 있다. 그 각종 즐길 거리를 찾다가 하늘을 보면 사방이 산수화 같은 산이다. 시장 김동근이 우려하듯 '조락해가는 종갓집' 이미지는 느껴지지 않는다. 그런데 양성관은 이렇게 덧붙인다. "그런데 의정부 젊은 사람들은 지하철 타고 서울 가서 논다"라고.

의정부에는 서울 노원역 앞 롯데백화점보다 활황인 의정부역 신세계백화점이 있다. 도봉산과 수락산은 주말이면 외지인으로 바글바글하다. 부대찌개는 물론이고 전국 팔도 평양냉면의 원조인 의정부 평양냉면집도 만원이다. 그런데 의정부 젊은이들은 의정부를 벗어나 서울로 간다. 빈자리는 의정부 옆 도시들에서 '올라온' 젊은이들이 채운다.

이쯤 되면 토박이 시장 김동근이 달고 사는 걱정도 절반은 맞고 반토박이들이 내민 반론도 절반은 맞는다. 의정부는 조락하고 있는데, 여전히 의정부는 의정부다. 의정부에 가야 할 이유는 분명히 있다. 역사적인 이유도 있고, 유희적인 이유도 있고, 살기 위해 꼭 해야 하는 생활 필수적인 이유도 분명히 있다. 공기 같은 존재라서 의정부 사람은 느끼지 못할 뿐, 의정부에는 사람을 불러내는 얼굴과 이야기가 있다. 그런데 그 예쁘고 잘생긴 얼굴들이 다락방에서 먼지를 뒤집어쓰고 있다 보니 억울하지 않겠는가.

이제 김동근과 이임성과 황은열과 양성관, 기타 수많은 의정부 사람이 당연하다고 생각하면서 지나쳤던 의정부와, 몰랐던 의정부와, 알아야 할 의정부에 대해 알아보기로 하자. 이제 우리는 의정부로 간다.

2장 의정부는 문화다: 화가 백영수의 추억과 미술도서관

화가의 흔적

백영수는 1922년 수원에서 태어나 일본 오사카에서 살았다. 목포에서도 살았고 부산에서도 살았고 서울에서도 살았다. 그러다 1973년 의정부 호원동에 정착해 살면서 프랑스 파리를 오가며 지내다가 2018년 의정부에서 죽었다. 아흔여섯 살이었다. 100년에서 4년 모자라는 긴 세월, 그 절반을 백영수는 의정부에서 살았다.

> 나는 경기도 수원에서 태어났다고 한다. 내가 걸음을 조금씩 걸을 때, 두 살이 채 될까 말까 한 나이에 부친이 돌아가셨고 혼자되신 어머니는 나를 데리고 외삼촌이 미리 자리를 잡고 있던 오사카로 건너가셨다. 아주 젊은 나이에 홀몸이 되신 어머니의 심정과 어린 나를 데리고 일본으로 건너간 그 심사를 어렴풋이나마 짐작할 듯도 하다.[1]

의정부에 정착할 때까지 어디 한 군데 제대로 정주한 적 없던 사내, 백영수는 화가다. 백영수는 국민화가 이중섭, 김환기, 장욱진 같은 이들과 '신사실파' 동인으로 활동했다. 동인들이 일찍 하늘로 간 탓도 있지만 백영수는 이들 거장들과 정신과 영혼을 나누며 21세기 넘어서까지 그 화풍을 이었던 최후의 신사실파 화가다.

그 백영수가 살던 도봉산 아래 집은 갤러리로 변했다. 갤러리 이름은 백영수미술관이다. 이와 함께 의정부에는 백영수를 기리는 도서관도 있다. 도서관 이름은 의정부미술도서관이다.

군사도시로 이미지화된 의정부 이야기는 이 화가 백영수와 미술도서관에서 시작한다. 백영수는 대한민국과 세계 여기저기를 다니며 정처 없이 살다가 의정부에 정착했다. 백영수가 1983년에 쓴 회고록 《검은 딸기의 겨울》(전예원, 1983)에는 의정부 이야기가 한 글자도 나오지 않는다. 그가 그 책을 집필한 곳은 프랑스 파리였다. 그리고 2000년 제목을 바꿔서 다시 펴낸 《성냥갑 속의 메시지》에도 의정부 이야기는 없다.

의정부에 정주한 뒤로도 백영수에게 예술가로서의 주무대는 프랑스 파리였다. 심신이 피폐해지면 화가는 의정부에 돌아와 휴식하곤 했다. 그러니까 백영수에게는 의정부를 배경으로 한 추억이나 기억이 그리 많지 않다. 60세에 쓴 회고록, 90세에 다시 쓴 회고록에 의정부가 등장하지 않는 이유다.

그런데 백영수를 거론하지 않으면 이 도시 이야기는 불가능하다. 의정부 토박이 시장이 "조락한 종갓집"이라고 한 이 도시 그리고 의정부 변호사가 "더 이상 고향 사람들이 '올라간다'고 하지 않겠다더라" 하고 전한 이 도시가 옛 영화를 되찾고 부활할 수 있는 씨앗이 백영수와 그 미술관과 미술

백영수 호원동아뜰리에

도서관에서 싹을 틔우고 있었으니까.

2011년 마침내 우주를 넘나들던 화가의 유랑 생활이 끝났다. 백영수는 의정부 집으로 돌아왔다. 그리고 7년 뒤인 2018년 4월 백영수는 옛집을 헐어내고 거기에 미술관을 지었다. 두 달 뒤 그가 죽었다. 여우가 죽을 때면 태어난 곳을 본다고 했다. 심한 비유일지 모르지만 예수 그리스도가 구원의 결심을 다지며 제자들을 이끌고 찾았던 곳도 고향 베들레헴이었다.

그를 환대하고 존재감을 극명하게 발화시켜준 도시는 파리였다. 그런 백영수가 빛을 끄고 의정부로 귀환한 것이다. 평생 유목민이던 백영수가 유목 생활을 정리하고 옛 추억과 기억과 고락을 각인해놓은 곳이 의정부이며 그 집터에 지은 미술관이다. 개관 다음 해인 2019년 의정부는 시 차원에서 이 사설 미술관에 유지 비용과 인건비를 보조하며 백영수미술관을 애지중지하고 있다. 이 예쁜 미술관은 의정부 안말로 58번 안길 55-1에 있다.

백영수미술관

그러니 우리는 의정부를 말할 때 화가 백영수와 미술관과 도서관을 이야기해야 한다. 과연 의정부는 군사도시인가? 군사도시라면 미군이 다 떠나고 없는 이 의정부는 무엇인가? 오직 미술과 관련된 자료와 행사만을 진행하는 미술 전문 시설 의정부미술도서관은 도대체 무엇인가? 무엇이어야 하는가?

문화의 기반 경원선 철도

식민시대인 1911년 10월 15일 경원선 용산역-의정부역 구간이 개통됐다. 9개월 뒤인 1912년 7월 25일 의정부역-연천역 구간이 개통됐고, 1913년 8월 14일 강원도 원산까지 나머지 구간이 완공되면서 경원선이 완성됐다. 경성에서 의정부를 지나 원산으로 가는 도로 또한 총독부 기준으로 폭이 7미터

미술도서관 내부 전시장

이상인 '1등 도로'로 뚫렸다. 의정부에서 평양으로 가는 폭 5미터짜리 '2등 도로'도 개통됐다.

식민시대 전에 완공된 경부선, 경인선에 이어 경원선은 조선총독부가 가장 먼저 건설에 착수한 철도 노선이었다. 일본에게 경원선은 '동해와 황해 연안의 물자와 여객을 연락해' 동북아시아 대륙으로 세력을 뻗치는 데 필수불가결한 철도였다.[2]

당시 경성(京城) 외곽에서 첫 번째 개통된 구간이 용산역~의정부역 26.4킬로미터 구간이었다. 원산까지 정거장은 모두 32개였다. 1940년대 경성에서 아침 9시 35분 기차를 타면 그날 오후 4시 48분 원산에 도착했고, 기차는 이어 함흥선으로 노선을 바꿔 그날 저녁 7시 58분 함흥에 도착했다.

지금 의정부 중앙역이 된 옛 의정부역은 이후 경성에서 경기도 북부와 강원도를 잇는 가장 중요한 교통 중심지로 변신했다. 1930년대 경원선은 여행객과 함께 다른 노선에 비해 광물, 시멘트, 석회석 운송 비율이 높았다. 그러니까 경원선은 일제강점기 강원도 땅에서 생산한 지하자원을 조선 남쪽으로 유통하는 산업철도이며 동시에 경제 수탈 동맥 역할을 했다.[3]

그럼에도 경원선은 아름다웠다. 용산을 출발한 기차는 한강을 끼고 달리다가 산악 지대 원산에서 멈추었다. 그래서 굳이 기차를 타고 그 풍경을 감상하러 가는 사람도 무척 많았다. 그 중심에 의정부가 있었다. 사방이 험준한 산이며 곳곳에 맑은 물이 흐르는 계곡, 그 한가운데 역이 떡하니 있으니 서울 사람은 수시로 열차에 몸을 싣고 가며 풍경을 즐겼고 열차가 데려다준 의정부에 내려 풍경 속으로 들어가곤 했다.

문화도시의 흔적 '의정부스타디오'

길이 있는 곳에 사람과 돈이 모인다. 의정부가 그러했다. 산 가운데 널찍하게 자리한 평야 지대에 길이 뚫리고 기차역이 생겼다. 강과 바다를 중심으로 물류 활동이 이뤄지던 조선시대와 달리, 이제는 육지가 경제 중심지가 됐다. 의정부는 순식간에 북경기의 중심지가 됐다. 한강 풍경을 즐기며 서울에서 기차로 40분만 가면 도착하는 도시가 의정부였다.[4] 그래서 1939년 봄날 당시 《삼천리》 잡지 기자가 동경성역[5]에서 열차를 타고 40분을 북상해 의정부로 간 것이다. 그의 목적은 '조선영화주식회사 의정부스타디오' 취재였다.

의정부역이 있는 지역 공식 지명은 양주군 시둔면 의정부리였다. 그리고 1938년 시둔면은 양주면으로 개칭됐다. 그런데 《삼천리》 기자는 양주도 시둔도 아닌 '의정부'로 갔다고 했다. 이미 교통 중심지가 된 의정부가 어엿하게 양주로부터 실질적으로 독립된 지역으로 인식됐다는 뜻이다.

그렇다면 '조선영화주식회사 의정부스타디오'란 무엇인가? 1937년 9월 조선인 최남주가 설립한 영화사 조선영화주식회사(이하 '조영')가 운영하던 촬영소다. 1905년 전남 광주에서 태어난 최남주는 1920년대에 소극장 활동을 하며 연극에 관심을 보였다. 그는 일본 유학 후인 1930년대에 금광으로 떼돈을 벌었는데, 그 돈으로 차린 회사가 조영이다. 1938년 최남주는 당시 활동 중이던 다른 영화제작사인 성봉영화원을 인수했다. 의정부스타디오는 성봉영화원이 짓고 있던 촬영장이었다.[6] 이 스튜디오에서는 완공 전인 1938년 5월에도 작품이 촬영되고 있었는데, 최남주는 과감하게 이를 인수해 조영을 확장했다.[7] 딱히 볼거리가 없던 식민지 조선인에게 조영은 큰 화제였고 큰 희망이었다. 조영이 만든 영화 가운데 춘원 이광수의 작품을 토대로 만든 〈무정(無情)〉이 특히 그랬다.

그 봄날 《삼천리》 기자는 의정부역에서 내려 서쪽으로 2킬로미터를 간 뒤 30분 만에 전봇대 115개가 늘어선 길가를 걸었다. 촬영장 조명을 위한 전기시설이었다. 그 놀랄 만치 웅장한 촬영장 풍경을 기록한 기사를 띄엄띄엄 인용하면 이러하다.

> 눈앞 설경의 풍색을 만끽하면서 소걸음으로 걸은 걸음이건만 역전을 떠난 지 30분 만에 산폭(山瀑)이 소리 없이 떨어지는 맑은 계곡 사이에 궁전 같은 세 동의 백악관이 나타난다. 진실로 영화를 위해 노력하는 여러 예술가들에겐 비로소 새 경지가 열렸나 싶으리만치 무한히 부러웠다.
>
> 시방 조선 천지에 여왕처럼 군림하고 있는 문예봉(文藝峰) 여사가 그가 주연한 작품 〈새 출발〉의 녹음 연습을 할 요량인가 각본을 야웅야웅 읽

고 있었다.

기자는 제작자에 안내를 받어 마침 〈무정(無情)〉 녹음 중에 있다는 녹음실을 특별 참관할 수 있었다. 내실 벽은 그렇게 두터운 벽인데도 불구하고 조선 모포와 면포로 장막을 쳤고 방 안 중앙에 하얀 영사막이 걸렸는데 그것이 바로 녹음하기 위해 그림을 비치는 스크린이라는 것이다. 지금 춘원의 〈무정〉, 박기채 씨 감독으로 된다는 그 영화의 녹음 중이었다.

음악실은 또한 약 60여 평의 홀로 지하 계단까지 100여 명의 코러스와 30, 40명의 악사를 수용할 수 있다고 하는 것이다. 악사들 중에는 기자가 평소에 낯익은 바이올린의 문학준(文學準) 군이랄지 안성교(安聖教) 군 등이 섞여서 매우 유쾌히 진행하고 있는 모양이었다.[8]

기자의 눈에는 이 스튜디오가 하나하나 경이였고 희망이었다. 이 기자는 "한 개의 작품 때문에 일본 내지(內地)로 드나들면서 비싼 차비와 기술값을 허비하는 그런 결점을 청산하고 충분히 조선인의 손으로 해나갈 수 있을 것을 이 회사가 처음으로 장만했으니 장하다"라고 기록했다.

기사 맨 마지막 문단은 이러했다. "그새 벌써 황혼이 이 산간을 헤엄쳐 들어온다. 기자는 조선에도 이제 한 개의 예술 경지가 힘세게 개척되어가고 있는 것을 모름지기 기뻐한다." 참으로 이 식민지 조선에 사는 숱한 조선인의 마음을 대변하는 언급이 아닌가. 그런데 그 마지막 문단을 끝맺는 문장은 따로 있었다. "뒷날 이 고장에 참다운 우리 문화 재건의 신조(神助)가 있기를 빌며 하직했다." 지금 말로 바꾸면 이렇다. '조선 문화 재건을 위해 하늘이 의정부를 돕기를 빌며 하직했다.'

박영애

꿈꾸는 공무원 박영애

조선시대 한성에서 옛 의정부가 있었던 양주까지, 멀었다. 물리적으로는 그리 먼 길이 아니었지만 산으로 에워싸인 벌판은 험하고 무서웠다. 한성 동대문을 벗어나 지금 의정부시가 있는 녹양까지 가는 길목에 쉼터 격인 역과 원이라도 있어야 할 정도였다. 그런데 이제 하루 나들이로 충분히 가까운 공간이 됐다. 일제강점기나 지금이나 동경성역(청량리역)에서 의정부역까지 열차와 전철로 40분가량 걸린다. 게다가 역에서 30분만 걸으면 '산중 폭포가 소리 없이 떨어지는 맑은 계곡'이 나오니 이만큼 예술 혼을 불태울 만한 낙원이 어디 또 있을까.

조영이 인수한 성봉영화원은 왜 하필 의정부에 촬영소를 지었을까? 어찌어찌 사뒀던 땅이 있었을까? 한 가지는 확실하다. 의정부는 이미 그때 복잡한 서울을 벗어나 창작과 휴식을 취할 수 있는 공간으로 주목받기 시작했다. 그 아름다운 의정부에 21세기 초 화가 백영수가 틈입했다가 하늘로 갔다.

그리고 그곳에 작은 도서관이 생겨났다. 도서관 이름은 '미술도서관'이다. 백영수가 백영수미술관을 만들기 정확하게 한 달 전인 2018년 3월 의정부는 미술도서관 공사를 시작했다. 백영수는 미술도서관 터를 닦는다는 소식을 들으며 한 달 뒤 눈을 감았다. 그리고 1년 반이 지난 2019년 11월 미술관 옆 도서관, 미술도서관이 문을 열었다. 대한민국 최초이며, 아직도 유일한 미술 전문 도서관이다.

미술도서관을 만든 사람은 박영애다. 박영애는 공무원이다. 의정부시청 정보도서관과 과장이다. "2007년 동두천시에서 의정부시로 전근했다. 내 전공은 도서관이다. 동두천에서도 도서관 업무를 했다."

박영애는 경기도에서 공무원 인생을 시작했다. 박영애는 서울 사람이다. 동두천에서 부임해온 2007년 의정부는 그해 경기도 내 31개 시군 가운데 인구 대비 도서관 수가 꼴찌였다. 시 인구가 45만 명이었는데, 시립도서관은 딱 세 개였다. 도서관 한 곳당 10만 명이 넘는 시민이 몰려서 북새통을 이뤘다는 뜻이다.

도서관이 모자랐던 이유는 단순했다. 의정부시 우선 사업 순위에서 도서관은 늘 밀렸다. 어디든 마찬가지지만 공공행정에서 도시 인프라 사업은 대개 앞 순위에 놓인다. 문화와 교육 같은 비물질적 분야는 한가한 일 혹은 인프라 구축 후 해야 하는 일이라고들 치부해버린다. 정신과 문화야말로 공동체적 삶에 진짜 중요한 가치라고 입으로는 말하면서도 공공행정은 대개 그러했다. 그래도 그렇지, 도서관 하나를 10만 명 넘는 사람이 나눠 쓴다는 게 말이 되는가.

미술도서관

그만큼 의정부는 문화적으로 열악했다. 그래서 박영애가 찾아낸 비상구가 전문 도서관이었다. 박영애는 말했다. “의정부는 사교육 열기가 강한 도시다. 그리고 사교육 가운데 비용이 가장 많이 드는 분야가 예체능 분야다. 단순한 도서관이 아니라 이 사교육을 대체하고 시민들이 가지고 있는 문화에 대한 욕구를 채울 공간이면 되겠다 싶었다.”

지금도 마찬가지지만 의정부에는 시립미술관이 없다. 그래서 7급 공무원 박영애는 시립미술관이 해야 할 역할을 포함한 도서관을 꿈꾸기 시작했다. 그게 미술도서관이다. 부임한 이듬해 도서관 사서 모임에서 미술도서관 이야기를 꺼냈다. 책만 아는 사서가 미술? 다들 시큰둥했다. 그 꿈을 한껏 부풀려준 사람이 바로 화가 백영수였다. 박영애는 또 말했다. “2012년에 백영수라는 존재를 알게 됐다. 백영수가 누군가. 이중섭, 김수근과 대한민국 화단을 이끌던 거장 아닌가. 그가 이 문화 불모지 의정부에 산다. 이러면

음악도서관

됐다고 생각했다."

의정부의 꿈, 화가의 꿈과 한 공무원의 꿈, 미술도서관

1939년 봄날, '조선 문화 재건을 위해 하늘이 의정부를 돕기를 빌며' 의정부를 떠났던 《삼천리》 기자의 소망이 이뤄지기 시작했다. 소망 실현은 힘들다. 게다가 안정과 관리를 소망하는 공무원 조직에서 감히 전문도서관을 만들겠다는 혁신적인 소망은 쉽지 않다. 게다가 층층시하인 7급?

그래서 박영애가 세운 전술은 공감대와 기다림이었다. 2013년 박영애는 당시 의정부 시장을 수행해 싱가포르로 떠났다. 2014년에는 담당 국장과 동료 사서들을 안내해 다시 싱가포르를 다녀왔다. 싱가포르에는 공연과 예술 전문 도서관이 있다. 신문화를 현장에서 목격한 동료 선후배가 움직이기 시작했다. 공감대 형성 작전 성공. 공감대를 만든 동료가 전근을 가버리면 그때는 기다렸다. 새 동료와 선배들에게 또 비전을 설명하고 설득했다.

그리고 의정부에 혁신이 벌어졌다. 2014년 10월 미술도서관 건립이 승인된 것이다. 2018년 3월 의정부미술도서관 터 닦이 공사가 시작됐고, 2019년 11월 29일 도서관 문을 열었다. 박영애에게 공감한 의정부와 경기도와 대한민국은 이 도서관 건물을 짓고 시설을 꾸미는 데만 207억 원을 흔쾌히 투자했다. 2008년에 시작된 꿈이 2019년 문화 불모지 의정부에서 현실이 됐으니 공감대를 형성하고 논리를 만들며 기다리기 작전을 벌인 지 장장 11년 만이었다.

3층짜리 이 예쁜 도서관에는 직원 열두 명이 근무한다. 이름에 걸맞게 도서관은 예술적이고 아름답다. 미술 관련 자료를 볼 수 있는 도서관인가 하면, 미술관 전문 안내자인 도슨트를 길러내는 학교이기도 하고, 창의 욕구 충만한 가난한 예술가에게 작업실과 전시실을 제공하는 스튜디오이기도 하다. 또한 지방에 자리한 환경 탓에 쉽게 보기 힘든 큰 미술관들 작품을 대여해 전시하는 갤러리이기도 하다.

1층은 아트그라운드다. 전시장, 미술자료 열람 공간(사방이 막힌 공간이 아니다), 통합데스크가 있다. 2층은 일반 자료 열람 공간이고, 3층은 다용도 공간이다. 각 공간은 가운데 계단으로 연결되고, 모두 트여 있다. 1층에는 의정부에 미술도서관을 있게 한 화가 백영수와 그가 속했던 신사실파 자료실이 자리한다. 백영수가 그린 작품 〈별〉이 도서관 안팎 곳곳에 상징화돼 있다.

대한민국이 책을 읽지 않는 사회가 된 지 오래다. 2013년에는 13세 이상

100명 가운데 62.4명이 책을 읽었다. 그런데 8년이 지난 2021년에는 100명 가운데 한 권이라도 책을 읽은 사람은 45.6명으로 줄어들었다. 그러니까 한국인 반 이상이 책을 단 한 권도 읽지 않았다는 말이다.[9] 그런 대한민국에서 의정부가 도서관을 만들었다니, 이건 반칙이다.

'이 도서관이 있는 의정부에 살고 싶다'는 방문객의 반응 덕에 의정부는 어깨가 한껏 올라갔다. 다른 시·도에서 손님이 찾아오면 단골 견학 목적지도 이 미술도서관이다. '시민 세금을 가장 모범적으로 사용한 사례'라는 말까지 듣는다.

이 뿌듯한 도시가 문화 없는 도시 의정부인가. 토박이 시장 김동근이 스스로에게 던진 질문 "왜 의정부로 가는가"에 대한 답 하나는 명확하게 나왔다. "미술도서관이 있으니까"다. 100년 전 식민지 조선의 수도 경성에서 활동했던 잡지사 기자가 기원했던 그 '조선 문화 재건'이 의정부에서 이뤄지고 있는 것이다. 미술도서관을 만든 공무원 박영애는 지금 정보도서관과 과장으로 일하고 있다. 은퇴 후에도 활동하기 위해 홍익대학교 대학원에서 건축공학 박사과정을 밟고 있다. 이 미술도서관은 의정부시 민락로 248에 있다.

문화도시 의정부

> 대충 군사도시로 폄하하는 외지인 많으나, 의정부는 대단히 콤플렉스하고 뜨거운 용광로이다. 의정부는 빛의 밝은 삼원색을 색의 삼원색으로 받아 검게 감춰둔 생태이다. 그 블랙(Black) 안에 현란한 일곱 색깔 무지개를

숨겨두었다. 가끔 하나씩 아름다운 때깔 드러내 사람들 불러 모은다.[10]

이제 군사도시로 고착됐던 이미지는 물론이고 의정부의 실질까지 바뀌었다. 군사가 떠나고 나니 아무것도 없었지만, 그게 오히려 세상에 하나밖에 없거나 세상에 처음 생겨난 존재를 만들어내는 원동력이 됐다.

의정부는 2022년 12월 문화체육관광부가 지정한 제4차 문화도시에 선정됐다. 북경기 시군에서 최초다. 문화도시 사업은 '지역 고유의 문화 자산을 활용해 도시 브랜드를 창출하고 지역의 사회·경제 활성화를 유도하는' 국가 계획이다.[11] 의정부가 문체부에 제출한 '문화도시 의정부' 조성 계획의 제목은 '머물고 싶은 도시'다. 계획서에서 눈에 띄는 단어가 있다. '재도약'이다.

21세기 문화의 시대를 맞아 오랜 세월 북경기의 맏형이었던 의정부는 그 문화로 자기가 맏형임을 세상에 다시 각인하려 한다. 외지인이 그저 관념적으로 문화를 떠들 때 의정부는 구체적이고 독창적이며 혁신적인 문화를 만들어 그들에게 이렇게 말하는 것이다. 의정부로 '올라오라'고.

3장 의정부는 역사다: 무사 이성계와 건국, 도시의 시작

재외교포 이성계가 세운 조선

의정부시는 조선시대 양주에 속했던 곳이다. 1914년 행정구역 개편 시 양주의 시북면(柴北面)과 둔야면(芚夜面)이 통합돼 시둔면(柴屯面)이 됐고, 지금 의정부시 토대가 됐다. 그 후 의정부는 1963년 시로 승격했다. 2023년은 의정부 시 승격 60주년이 되는 해다.

'60'에는 많은 의미가 숨어 있다. 북경기 최초로 시로 승격했으니 현대 지자체로서는 맏형다운 숫자다. 그런데 한반도가 품고 있는 긴 역사를 기준으로 하면 60년은 짧다. 오히려 젊은 도시다. 남들이 '올라간다'고 하는 맏형 도시인데, 젊다? 이 모순을 설명하기 위해 600년 전으로 가보자. 시간은 조선이 건국되던 무렵이다. 주인공은 이성계다. 조선을 건국한 인물이기도 하지만, 오늘날 의정부라는 도시의 정체성을 만들어준 정신적 지주이기도 하다.

도봉산에서 바라본 의정부 전경

요즘 말로 하면 조선을 세운 이성계는 재몽교포다. 전라도 전주에 살던 고조부 이안사는 따르는 무리를 이끌고 삼척으로 떠났고, 다시 북상해 함경도 의주(덕원)로 옮겼다가, 1253년 두만강을 건너 지금의 러시아 땅 알동(斡東)으로 이주해 그곳을 근거지로 삼았다. 그는 그곳에서 원나라의 다루가치가 됐다. 다루가치는 원 제국의 지방 담당 관리다.

《태조실록》에는 전주 세력가 이안사가 정처 없이 떠난 내력이 소상하게 적혀 있다. 성품이 호방해 천하를 경략할 뜻을 가진 이안사는 때마침 전주에 파견된 산성별감과 관기(官妓)를 두고 다투었다. 이에 이안사는 화를 피해 수하 식솔 170여 호와 함께 강릉도 삼척으로 거처를 옮겼다. 그런데 그 산성별감이 강릉도 안렴사로 부임하자 다시 화를 피해 바다를 건너 북쪽의 덕원으로 옮겼다.

삼척에 정착했을 때 이안사 부친 이양무가 죽었다. 삼척 지역 설화에

이성계 초상화와 일월오봉도.

따르면 묏자리를 찾는 이안사에게 한 승려가 "소 100마리를 잡아서 제사를 올리고 금으로 관을 만들면 5대 뒤에 임금이 난다"라고 했다. 가난한 이안사는 일백 백(百) 대신 흰 백(白) 자를 써서 흰 소를 제물로 삼고 황금 대신 누런 귀릿짚으로 관을 삼아 장사를 치렀다.[12] '백우금관(百牛金棺)' 신화다.

1252년 덕원을 몽골이 침략하자 이안사는 몽골에 항복했다. 이듬해 원나라는 이안사를 알동 다루가치에 임명했다.[13] 이안사 이후 아들 이행리, 손자 이춘은 물론 증손 이자흥과 이자춘도 모두 원나라 다루가치였다. 이들은 대대로 다루가치로서 넓은 영역을 통치했다.

몽골식 이름도 있었다. 이춘, 그러니까 이성계 할아버지는 바얀티무르(孛顔帖木兒)였다. 이성계 아버지 이자춘은 울루스부카(吾魯思不花)였고, 큰아버지 이자흥은 타사스부카(塔思不花)였다. 이들은 원나라 황제 명을 받아 아버지로부터 다루가치 직책을 물려받았다. 그러니까 아버지 이자춘이 고려에 귀순해 국적을 되찾을 때까지 이성계 집안은 고조할아버지부터 5대가 원나라에서 고위관리를 지낸 원나라 교포 집안이었다. 대를 이어 원 황실로부터 신임을 받은 세습 다루가치 집안이었다. 《조선왕조실록》은 이러한 사실을 남김없이 기록해놓았다.[14]

1335년 10월 11일[15] 쌍성총관부 소속 화령 땅에서 영웅 이성계가 태어났다. 화령은 아직 쌍성총관부가 여전히 남아 있던 원나라 땅이었다. 화령은 훗날 영흥으로 개칭됐다.[16] 이성계는 화령에서 함흥으로 이주해 청년기를 보냈다. 이성계 아들이자 조선의 3대 왕인 이방원도 함흥에서 태어났다. 1355년 이성계가 스무 살 때 아버지 이자춘은 부하들을 이끌고 고려에 귀순해 공민왕과 함께 쌍성총관부를 무너뜨리고 고려 영토를 회복했다. 이성계가 태어나기 전 할아버지 이춘이 꿈을 꾸었는데, 흑룡과 싸우던 백룡을 이춘이 도와주니 백룡이 "큰 경사가 자손에 있으리라" 하고 예언했다는 것이다.

그 꿈 그대로, 고려에 귀순한 손자 이성계 또한 왜구 격퇴에 무공을 세우고 드디어 1398년 새 나라를 세웠다. 백우금관 설화가 실현된 것이며 고조 때 쫓기듯 떠난 고향으로 찬란하게 복귀한 것이다. 이성계(5대)와 이방원(6대)까지 이들을 세종은 《용비어천가》에서 '해동육룡(海東六龍)'이라고 칭했다. 이안사(목조), 이행리(익조), 이춘(도조), 이자춘(환조), 이성계(태조), 이방원(태종)이다. 이렇듯 조선은 교포 5세가 세운 나라다.

이성계의 의동생 투란티무르 이지란

이성계의 몽골식 이름은 전해지지 않는다. 그런데 그에게는 여진족 의동생이 있었다. 이름은 투란티무르(豆蘭帖木兒), 조선 이름은 이지란(李之蘭)이다. 1371년 이지란은 아버지의 천호 관직을 이어받은 상황에서 공민왕 때 고려에 귀화했다. 이지란은 이때 이씨 성과 청해(靑海, 북청) 본관을 받아 청해이씨의 시조가 됐다.[17] 청해이씨 세보에 따르면 이지란 조상은 남송 때 학자이자 무신인 악비(岳飛)다. 1140년 금나라 침략을 받은 남송이 고려에 원군을 요청했을 때 이들과 함께 싸운 부대가 악비 부대였다. 그때 고려 진중에 늙은 아버지를 대신해 참전한 여자가 있었는데, 이 고려 여자와 악비 사이에 태어난 아이가 이지란의 7세조였다.[18]

이후 이지란은 이성계 휘하에 들어와 여러 공을 세웠다. 1380년 전라도 황산대첩에서는 이성계와 함께 화살을 쏘아 왜구 대장 아지발도를 죽여 민심을 이성계 쪽으로 돌리는 데 결정적 역할을 했다. 이지란 아내는 이성계의 아내 신덕왕후 조카다.

이성계보다 나이는 네 살 위지만 이지란은 이성계를 형으로 모셨다. 1384년 고려 우왕 때 이성계가 활쏘기 대회에서 백발백중 솜씨를 보이자 "세상에 드문 재주는 사람들에게 많이 보여선 안 된다"라고 조언하는 신중한 동생이었다. 또 이성계의 아들 이방원이 정몽주를 죽이려고 이지란을 끌어들이자 그는 "우리 공(公, 이성계)이 알지 못하는데 어찌 내가 하겠는가"라며 동참하지 않았을 정도로 이성계에게 충성을 다했다.[19] 이성계가 조선을 건국했을 때 이지란은 예순두 살이었다. 이지란은 1등 개국공신에 책록됐고, 종묘 이성계 묘정에도 배향됐다. 태종 이방원 또한 자신을 왕으로 만들어준 공신으로 이지란을 모셨다.

그렇다. 권력을 거머쥔 불교 세력에 의해 타락한 고려를 타도하고 생겨난 조선은 이렇듯 이방인 혹은 이주민이 건국을 주도한 나라였다. 2등 개국공신 이민도, 3등 개국공신 임언충도 각각 원나라와 명나라에서 귀화했다. 그 나라가 500년을 갔다.

신생국의 설움, 국왕책봉

이성계는 1392년 11월 29일 예문관 학사 한상질을 명나라로 보내 '조선'과 '화령' 가운데 국호를 정해달라고 요청했다. 1393년 2월 15일 명나라에서 한상질이 돌아왔다. 명 황실에서는 "전래한 지가 오래되고 아름다운 '조선'을 국호로 삼으라"라고 했다.[20] 고려 왕실은 바로 이날 공식적으로 사라지고 고려라는 국명도 없어졌다.

그런데 이성계가 왕이 된 것은 아니었다. 비슷한 시기에 원나라를 멸망시키고 중원을 차지한 명나라는 여말선초 한반도에서 벌어진 역성혁명을 즉각 인정하지 않았다. 게다가 건국 초 조선은 요동 땅을 두고 명나라와 무력 대결 직전까지 가기도 했다.

고려 왕실을 타도한 뒤 이성계 공식 직책은 '고려국 권지국사(權知國事)'였다. 권지국사는 '국무총리 서리'에 해당하는 임시직 혹은 고려 임시 국왕쯤 되는 직책이다. 조선 국호를 받은 뒤 조선은 외교문서에 '조선국 권지국사'라고 표기했지만 명나라는 여전히 고려국 권지국사라고 적어서 답을 보내곤 했다. 그러다 나라가 바뀌고 7개월 뒤에야 국명을 조선으로 인정해준 것이다.

그게 끝이 아니었다. 명나라는 끝까지 이성계를 조선 국왕으로 인정하지 않았다. 이성계가 왕위를 아들 이방과에게 선양하고도 명나라에서는 답이 오지 않았다. 그 후 정종 이방과가 동생 이방원에게 왕위를 물려줄 때까지도 명나라는 조선 왕을 인정하지 않았다.

결국 조선은 3대 국왕 태종이 즉위한 직후인 1401년 2월 6일에야 명나라로부터 국왕으로 인정한다는 조서를 받고 권지국사 명칭을 버릴 수 있었다.[21] 신생 제후국을 길들이려는 황제국 '갑질'이었다. 신생국으로서는 굴욕이었다. 하지만 어찌하겠는가, 이게 약소국 설움이다. 옛 왕국 고려를 무너뜨린 데 대한 정통성을 신생 조선은 이렇게 사대(事大)를 통한 건국 승인으로 확보하려 한 것이니, 이후 사대외교는 망국 때까지 긍정적이고도 부정적인 숱한 에피소드를 낳게 되었다.

신도시 의정부

새 나라를 개창하고 7개월 뒤인 1393년 음력 1월 19일 이성계가 개경을 출발해 남쪽으로 떠났다. 전우(戰友)이자 동생이자 공신인 이지란이 다른 신하들과 함께 이성계와 동행했다. 남행 목적지는 계룡산이고 목적은 새 나라의 도읍지 선정이었다. 그리고 1395년 6월 6일 자 《태조실록》에는 이렇게 적혀 있다.

> 한양부(漢陽府)를 고쳐서 한성부(漢城府)라 하고 아전과 백성을 견주(見州)로 옮기고 양주군(楊州郡)이라 고쳤다.[22]

국왕 책봉을 기다리며 이성계는 새 나라 도읍지 선정 작업에 들어갔다. 그리고 3년 뒤인 1395년 6월 6일 이성계는 옛 고려 남경 땅 한양부를 도읍지로 정하고 이름을 한성으로 바꿨다. 조선시대를 배경으로 한 TV 드라마나 소설에 나오는 '한양'은 그러니까 틀린 지명이다. 물론 한양이 쓰이지 않은 것은 아니지만 드물었다. 《조선왕조실록》에는 '한성'이 5702번, '한양'이 128번 나온다.

도읍지를 정하고 이성계가 한 첫 번째 작업은 주민 집단 이주였다. 한성부에 살던 옛 주민과 하급 관리들을 양주 땅으로 이주시킨 것이다. 한성은 고려 때 남경이 있던 지역이다. 넓은 남경 구역에서 한양부는 고려왕들이 행차할 때 묵던 행궁(行宮)이 있는 곳이다. 수도 개경보다는 못했지만 당연히 옛 왕실을 향한 충성과 향수가 주민에게 남아 있었을 터. 그 충성과 향수를 두려워한 새 왕조는 이들을 이주시키고 완전히 새로운 도시를 만들었다. 그리하여 600년도 더 된 아득한 옛날, 한강을 바라보며 북한산 남쪽에서 평화롭게 살던 백성은 하루아침에 북한산 북쪽 도봉산 동쪽으로 이주하게 됐다.

그들이 이주한 양주 땅 한가운데에 의정부가 있다. 지도를 보면 옛 양주 땅에는 동쪽으로 수락산, 서쪽으로 도봉산과 사패산, 홍복산과 호명산, 북쪽으로 천보산과 불곡산 사이에 남북으로 길게 놓인 평평한 회랑(回廊)이 눈에 들어온다. 청량리역에서 의정부역과 녹양역을 잇는 철로 구간과 겹치는 평원 지대다. 남쪽으로는 서울 노원구와 도봉구, 북쪽으로는 양주와 접하는 거대한 평야다. 동쪽으로는 남양주가 의정부와 맞닿아 있다.

고려, 나아가 삼국시대에 형성된 옛 양주 땅이 집단적으로 이주해온 이방인을 반갑게 맞이했을 리가 없다. 그러니 이들은 불곡산 기슭 옛 양주 도심이 아니라 그 남쪽 텅 비고 너른 들판을 찾아 집을 짓고 길을 내면서 새로운 삶을 살았으리라. 마침 그 대평원에는 부용천과 백석천, 민락천과 회룡천 같은 수량이 풍부한 강들이 있어서 신도시 건설과 정착에 불편하지 않았다.

이들 물길은 모두 중랑천으로 모여든다. 중랑천은 대평원 한가운데를 남북으로 흐른다. 그 천변에 마을이 생겨났고 길이 뚫렸고 훗날 철길이 생겨났다. 지금 의정부시는 이들 크고 작은 강을 뼈대로 형성돼 있다. 옛 고려 세력을 약화하기 위해 이성계가 행했던 이주 정책이 600년 뒤에 북경기 맏형이자 종가인 의정부를 만드는 씨앗이 된 것이다.

전설과 진실의 신도시 하나, 한성

> 태조가 무학을 스승의 예로써 대접하고 새 도읍 정할 곳을 물으니, 무학이 바로 한양을 점쳐 말했다. "인왕산을 진산(鎭山)으로 삼고 백악과 남산을 청룡과 백호로 삼으시오."
>
> 이에 정도전이 난색을 보이며 말했다. "예로부터 '제왕은 모두 남쪽을 보며 다스렸다'는 말은 들었어도 '동쪽을 봤다'는 말은 듣지 못했다."
>
> 무학이 말했다. "내 말을 듣지 아니하면 200년 지나서 내 말을 생각하게 되리라(不從吾言 垂二百年當思吾言)." [23]

세간에 널리 알려진 한성 도읍에 관한 이야기다. 한양 서쪽에 있는 인왕산을 배경으로 수도를 만들자는 무학에게 정도전이 '남향 도시를 만들어야 한다'고 주장해 백악산 아래 경복궁을 지었다는 이야기다. 그리하여 200년이 지난 1592년 정말로 임진왜란이 터져 "200년 뒤 내 말을 생각하게 되리라"라고 한 무학의 예언이 맞았다는 이야기다.

도읍지 설계를 잘못해서 전쟁이라는 참화를 맞았으니 무학대사가 옳고 정도전이 그르다는 말이다. 땅 풍수, 사람 팔자를 이만큼 소름끼치게 묘사한 에피소드도 없겠다. 그래서 지금도 조선 수도 한성이라고 하면 누구든 무학대사와 풍수를 떠올리고, 그게 참인 듯 생각한다.

그런데 이 세상에 '딱 떨어지는 이야기' 치고 참말인 것은 없다. 다 거짓말이다. 앞뒤가 절묘하게 맞아서 사람들을 놀라게 하는 이야기는 거짓말 또는 창작물이다. 이 무학대사와 정도전 이야기가 바로 대표적인 거짓말 내지 괴담이다.

앞에 인용한 이야기는 차천로가 지은 《오산설림초고(五山說林草藁)》에 나온다. 차천로는 1556년에 태어나 1615년에 죽은 조선시대 문인이다. 선조 때 외교 문서를 담당했다. 《오산설림초고》는 '오산(五山, 차천로의 호)이' '숲한 이야기(說林)'를 모아 적은 '초고(草藁)'다. 《오산설림초고》 이전에 나온 그 어떤 공식 사료나 개인 문집에도 무학대사가 풍수로 한성을 낙점했다는 근거는 보이지 않는다. 그러니까 현존하는 옛 문헌 가운데 《오산설림초고》는 가장 오래된 무학대사 한성 천도설의 출처다.

그런데 차천로는 조선 건국 160년 뒤인 1556년에 태어난 사람이다. 그리고 임진왜란을 겪고 1615년에 죽었다. 그리고 이 책에는 임진왜란 이야기가 여럿 담겨 있다. 즉 1597년 임진왜란 종전 이후 쓴 책이라는 뜻이다. 이것이 무슨 의미인가? 한성 천도 에피소드는 온 국토가 전란으로 만신창이가 된 상태에서 전란(戰亂)의 원인을 찾고 전흔을 씻어내려는 민간의 전설을 채록했거나, 차천로 본인이 창작한 이야기라는 뜻이다. 차천로는 신라 때 의상대사가 썼다는 《산수비기(山水祕記)》를 인용해 "정가(鄭哥)가 나와 시비를 하게 되면 200년이 못 가 나라가 흔들리는 난이 날 것"이라고 덧붙여놓았다. 여기서 '정가'는 정도전이다.

《산수비기》는 광해군 때 세간에 널리 유포됐던 도참 서적이다. 허균을 반역죄로 몰아 고문할 때도 이 책이 등장했다.[24] 차천로의 《오산설림초고》는 역적으로 처형된 정도전에 대한 증오로 가득하다. 앞에 인용한 글은 전쟁 참화의 책임을 도참설에 미루려는 주술적 시대정신과 유비무환이라는 국가적 책임을 회피하고 역적에게 그 책임을 씌우려는 저자의 의도가 융합해 탄생한 창작물에 불과하다. '사람 잘못 고르고 땅 잘못 써서 나라가 망했다'는 종말론적 신화요, 전설이며, 괴담이다.

정도전 문집인 《삼봉집(三峯集)》 8권 부록 〈사실(事實)〉에도 똑같은 이야기가 실려 있다. 그런데 현존하는 《삼봉집》은 1791년에 간행된 문집이다. 그리고 이 에피소드는 "《오산설림》, 《상촌휘언》을 통해 엮었다"라고 주석이 붙어 있다. 앞에서 말했다시피 《오산설림초고》는 1597년(임진왜란 종전)에서 1615년(차천로 사망) 사이, 《상촌휘언》은 1630년에 간행된 문집이다.

이런 후대 창작물 내지 괴담이 공화국 시대인 21세기까지 끈질기게 버텨내 신도시 한성, 500년 수도 서울이 조선왕국 도읍지로 결정된 근거로 작용하고 있으니 어이가 없다.

그렇다면 진실은 무엇인가? 1393년 1월 19일 이지란을 대동하고 남쪽으로 떠난 이성계가 계룡산에 도착했다. 2월 11일 함께 간 무학에게 이성계가 가부를 물었다. 무학은 "능히 알 수 없다"라고 답했다.[25] 어찌어찌하여 이성계는 계룡산을 도읍지로 정하고 공사를 시작했다. 그런데 열 달 뒤 경기좌우관찰사 하륜이 풍수를 근거로 무악(毋岳)을 추천했다. 무악은 지금 서울 연희동 부근이다. 정도전이 말했다. "다스림은 사람에게 있는 것이지 지리의 성쇠에 있는 것이 아니다. 술수를 쓰는 자(術數者)만 믿을 수 있고 선비의 말은 믿을 수 없겠는가."[26]

이 말이 중요하다. 풍수 같은 미신을 버리고 합리적으로 따지자는 것이다. 이에 이성계가 무악재를 지나 인왕산을 넘어 옛 남경 땅 고려 궁터로 가서 말했다. "여기가 조운이 통하고 백성도 편리할 땅이다."[27] 훗날 한성으로 불릴 한양이 도읍으로 확정되는 순간이었다. 교통 좋고 사람 살기 좋다는 게 한성이 선택된 이유다. 이후 복잡한 정치적 과정을 거쳐 정종에게 태조 이성계가 왕위를 물려주고 이어서 정종이 동생 이방원에게 왕위를 물려줬다. 정종은 그때 개경으로 도읍을 환원한 상태였다.

1404년 태종 이방원은 아버지 이성계 결정대로 한성으로 다시 천도했다. 또 풍수를 앞세운 무리가 무악을 들고 나왔다. 그러자 이방원은 "왜 한양에 있는 궁실을 놔두고 나더러 이 풀 우거진 땅에 토목공사를 하라고 하는가!" 하고 고함치며 측근 몇을 거느리고 종묘로 들어가 버렸다. 그러곤 뚜벅뚜벅 걸어 나와 자기들끼리 점을 쳐서 하늘의 뜻을 받았노라고 선언했다. 척전(擲錢, 돈점)을 쳤더니 하늘이 한성을 골라줬다는 것이다.[28]

동전을 던졌으니 흔적이 남을 리 만무하다. 측근만 들어갔으니 실제 점괘가 무엇이었는지 아무도 몰랐다. 그 누구도 이의를 제기할 수 없는 영리한 선택이 아닌가. 그리하여 1404년 10월 4일 새 왕국 수도로 한성이 다시 결정됐다.

세월이 지나 1417년 어전회의에서 태종 이방원이 이렇게 말했다. "하륜이 참서를 믿고 도읍을 무악으로 하자고 했다. 나는 믿지 않고 한양으로 도읍을 정했다." 그리고 태종이 아랫사람에게 명했다. "서운관에 있는 참서(讖書)를 모조리 불살라버려라. 불살라버리지 않고 후세에 전한다면 사리(事理)를 밝게 보지 못하는 자들이 반드시 깊이 믿을 것이다."[29] 6개월 뒤 정3품 지신사(知申事) 조말생과 좌의정 박은이 서운관에 앉아서 참서 두 상자

를 불살라버렸다.[30]

인연이란 참으로 유장하고 복잡하다. 참서를 불태운 저 조말생은 지금 의정부 낙양동에 잠들어 있는 문신 조계생의 동생이다. 낙양동에 있는 경전철 곤제역은 조계생 아들이자 조말생의 조카인 조극관, 조수량 형제에서 따온 역명이다. '곤제(昆弟)'는 형제를 뜻하니 참으로 점잖게 잘 지은 역명이다. 조극관과 조수량 두 곤제는 수양대군 계유정난 때 역적으로 몰려 처형됐고, 그들이 살던 집은 춘월과 소근이라는 궁중 시녀에게 불하됐다.[31]

이렇듯 진실은 밋밋하다. 창작물처럼 기승전결한 각본이 없으니 재미가 없다. 그래도 진실은 있다.

전설과 진실의 신도시 둘, 의정부

이제 녹양 대평원을 흐르는 중랑천에 기대어 살던 도시 의정부를 알아보자. 고려 남경이 있던 한양부가 한성부로 바뀌고 조선왕국 도읍지로 바뀌었다. 그곳에 살던 숱한 백성은 향수와 추억을 남겨두고 양주로 집단이주했다. 그 한가운데서 훗날 의정부라고 불리는 신도시가 생겨났다.

이 도시명을 두고 많은 의정부 사람과 더 많은 대한민국 사람은 '함흥차사'를 떠올린다. '태종 이방원이 동기들을 죽이고 왕이 되자 이에 비분강개한 이성계가 함흥으로 가버렸는데, 아버지 귀경을 위해 이방원이 사자들을 보내자 이성계가 활을 쏘아 족족 다 죽여 돌아오지 못했다'는 스토리가 함흥차사 개요다. 그리고 이러저러한 과정을 거쳐서 이성계가 한성으로 복귀했는데, 그를 마중하며 기다리던 태종 이방원과 이성계가 만나서 화해한 곳이 바로 지금 의정부이고, 그래서 훗날 이 마을 이름이 의정부가 되었다는 것이 의정부와 함흥차사를 연결하는 에피소드다.

이 같은 에피소드가 문서로 기록된 최초의 기록은 《연려실기술(燃藜室記述)》이다. 《연려실기술》은 조선 후기 학자 이긍익(1736~1806)이 편집한 18세기 야사(野史) 총서다. 연려실은 이긍익의 호다.

이긍익은 영조 때 역모 혐의로 이곳저곳으로 유배되며 살았던 아버지를 보며 성장했다. 이긍익 아버지는 명필로 이름을 날린 원교 이광사(1705~1777)다. 아버지 유배지였던 전남 신지도에서 집필을 시작한 《연려실기술》은 1806년 그가 죽을 무렵에 완성됐다. 《연려실기술》에는 태조 이성계부터 숙종 때까지 벌어졌던 크고 작은 역사적 사실이 꼼꼼하게 기록돼 있다.

이긍익이 내세운 기록 원칙은 '서술만 하고 창작하지 않는다(述而不作)'였다.[32] 이는 공자가 남긴 유명한 문장이다. 이긍익은 '모두 사실 그대로 수록해 뒤에 옳고 그름은 각기 독자 판단에 맡긴다'고 했다. 그래서 '여러 야사를 채택해 모아 책을 완성했는데, 미처 기록에 넣지 못한 게 있으면 훗날 이 책을 보는 이가 자료를 얻는 대로 보충해 완전한 글을 만들어도 무방하다'고 편집 방침을 미리 밝혀놓았다. 그러니까 이긍익은 《연려실기술》이 마치 인터넷 시대 집단지성에게 편집과 수정을 맡겨놓은 온라인 백과사전 〈위키피디아〉와 같은 개방형 역사서임을 선언한 것이다.

《연려실기술》 그리고 함흥차사

그런 맥락에서 이긍익이 연려실기술에서 소개한 '함흥차사' 부분을 읽어보자. 출처는 《연려실기술》 제1권 〈태조조고사본말〉 '태조의 함흥주필(咸

행복로의 태조 이성계 동상

興駐驛)'이다.

①

방석의 변이 있은 뒤에 태조가 왕위를 버리고 함흥으로 갔다. 태종이 여러 번 중사(中使)를 보냈는데 태조가 번번이 활을 버티고 기다리고 있어서 사자가 감히 문안을 전달하지 못했다. 태조의 옛 친구 성석린(成石璘)이 백마를 타고 베옷 차림으로 과객같이 하고 말에서 내려 불을 피워 밥을 짓는 시늉을 했더니 태조가 매우 기뻐해 불렀다. 석린이 조용히 인륜의 변고를 처리하는 도리를 진술하니 태조가 변색해 이르기를 "너도 너의 임금을 위해 나를 달래려고 온 것이 아니냐" 했다. 석린이 대답해 아뢰기를 "신이 만약 그래서 왔다면, 신의 자손은 반드시 눈이 멀어 장님이 될 것입니다" 했다. 양궁(兩宮, 태조와 태종)이 이때부터 화합해졌으나 뒤에 석린의 두 아들은 눈이 멀었다.

②

무학이 함흥에 가서 태조를 뵈었다. 하루는 밤중에 무학이 아뢰기를 "방원이 진실로 죄가 있으나 전하께서 사랑한 아들은 이미 다 죽고 이 사람이 남아 있을 뿐이니, 이 아들마저 끊어버리면 전하가 평생 이룬 대업을 장차 누구에게 맡기려고 하십니까. 원컨대 신중히 생각해보소서" 했다. 태조가 그 말이 그럴듯하다고 생각하고 드디어 행차를 돌릴 뜻이 생겼다. 태조는 성안으로 들어가기를 원하지 아니하고, 처음에는 소요산(逍遙山)에 이르러 두어 달 머물렀다가 그 길로 풍양(豐壤, 남양주)[33]에 가서 궁을 지어 거처했다. 뒤에 무학이 죽은 데는 알지 못한다.

③

태조가 함흥으로부터 돌아오니 태종이 교외에 나가 친히 맞이하면서 성대히 장막을 설치했다. 양전(兩殿, 태조와 태종)이 서로 만나자 태종이 나아가 뵈었는데 태조가 바라보고 노한 얼굴빛으로 가졌던 화살을 쏘았다. 태종이 차일 기둥에 몸을 가렸으므로 화살이 기둥에 맞았다. 태조가 웃으면서 노기를 풀고 이르기를 "하늘이 시키는 것이다" 하고 옥새를 주면서 이리 일렀다. "네가 갖고 싶어 하는 것이 바로 이것이니, 이제 가지고 가라." 태종이 눈물을 흘리면서 세 번 사양하다가 받았다. 마침내 잔치를 열고 태종이 잔을 받들어 헌수(獻壽)하려 할 때에 하륜 등이 몰래 아뢰기를 "잔을 들어 헌수할 때에 친히 하지 말고 내시에게 주어 드리시오" 했다. 태종이 또 그 말대로 해 내시가 잔을 올렸다. 태조가 다 마시고 웃으면서 소매 속에서 쇠방망이를 꺼내 옆에 놓으면서 이르기를 "모두가 하늘이 시키는 것이다" 했다.

웅장한 스토리다. 이성계가 함흥으로 떠나고 이후 이방원이 보낸 사자들이 죄다 돌아오지 않았다는 ①번 이야기, 그리고 이성계가 함흥에서 돌아와 아들 이방원과 극적으로 화해하는 ③번 이야기는 《축수편》[34]에서 인용했다. 《축수편》은 전해오지 않는 실전된 문헌이다. 저자가 누구인지도 《연려실기술》에는 밝혀져 있지 않다. 그런데 1791년에 간행된 정도전의 문집 《삼봉집》에는 《축수편》의 저자가 김시양(金時讓, 1581~1643)이라고 기록돼 있다.[35] 김시양은 인조 때 병조판서를 지낸 문인이다.

그리고 무학대사가 마지막 함흥차사로 선발돼 이성계를 데려왔다는 ②번 이야기는 《오산설림(초고)》에서 인용했다. 《오산설림초고》는 앞에서도 언급했듯이 차천로가 지은 것이다. 《연려실기술》에 나온 무학대사 이야기가 한 자도 고쳐지지 않은 채 그대로 나온다.

김시양과 차천로는 생몰연대가 20년 넘게 중첩되는 동시대 인물이다. 그러니까 19세기 초 기록인 《연려실기술》에 인용된 함흥차사와 환궁 이야기는 17세기 초 동시대 두 문인이 쓴 문집에서 인용한 기록이다. 이전에 함흥차사와 환궁 이야기가 기록된 문헌은 없었고, 이후에 나온 함흥차사 문헌은 모두 이 19세기 기록물인 《연려실기술》에 근원을 두고 있다. 《연려실기술》의 함흥차사 기록은 17세기 초반 기록물인 《축수편》과 《오산설림초고》가 그 출처다.

갈등 봉합의 대서사시, 함흥차사와 의정부

《연려실기술》의 저자인 이긍익은 〈서문〉에서 '서술만 하고 창작하지 않으려 한다', '모두 사실 그대로 수록해둘 테니 옳고 그름은 각기 독자의 판단에 맡긴다'고 밝혀놓았다. 이제 그 옳고 그름을 21세기를 사는 우리가 판단해보자.

사람들은 앞에 인용한 3번 이야기에서 "태조가 함흥으로부터 돌아오니 태종이 교외에 나가 친히 맞이하면서 성대히 장막을 설치했다"라는 장엄한 장면이 벌어진 곳이 의정부라고 믿는다. 의정부에는 이를 기리고 기념하는 여러 상징과 흔적이 있다. 태종 이방원은 수시로 문무백관을 거느리고 아버지를 맞이하느라 정사(政事) 또한 이곳에서 벌여야 했고, 그리하여 이동식 의정부(議政府)가 이곳에서 운영돼야 했으며, 이성계-이방원 부자가 극적으로 상봉해 술을 나눈 자리가 호원동에 있는 전좌(殿座)마을이라는 것이다.

결론부터 말하자면 함흥차사는 전설이다. 그런데 전설이라고 그냥 넘어가버릴 이야기는 아니다. 건국(建國)이라는 대역사 과정에서 부자지간에 벌어진 길고 긴 갈등 해소 과정을 담은 서사시다. 의정부 너른 들판에서 다년간에 걸쳐 목숨을 걸고 벌어진 건국 작업의 완성 과정이 이 함흥차사 전설에 담겨 있다.

전설의 시작, 1402년 조사의의 난

우선 함흥차사는 1402년 11월에 벌어진 '조사의(趙思義)의 난'과 관련된 말이다. 이보다 2년 전인 정종 2년(1400) 1월 28일 제2차 왕자의 난이 개경 시내에서 벌어졌다. 실질적 권력자인 이방원이 권력에 도전한 형 이방간 세력을 물리치고 권력을 확고하게 다진 사건이다. 태조에 이어 왕위는 둘째 아들 이방과가 이어받았지만 권력자는 이방원이었다.

개경 시가전에서 승리한 이방원은 1400년 2월 1일 정종을 이은 왕세제에 책봉되고 이어 11월 11일 3대 국왕에 올랐다. 정종이 아버지 이성계에게 왕위를 물려준 사실을 전하자 이성계는 이렇게 대답했다. "하라고도 할 수 없고 말라고도 할 수 없다. 이미 선위했으니 다시 무슨 말을 하겠는가."[36] 평생 군인으로 살아온 노장의 배신감과 분노가 느껴진다.

그리고 2년 뒤 1402년 11월 제1차 왕자의 난에 희생된 이방번과 이방석 원수를 갚겠다며 연변부사 조사의가 난을 일으켰다. 조사의는 방번과 방석을 낳은 신덕왕후 친척이다. 태종 이방원은 이성계의 또 다른 왕비인 신의왕후 아들이다.

이방원은 개국공신인 자신을 외면하고 새어머니 아들을 왕으로 앉힌 아버지에 대한 분노, 권력에 대한 집착과 배신감이 컸다. 1408년 이성계가 죽자 이듬해 2월 이방원은 서울 정동에 있는 신덕왕후묘인 정릉을 성북동으로 옮겨버렸다. 그리고 8월 옛 무덤 주변 석물을 청계천 광통교 부재로 써버렸다.[37]

조사의의 난 배후에는 함흥으로 떠난 이성계가 있었다. 현역 왕인 이방원이 직접 출병해 난 진압에 나섰지만, 이는 반란 발생 후 16일이 지난 뒤 이야기였다. 그리고 조사의를 비롯해 난을 평정하고 체포한 반역자들 처형 방식도 역적에게 내리는 거열형(사지를 찢어서 죽이는 형벌) 대신 참수형에 그쳤다.[38] 이들을 역모로 모는 순간 이들과 동조했거나 반란을 지휘한 아버지 이성계 또한 역모자로 규정할 수밖에 없으니, 태종 이방원이 조사의 선에서 난을 정리하고 아버지 이성계와 화해를 시도한 것이 함흥차사의 본질이다. 함흥으로 가서 돌아오지 않은 사람, 즉 차사는 반란군을 진압하러 간 박순(朴淳)과 송류(宋琉) 두 사람밖에 없었다.

도봉산

전설의 전개, 화합의 시작, 1404년 한성 천도

조사의의 난이 평정되고 이성계는 수도 개경으로 돌아갔다. 이성계는 한성을 도읍지로 정했지만 1402년 당시 수도는 아들 정종에 의해 개경으로 재천도된 상태였다. '조운이 통하고 백성도 편리할 땅'이라며 이성계가 고심 끝에 선택한 땅이었지만 아들은 개경 복귀를 택했다.

1399년 3월 정종의 결정에 따라 문무백관이 개경으로 복귀하던 날, 이성계는 신덕왕후가 묻힌 정릉을 '두루 살펴보고 머뭇거리며' 이렇게 말했다. "처음 한양으로 옮긴 것은 오로지 내 뜻만이 아니었고 나라 사람과 의논한 것이었다." 그리고 이성계는 눈물을 흘리다가 아들과 함께 개경으로 돌아갔다.[39] 한성은 아내가 묻힌 땅이자 본인이 고른 새 왕조 도읍지가 아닌가. 아무 실권 없는 아들 정종에 의해 개경으로 돌아가긴 하지만 그 아쉬움과 미련은 태산보다 높았다.

도봉산 거북바위

정종을 내쫓고 왕이 된 이방원이 이를 놓칠 리가 없었다. 한성 재천도만이 아버지에게 후계자임을 인정받고 새 왕조 국왕으로서 정통성을 확보할 수 있는 길이었다. 그리하여 1400년 왕위에 오르고 1402년 아버지에게 칼과 활을 겨누며 갈등했던 이방원은 마침내 1404년 앞서 말한 것처럼 종묘에 들어가 돈점을 쳐서 수도 재천도를 결정해버렸다. 돈점은 모든 논의를 한꺼번에 잠재운 이벤트였다. 아버지 이성계로부터 신뢰를 회복하고 정통성을 획득하기 위해 일찌감치 내린 결론이었다.

전설과 역사의 만남, 화해의 들판 의정부

1405년 8월 9일 신도시 건설이 마무리됐다. 이날 태종은 "올해 옮기지 않으면 개경 인가는 조밀해지고 한성은 날로 조잔하고 황폐해지리라"라고 선언하며 천도 작업을 서두르라고 명했다.[40] 이틀 뒤 이를 보고받은 이성계

는 "한양 천도는 왕의 마음이 아니라 하늘이 시켜서 결정된 것"이라며 적극 동의했다.[41]

10월 5일 태종이 태조에게 가서 사흘 뒤 있을 공식 환도식을 보고했다. 사흘 뒤 태종이 탄 가마가 드디어 한성을 향해 출발했다. 조선 개국 후 자그마치 13년이 지나서야 도읍지 입주가 공식적이고 확정적으로 이뤄진 것이다.

한 달이 지난 1405년 11월 5일 태조 이성계가 개경을 출발했다. 다음 날 태종이 옛 견주 땅으로 직접 가서 태조를 맞았다. 이성계가 아들에게 재차 물었다. "이제부터 개경과 한성을 왔다 갔다 하지 않고 한곳에 정해 살 수 있겠는가?" 태종이 답했다. "삼가 가르침을 받겠나이다." 그날 아들과 아비는 한방에서 함께 잠자리에 들었다.[42]

하지만 그러고도 화해는 이뤄지지 않았다. 1년 남짓 한성에 머물던 이성계는 1406년 10월 홀연히 한성을 떠나 황해도 배주에서 한 달을 보냈다. 그때 이성계 나이는 71세였다. 전장에서 단 한 번도 패한 적 없는 장수였지만 이제 죽음을 앞둔 병약한 노인에 불과했다. 모든 것을 내려놓고 현실을 인정해야 할 순간이 다가왔다.

1406년 11월 5일 마침내 황해도에서 마음을 다스린 이성계가 서울로 돌아왔다. 아들 태종이 옛 양주 남교에 미리 가서 대기하는 사이 이성계는 양주 객사에 머물러 있었다. 당시 양주 객사는 지금 경기도 양주시 고읍동에 있었다. 아들과 아비는 양주 한가운데 너른 녹양들판을 바라보며 위대한 화해를 준비하고 있었다. 이윽고 태종이 무리를 이끌고 녹양들판을 북상해 객사에 당도했다. 아들이 올린 술을 아비가 즐겁게 받아 마셨다. 아들은 해가 저문 다음에야 들판에 설치한 장막으로 돌아왔다.

그리고 다음 날인 1406년 11월 6일 새벽 이성계는 양주 객사를 출발해 녹양들판을 남하했다. 목적지는 해촌들판이었다. 아버지의 출발을 기다리던 태종은 곧바로 아버지의 행렬을 '따라서' 해촌에 도착해(上隨至) 술을 올리고(進酒) 냇가 행전으로 물러나 머물렀다.[43]

임금이 따라가셨다, 상수지(上隨至)

1402년 조사의의 난, 아니 길게는 1398년 제1차 왕자의 난에서 시작된 갈등이 완전히 봉합된 순간이었다. 이를 위해 아비와 아들은 양주 한가운데 열린 녹양벌 회랑을 얼마나 많이 왕복했던가.

정치적 화해 제스처를 만인에게 과시하기 위해 아들은 반대 여론을 무릅쓰고 아비가 정한 땅으로 재천도를 고집했고, 아버지는 이를 받아들였다. 그러고도 신뢰를 회복하지 못한 두 사람은 녹양벌을 국경으로 삼아 줄다리기를 한 끝에 같은 방에서 무장을 해제하고 잠을 자기도 했고 술을 나누며 긴장을 풀기도 했다. 그러다 아비가 객사를 출발하기를 기다리던 아들은 아비의 행렬을 따라 남하하다가 너른 해촌들판에 이르자 다시 한 번 술을 올리며 관계 회복을 공식화한 것이다.

정리하면 다음과 같다.

- 1406년 이성계가 묵었던 곳은 양주 객사다. 현 양주시 고읍동이다. 불곡산 아래 복원된 양주 관아는 1506년 중종 때 설치된 관아다.
- 그 남쪽 남교(南郊)에서 대기하던 아들 이방원은 객사를 찾아가 술을 함께한 뒤 남교로 귀환했다. 남교(南郊) 현 위치가 어디인지는 밝혀져 있

지 않다. 양주 관아 남쪽이며 국왕을 수행하는 대규모 일행이 진을 칠 수 있는 넓은 공간임에 틀림없다. 현 의정부 녹양동 혹은 녹양동 북쪽 어둔촌 위쪽에 있는 양주 남방동 가운데 한 곳인데, 평지 규모를 기준으로 하면 녹양동 일대인 녹양평(綠楊坪)일 확률이 높다.

• 다음 날 새벽 이성계가 남쪽으로 출발하자 이방원은 아버지의 뒤를 따르며 함께 행진한 뒤 '바다처럼 넓은 들판'인 해촌에 이르러 최후의 술잔을 올리고 물러났다.

• 아들로서는 녹양벌을 아버지의 일행과 함께 내려가면서 이 마지막 행사를 기다린 것이고, 아버지로서는 건국의 대업을 이룬 뒤 그 수성(守城) 작업을 아들에게 넘겨주겠다는 결심을 새삼 다진 길이다. 이 녹양벌은 바로 지금의 의정부 중랑천변 들판이었다.

• 《태종실록》에는 이방원과 이성계가 만나는 장면을 기록한 기사가 유달리 많다. 그런데 이들 기사에 공통으로 등장하는 단어가 '상수(上隨)'다. '임금이 따랐다', '임금이 따라갔다'는 뜻이다.

① 태상왕이 보개산(寶蓋山)에 행차하니 임금이 마이천까지 따라가(上隨至麻伊川) 뵈었다. 44

② 태상왕이 먼저 서울로 들어왔는데, 임금이 태상전(太上殿)까지 따라가(上隨至太上殿) 문안했다. 45

③ 태상왕이 노원역(盧原驛) 들판에 머무니, 임금이 따라가(上隨至) 술잔을 드리고 모시고 잤다. 46

인용문을 잘 보면 임금이 '갔다'가 아니라 임금이 '따라갔다'고 돼 있다.

그러니까 태상왕 이성계가 목적지에 도착한 뒤 태종 이방원이 그곳에 도착했다는 뜻이 아니라, 뒤에 함께 갔다는 뜻이다. 즉 물리적으로 뒤에 있을 뿐 동행했다는 뜻이지 큰 시차를 두고 뒤늦게 쫓아갔다는 의미가 아니다. ③번 기사 또한 태상왕 이성계가 노원역으로 행차했는데, 그때 태종 이방원 또한 '뒤쪽에 처진 채 함께' 가서 술자리를 주관하고 잠을 잤다는 뜻이다. 만일 태종이 그냥 '갔다'면 굳이 '따라갔다(隨至)'고 할 이유가 없다. '동행했다'는 뜻이다.

이게 무슨 말인가. 태상왕이자 아버지인 이성계와 손에 피를 묻히고 권력자가 된 아들 이방원이 양주 관아 남쪽 너른 들판을 함께 행군하면서 화해를 했다는 뜻이다. 태상왕과 현직 왕이 군관을 이끌고 행군하는 장면은 장관이었으리라. 그리고 그 화해 제스처를 정치적 이벤트로 벌인 곳이 해촌들판이었다. 그곳에서 태종은 태조에게 술을 바치고 냇가에 설치해둔 행전으로 물러났다. 이후 이성계는 사흘을 더 양주에 묵은 뒤 11월 8일 한성으로 돌아왔다. 그리고 2년 뒤인 1408년 5월 24일 이성계가 죽었다. 조선을 창건하고 15년 만이었다.

녹양, 의정부에서 완성된 화해의 서사시

여기가 역사 현실 속에서 벌어진 길고 긴 함흥차사 서사시의 종점이다. 건국 과정에서 벌어졌던 피비린내 나는 갈등이 녹양벌에서 해소됐다. 그 해소된 갈등을 딛고 태종 이방원이 권력의 정통성을 확보하는 전 과정을 녹여 넣은 이야기가 의정부에 전해오는 함흥차사 전설이 가진 의미다. 녹양벌을 행군하는 그 장엄한 풍경이 전승으로 남아 있다가 20세기에 의정부라는 지명이 공식화되면서 융합된 것이다. 건국 초 복잡한 갈등 관계가 16세기 함흥차사라는 전승을 낳았고, 그 전승이 녹양벌 행군 광경과 융합된 뒤 훗날 의정부로 명명된 지명에서 화해의 메시지로 탄생한 것이다.

회룡(回龍), 용이 돌아오다

조선시대에 양주군 시북면과 둔야면이었던 녹양들판 일대는 1910년 1월 1일 시둔면으로 통합됐다. 1922년 10월 1일 양주 군청이 주내면 유양리에서 시둔면 의정부리로 이전했다. 1938년 1월 1일 시둔면이 양주면으로 개칭되고 4년 뒤인 1942년 10월 1일 양주면이 의정부읍으로 승격했다. 그리고 해방 뒤인 1963년 1월 1일 양주군 의정부읍이 의정부시로 승격했다. 옛 녹양들판에는 '의정부둔(議政府屯)'이라는 농장이 존재했다는 기록이 다수 있다. 의정부라는 관청이 관리하는 자체 비용 충당용 농장이라는 뜻이다.[47] 임진왜란 때 기록인 《임진피병록》에도 '의정부장(場)'이라는 지명이 나오지만,[48] 이 또한 함흥차사 전설과는 무관하다.

따라서 '함흥차사와 이성계의 환궁이 근대 의정부 정체성의 근원'이라는 기존 주장은 근거가 매우 약하다. 개국 초 여러 해 동안 벌어졌던 갈등 봉합 과정이 개경과 한성을 잇는 주요 길목인 양주 녹양벌판에 농축된 채 전승되다가 근세 도시가 형성되면서 '의정부'라는 지명과 맞물려 융합해 형성된 이야기라고 봐야 정확하다.

그런데 의정부에는 이성계가 건국과 권력 이양 과정에서 의정부에서 깊은 고민을 했음을 알려주는 중요한 장소가 있다. 바로 회룡사(回龍寺)다. 사패산에 있는 회룡사에는 이런 전설이 전한다.

법성사로 불리던 신라 고찰 회룡사는 1384년 무학이 중창하며 회룡사로 바뀌었다. 이성계는 무학과 함께 이 절에서 3년 동안 창업 성취를 위한 기도를 했는데, 이때 이성계는 지금의 석굴암, 무학은 산등선 가까이에 있는 무학굴에서 각각 기도를 드렸다고 한다. 훗날 왕위에 오른 이성계가 무학을 찾아와서 절 이름을 회룡사라 했다고 한다. 일설에는 태조가 끈질긴 함흥차사들의 노력에 의해 노여움을 풀고 귀경한 뒤 이 절로 무학을 찾아왔으므로 무학이 회란용가(回鸞龍駕)를 기뻐해 회룡사라 했다고도 한다.[49]

고찰의 창건 설화는 말 그대로 설화다. 하지만 조선 왕실이 회룡사에 보여준 자세는 그들이 회룡사를 설화 이상의 존재로 인식했음을 암시한다. 1636년 인조 때는 경전 인쇄 기관인 교서관에서 왕실에 《춘추좌씨전》이 한 권도 없음을 왕에게 보고하며 '다행히 회룡사에 그 목각판이 있으니 이를 인쇄하게 해달라'고 요청한다.[50] 귀중본 목판을 소장할 정도로 회룡사는 규모가 컸다는 의미다.

고종 때인 1880년에는 더한 기록이 있다. 도봉산 회룡사에 어제(御題), 어필(御筆), 도서(圖書), 의장(儀仗)이 봉안돼 있었는데, 세월이 지나 절이 쇠락해 문제라는 보고가 올라왔다. 이에 고종은 서둘러 공명첩 500장을 풀어 절을 수리하라고 명했다.[51] 21세기 회룡사의 규모를 기준으로 옛 회룡사를 봐서는 안 된다는 의미이기도 하다. 임금이 쓴 글과 글씨, 책과 깃발을 보관했던 왕실 사찰이며, 대규모 인쇄용 목판을 생산하는 대형 사찰이었다는 뜻이다. 단순히 경치가 좋고 선비가 풍류를 즐길 만한 산사(山寺)가 아니었다. 개국 초 이 절에서 무학과 이성계가 공식 사료에 기록되지 않은 무언가를 했음은 분명하다. 그런데 그 무언가가 하필 역성혁명이요, 옛 왕조 고려에서 보면 역모였으니, 이를 당대에 기록하지 못했음은 미루어 짐작할 수 있다.

회룡사 앞마을 이름은 회룡마을이다. 회룡마을에는 이성계와 이방원이 화해를 했다는 '전좌마을' 표석이 있다. 이 표석과 회룡마을이 가진 의미는 단순하지 않다. 함흥차사 전설이라는 일회성 갈등과 화해가 아니라, 건국 후 지루하도록 이어진 갈등을 극복하고 창건과 수성을 연결한 진짜 화해의 공간이었다. 바로 의정부다.

4장 의정부는 사람이다: 의정부에 살았던 그들

의정부의 여자 의순공주, 천보산 기슭에 잠들다

조선 팔도 온갖 것이 다 모여서 서울을 이룬다. 서울은 도시이기 전에 대한민국을 상징하는 공간이다. 서울의 정체성? 서울이 자랑하는 인물? 이런 질문은 참으로 부질없고 민망하다. 그러나 의정부는 좀 다르다. 뭐니 뭐니 해도 이성계가 있다. 그리고 군사도시다. 그리고 또? 사람들은 쉽게 여타 인물과 사건을 떠올리지 못한다. 그만큼 의정부는 군사도시로서, 조선 건국의 아버지 태조 이성계의 정치적·정신적 고향으로서 지위를 누려왔다.

하지만 의정부에는 꼭 기억해야 할 사람이 더 있다. 이성계라는 거인과 이방원이라는 또 다른 거인과 달리 뇌리에 쉽게 남는 인물이 아니다. 그런데 이들이 있음으로써 의정부라는 도시는 오히려 '의정부로 가야 할 이유'가 있는 도시로 변신한다.

한글 정련 작업을 포함해 조선 전기 주요 업적의 주인공인 천재 신숙주가 의정부에 잠들어 있다. 조선 후기 교조주의 노론 세력에 대항해 학문과 정치의 자유를 지키려 했던 고집쟁이 박세당이 의정부에 살았고 잠들어 있다. 임진왜란 때 육지에서 일본군을 상대로 위대한 승리를 거뒀던 불운한 무장 정문부 또한 의정부에 잠들어 있다.

이들 거인에 대한 이야기는 뒤에서 자세하게 소개하기로 하자. 이번 장에서는 수도권에서 전철을 타고 훌쩍 의정부에 도착했을 때 헛헛한 가슴 한쪽을 채워줄 공주와 더 헛헛한 가슴을 메워줄 잘생긴 선비를 만나보자. 의순공주와 선비 박태보다. 그리고 친숙한 이름이되 의정부와 연결하기 쉽지 않은 근대사의 두 거인도 의정부에서 만나본다. 백범 김구와 청나라 정치가 위안스카이(袁世凱)다.

온 백성이 오랑캐에게 끌려가는 사이 많은 권력자는 자기 가족의 안위부터 챙겼다. 자식을 보내지 않기 위해 삼공육경(三公六卿, 현직 정승과 판서)은 앞 다퉈 사표를 냈다. 난세에 가장 먼저 희생되는 사람은 가난하고 권세 없는 약자다. 17세기 조선에서는 특히 여성이 많이 희생됐다. 오랑캐에게 한 번, 가짜 도덕군자에게 한 번.

청나라 도르곤의 청혼

1650년 3월, 청나라에서 돌아온 사신단 수행원 나업이 효종에게 보고했다. "상처(喪妻)한 구왕(九王)이 조선 국왕과 혼인을 맺고자 한다. 국왕의 딸이 몇이며 몇 살인지 저들이 모두 안다. 혼인이 성사되면 대국에서 전적으로 믿게 될 것이다." 놀란 왕에게 나업이 말을 이었다. "현재 공주가 두 살이라 너무 어리니 저들이 '종실 여자 가운데 선택해도 무방하다'고 답했다."[52]

인조에 이어 둘째 아들 봉림대군이 왕위에 오른 다음 해였다. 함께 청나라 심양에서 인질 생활을 하며 개방과 교린을 꿈꿨던 형 소현세자와 달리 효종(봉림대군)은 청나라에 복수심을 잔뜩 키워온 왕이었다. 그런데 감히 오랑캐 따위가 왕의 딸을?

구왕 도르곤(多爾袞)은 청 태종 홍타이지 이복동생이다. 도르곤은 1644년 베이징을 함락해 명나라 마지막 숨통을 끊었다. 1643년 홍타이지가 죽고 아들 푸린(福臨)이 아홉 살에 황위에 오르자 도르곤은 섭정왕에서 숙부섭정왕으로, 황숙부섭정왕에 이어 황부섭정왕으로 격을 높여가며 권력을 강화해왔다. 실질적인 최고 권력자였다.

그 오랑캐 권력자가 효종의 딸을 아내로 삼겠다는 것이다. 이미 두 달 전인 1월 28일 도르곤은 조선에 여자 간택을 위한 관리를 파견했다.[53] 그 관리가 조선 사신과 함께 와서 대기 중이었다.

'두 살 먹은 딸이 있다'는 나업의 말은 절반만 진실이었다. 효종은 딸 부자였다. 여섯은 왕비 장씨 소생이고 하나는 후궁 안빈 이씨 딸이었다. 요절한 맏딸과 결혼한 둘째를 제외하고 모두 미혼이었다. 《경국대전》은 여성의 혼인 적령기를 14세로 규정했지만 13세 이하라도 논의에 따라 혼인이 가능했다.[54] 그때 셋째 숙명공주는 열 살이었다. 1651년 이조참판 심지원의 아들 심익현과 혼인할 때 숙명공주는 열한 살이었다.

이틀 뒤 청나라 칙사가 효종을 독대해 섭정왕 칙서를 올렸다. "왕의 누이나 딸 혹은 근족이나 대신의 딸 중 정숙하고 아름다우며 훌륭한 자를 택해 보내라."[55] 왕의 딸이 아니어도 된다는 뜻이다. 군주 효종은 안도했다.

그리고 전쟁이 시작됐다. 자기 딸은 지켰다는 군주의 이기심이 불을 댕긴, 자기 자식은 죽어도 인질로 못 보내겠다며 정승과 판서 자리를 던졌던 도덕군자들의 위선 전쟁.

없다가 자꾸 나타나는 딸들

3월 12일 효종은 비변사에 정2품 이상 관리를 소집하라 명했다. 느닷없는 소집령에 한성 전체가 밤새 시끄러웠다. 이튿날 비변사가 2품 이상 문신과 음서직(고위직 아버지를 통한 특채 관직)을 조사해 보고했다. "한성좌윤 허계의 딸 외에는 다 결혼했거나 어리거나 없다고 한다."

그런데 비변사가 무신까지 확대해 재조사하니 판돈녕 민형남의 손녀, 호조참판 여이재와 양원군 허선의 딸과 무신인 행호군 박심의 딸이 나왔다. 오전에는 없었던 문신의 딸이 셋이나 나온 것이다. 무신인 박심의 딸을 대상에서 제외한 비변사는 이렇게 보고했다. "'네 명'만 후보로 올렸다가는 시늉만 했다고 비난받을까 두렵다."

과연 청나라 사신들이 따졌다. "2품 이상 녹을 먹는 자가 200명 이상인데 선발된 수가 이와 같이 적음은 무슨 일인가. 품계와 무관하게 여자를 고르라." 놀란 비변사가 왕에게 보고했다. "한낱 여자를 희생시켜 국난을 풀 수 있다면 신하로서 사양할 바가 아니다. 숨겼다가 드러나게 되면 사법처리 하라고 명하시라."[56]

결국 비변사는 문무관과 음서직 3품 이상으로 후보군을 확대해 처녀 40명과 종실 처녀 16명을 골라냈다. 3월 14일 처녀들을 면접한 청나라 사신들이 말했다. "하나같이 못생겼다. 우리를 시험하는 것인가?"

3월 20일 청 사신 파흘내 일행과 조선인 역관 정명수가 창덕궁 내전으로 들어갔다. 내전에는 종실 여자들이 기다리고 있었다. 한참 뒤 나온 파흘내가 말했다. "열여섯 먹은 여자는 행장을 꾸리고 열세 살 여자는 대기시키라." 마침내 도르곤의 아내가 간택된 것이다.

의정부시 향토축제인 의순공주대제

청나라로 시집간 의순공주

조정에서 저렇게 난리를 피웠지만 정작 실제로 청나라로 보낼 처녀는 일찌감치 간택돼 있었다. 청나라 사신이 효종을 독대하고 이틀 뒤, 종실 관리 부서인 종부시 제조 오준이 효종에게 이렇게 보고했다. "일찍이 성상의 하교를 듣고 금림군이 스스로 말하기를 '딸이 있는데 자색(姿色)이 있다'고 했다." 효종이 즉시 대답했다. "이미 선택해 들어오게 했다."[57]

금림군 이개윤은 왕실 제사 담당관인 대전관(代奠官)이었다. 그리고 효종과 10촌 사이였다. 모두가 딸을 감추기에 급급한데 이개윤만은 혼사에 관한 '성상의 하교를 듣고' 자기 딸 자랑을 했다는 뜻이었다. 3월 20일 청나라 사신들이 창덕궁 내전에서 간택을 하고 나온 열여섯 먹은 처녀가 바로 '자색이 있는' 금림군의 딸이었다.

닷새 뒤인 3월 25일 효종은 금림군 딸을 의순공주로 삼았다. 금림군에겐

청나라로 시집간 의순공주묘가 천보산에 있다.

품계를 올려주고 비단과 쌀과 콩을 후하게 내렸다. 4월 22일 의순공주가 청나라로 떠났다. 효종은 한성 서쪽까지 나가서 그녀를 배웅했다. 시녀 열여섯 명과 여자 의사, 유모가 호종했다. 도성 백성이 모두 비참해했다.

떠나기 전 공주를 호종할 사신들에게 왕이 일렀다. "명심하라. 금림군은 내 5촌이고 의순공주는 내 6촌이며 양녀다. 금림의 자식이 아니다."[58] 효종과 10촌 형제인 금림군은 5촌 아저씨로 둔갑했다. 11촌 조카딸은 6촌 누이며 동시에 양녀가 됐다.[59]

5월 1일 의순공주 오라비 이준은 장릉(인조묘) 참봉(종9품)에, 또 다른 오빠 이수는 행사용 장막 관리 부서인 전설사 별검(종8품)에 임명됐다. 금림군은 청 황실에서 보낸 채단 40필과 은 1000냥을 받고 4년 뒤 동지사 겸 사은사가 되어 청나라로 떠났다.

국가와 왕실을 위한 충정으로 볼 수도 있다. 아닐 수도 있다. 100여 년 뒤

《연려실기술》을 쓴 고증학자 이긍익은 아니라고 보았다. "오로지 나라를 위함이 아니라 청국에서 보내는 채폐(采幣, 혼인 선물)가 많음을 탐낸 것이다. 개윤은 집이 극히 가난했는데, 부자가 되었다." [60]

의순공주로 간택이 결정되고 사흘 뒤 효종이 관료들에게 물었다. "근래에 사대부집에서 서로 다퉈 혼사를 치른다는데 사실인가?" 이미 모든 게 결정됐는데 이런 사정을 모르는 양반들이 간택을 면하려고 결혼행진곡을 벌인다는 소문이었다. 효종은 그 자리에서 8~12세에 해당하는 사대부 자녀의 혼인금지령을 내렸다. 열 살 된 세자와 열한 살과 아홉 살 된 공주를 혼인시키겠으니 적령기 남녀 혼인을 금지하라는 것이다. [61] '두 살배기 공주 하나뿐'이라는 말은 삼척동자도 아는 가짜라는 자백이었다.

불쌍한 여자들 그리고 위선

이보다 13년 전인 1637년 병자호란이 터졌을 때 조선군 사령관은 김류였다. 병사 200명을 청군이 매복해 있는 남한산성 북문 밖으로 내몰아 모두 죽게 만든 장수였다. 그의 아들 경징은 강화도를 지키는 부대장이었다. 김포에서 경징은 자기 가족과 친구만 배에 싣고 다른 사람은 타지 못하게 했다. 남은 사람들이 외쳤다. "경징아, 경징아, 네가 차마 이럴 수가 있느냐." 사람들이 온 언덕과 들판에서 울부짖다가 적병이 들이닥치니 차이고 밟혀 혹은 끌려가고 혹은 바닷물에 빠져 죽어 바람에 휘날리는 낙엽과 같았다.[62] 이때 해변에서 자라는 나문재가 피로 온통 붉게 물들었는데, 이후 사람들은 그 붉은 풀을 경징이풀이라고 했다.

김경징의 아들 진표는 아내를 다그쳐 자결시켰다. 할머니와 어머니에게는 "적병이 가까이 왔으니 죽지 않으면 욕을 보리라" 하고 말했다. 이 말에

두 부인이 잇달아 자결했다. 일가친척의 부인들도 모두 죽었다. 진표는 홀로 죽지 않았다.[63]

숱한 여자가 청으로 끌려갔다. 그리고 매우 적은 수가 돌아왔다. 이들을 환향녀(還鄕女)라고 한다. 이들에 대한 반응은 차가웠다. 1638년 신풍부원군 장유의 며느리가 청에 끌려갔다가 돌아왔다. 3월 11일 장유는 인조에게 "함께 제사를 지낼 수 없으니 이혼을 허가해달라" 하고 요청했다. 장유는 훗날 효종이 된 봉림대군 장인이다. 같은 날 전 승지 한이겸이 "내 딸이 끌려갔다가 돌아오니 사위가 딸을 무시하고 새장가를 가려 한다" 하며 원통함을 호소했다. 그러자 좌의정 최명길이 "몸을 더럽혔다는 증거가 없다"며 이혼 불가를 주장했다. 그 뒤로 사대부집 자제는 환향녀와 다시 합하는 자가 없었다. 《인조실록》 사관은 이혼 불가를 주장한 최명길을 "삼한을 오랑캐로 만든 자"라고 평했다.[64]

환향녀와 천보산 족두리 산소

1650년 12월, 의순공주를 '백송골(白松鶻)'[65]이라며 반겼던 도르곤이 혼인 7개월 만에 죽었다. 송골은 몽골어로 '매'를 뜻하니 백송골은 '흰 매'라는 뜻이다. 백송골은 조선 특산의 사냥용 매로 몽골과 만주에서 귀하게 여겼다.

권력은 허망했다. 의순공주는 개가했다. 《청실록》에는 도르곤의 형인 단중친왕 보로(博洛)에게 의순공주가 시집갔다고 기록돼 있다. 하지만 1652년 새 남편마저 죽자, 1655년 동지사로 간 아버지 이개윤이 황제에게 청해 딸을 데려왔다.[66] 돌아온 공주는 도르곤의 목소리를 듣고자 무당을 부르기도 하며 살다가 죽었다. 1662년 8월 18일이다.[67]

1948년 소설가 이광수는 '인조가 환향녀는 홍제천에서 목욕을 하고 들

노강서원

어오라고 명했다'는 '회절강(回節江) 신화'를 만들어냈다. 환향녀를 비난하는 민심을 없애고자 한 것으로, 회절강에서 목욕을 하면 더러워진 절개가 다 씻긴다고 인조가 명했다는 것이다.[68] 물론 이는 이광수 창작이다. 인조가 회절강 교시를 내렸다는 기록은 그 어디에도 보이지 않는다. 그리고 이와 유사한 '전설'이 의순공주에게도 전해 내려온다.

의정부 천보산 기슭에 금림군 가족 묘역이 있다. 동쪽 끝 비석 없는 묘는 '족두리산소'라 불린다. 의정부시 금오동 산45-21, 산장아파트 뒷산에 있다. 사람들은 이 묘에 의순공주 족두리가 묻혀 있다고 믿는다. 오랑캐 땅을 밟기 전 공주가 압록강에 투신해 족두리만 건져 모셨다고 믿는다. 그래서 의정부 사람들은 의순공주 넋을 위로하고 풍년과 무병장수를 기원하며 해마다 제사를 지내왔다. 제사는 '정주당놀이'라는 민속으로 전승됐다. 무덤은 최근까지 초라하게 방치됐다가 정비됐다. 측은하기도 하고 애틋하기도

박세당의 묘

하고, 이렇게 해서라도 흔적을 남긴 그녀가 보고 싶기도 하다.

의정부의 남자, 박태보: 잔혹한 고문에도 의연하였다

영조 대에는 많은 고문과 형벌이 폐지됐다. 불에 달군 인두로 발바닥을 지지는 낙형(烙刑)과 사금파리더미 위에 꿇어앉힌 뒤 피의자 무릎을 바위로 짓이기는 압슬형(壓膝刑)이 대표적인 잔혹 형벌로 인정돼 공식적으로 금지됐다. 포도청에서 주리를 트는 전도주뢰형(剪刀周牢刑) 또한 금지됐다. 비록 이런 형벌로 정적을 제거한 다음이긴 했지만, 영조가 취한 조치는 획기적이었다.

그런데 영조보다 앞선 숙종 때 박태보(朴泰輔, 1654~1689)는 이 고문들을 하룻밤에 한꺼번에 받고 죽었다. 서른다섯 살 젊은 관료의 최후가 워낙 극적인지라, 그가 속한 서인은 물론 적이었던 남인까지 그의 의연함을 기렸

박태보의 묘

다. 자백을 받기 위해 행한 잔혹한 고문, 그 고문을 행한 권력자, 그러나 고문에도 의지를 굽히지 않은 관료가 주인공인 1689년 여름밤 이야기다.

막강 왕권 숙종과 장희빈

1674년 8월 18일 현종이 죽었다. 닷새 뒤 왕세자가 창덕궁 인정문에서 즉위 교서를 발표하고 왕위를 이어받았다. 그가 숙종이다. 8월 25일 임금을 보좌하는 전현직 대신에게 숙종이 말했다. "내 나이가 어려서 아는 것이 없으므로 믿는 것은 오직 경 등이 바르게 보필하는 힘뿐이다."[69]

그때 숙종은 열세 살이었는데, 그 '경'들이 겪어보니 호락호락한 군주가 아니었다. 숙종은 이른바 '경신환국(庚申換局, 1680)', '기사환국(己巳換局, 1689)'과 '갑술환국(甲戌換局, 1694)'을 통해 하루아침에 서인과 남인 정권을 갈아치우며 왕권을 강화해갔다. 19세기 소론 학자 이건창에 따르면, 그 기

세가 어찌나 강한지 온 조정에서 두려워 떨지 않는 사람이 없을 정도로 무서운 왕이었다.[70]

이 가운데 기사환국은 희빈 장씨와 인현왕후에 얽힌 사건이었다. TV 사극에 단골로 등장하는 장희빈 사건이다. 숙종은 인현왕후 민씨와 혼인 후 8년 동안 아이가 없었다. 그러던 1689년 1월 15일, 숙종은 태어난 지 석 달 된 후궁 장씨 소생 아들 이윤을 적장자로 선언하고 장씨를 희빈으로 삼았다. 남인은 희빈 장씨를 지지했고 노론은 왕비를 지지했다.

집권 세력인 노론은 반대했지만 숙종은 야당인 남인을 등에 업고 이를 강행했다. 그리고 숙종은 노론인 영의정 김수흥을 파직하고 노론 영수 송시열에게 유배형을 내렸다. 주요 관직에 있던 노론을 대거 몰아내고 남인으로 채웠다. 그해 4월 25일 노론과 소론으로 갈라져 있던 서인 86명이 연명으로 이를 반대하는 상소를 올렸다. 박태보의 비극은 그날 시작됐다. 총애하는 여자와 고대하던 아들을 반대하는 상소를 이 젊은 박태보가 대표로 집필한 것이다.

그 아버지에 그 아들, 박세당과 박태보

노론 관료 심노숭(1762~1837)은 박세당을 이렇게 말했다. "나는 소론 선배 가운데 박세당을 가장 좋아한다. 문장과 지조는 오염된 세상 풍속에 경종을 울리기에 충분하다."[71] 의정부 사람 박세당은 박태보의 아버지다. 박세당 이야기는 이 책 뒤편에 자세하게 나온다. 우암 송시열 이후 서인은 노소론으로 갈라졌는데, 박세당은 소론 영수였다. 그 아들이 박태보다. 지기(志氣)가 높고 시비를 가리는 데는 논리가 정연하고 과감한 사내였다. 강직과 논리에는 서로 지려 들지 않는 부자였다. 아들은 "아버지의 글은 명재

윤증과 약천 남구만 아래"라고 대놓고 말하고, 아버지는 "네가 나를 너무 가볍게 본다"라고 답하는 사이였다. 집 마당의 살구나무 열매 개수를 놓고 내기를 했다가 아들이 틀려 꾸짖었더니 기어이 아들이 하나를 더 찾아내 이기고 마는 그런 사이기도 했다.[72]

그 강직한 성격 탓에 아버지는 노론에게 사문난적(斯文亂賊, 주자의 아름다운 글을 어지럽히는 도적)으로 몰렸다. 사문난적은 노론이 정적을 비난할 때 습관처럼 꺼내는 말이었다. 역시 강직한 아들 태보는 최고 권력자로부터 고문을 받다 죽었다.

초여름밤의 잔혹극

"인심과 하늘의 뜻은 억지로 어길 수 없나이다. (여자들끼리) 서로 무함과 알력이 생기니 뒤로 미칠 화가 이루 말할 수 없으리다."[73] 1689년 음력 4월 25일 늦은 밤 올라온 서인 연합 상소에 숙종은 "그냥 나를 폐위시키라고 하라"며 "삼경(오후 11시~오전 1시) 전에 인정문 앞에 형구를 준비하라" 하고 명했다. 내시가 헐떡이며 달려와 한밤중이라 준비가 불가능하다고 하자 "비가 억수같이 쏟아져도 친히 국문하겠다"라며 친국을 강행했다.

그 사이, 상소에 동참했던 선비 이세화가 동료들에게 말했다. "이번에 안 되면 거듭해서 꼭 허락을 받자." 소두(疏頭, 대표 상소인) 오두인은 "그럴 겨를이 없을 것"이라고 말했다. 박태보는 오두인에게 "누가 썼느냐고 물으면 반드시 내가 썼다고 하라" 하고 당부했다.[74]

맨 먼저 심문을 받은 오두인이 박태보가 대표 집필했다고 자백했다. 숙종이 박태보에게 자초지종을 물으니, 박태보는 모두 사실이라고 답했다. 숙종이 말했다. "이런 독물(毒物)은 곧바로 머리를 베어야 한다." 그러나 대신들이 만류하자 숙종은 곧바로 곤장을 치라 명했다.

한차례 장을 맞은 박태보가 이렇게 답했다. "비록 못났으나 대의(大義)가 뭔지 아니, 나는 전하를 배반한 적 없나이다." 숙종이 소리쳤다. "네가 더욱 독기를 부리는구나. 매우 쳐라, 매우(猛杖猛杖)!"

박태보의 기개와 죽음

박태보가 "우리가 무슨 무함을 했나이까?"라 말했다. 숙종은 "들을 필요 없으니 계속 치라" 하고 명했다. 그때 이미 왕에게는 기필코 죽이려는 의도가 보였다(示必殺之意).[75] 박태보는 한마디도 실수 없이 평상시처럼 태연했다. 그러자 숙종이 말했다. "끝내 비명을 지르지 않으니 참으로 독물이다. 빨리 장을 치라!" 박태보가 말했다. "어찌해 이런 망국적인 일을 하십니까!" 숙종이 고함을 질렀다. "어째서 저 입을 치지 않는가!" 숙종은 다시 오두인을 불러 문초하며 장을 치라 명했다. 늙은 오두인은 비명을 지르다 말이 끊겼다.

대신들이 날이 새려고 한다며 중단을 청했다. 숙종은 "일없으니 죄인을 구하려거든 너희들이나 나가라" 하고 답했다. 그리고 다시 박태보를 끌어내 장을 때렸다. 숙종이 말했다. "사실을 고하지 않으면 압슬할 것이다." 박태보가 답했다. "이미 다 말했나이다." 숙종은 곧바로 무릎을 꿇려 짓이기라 명했다. 박태보는 뜻을 굽히지 않았다. 그러자 숙종은 낙형을 가하라고 명했다. 박태보는 때로 신음 소리를 냈지만 끝내 신기(神氣, 정신과 기운)는 어긋나지 않았다. 이에 임금은 "옷을 벗기고 두루 지지라" 하고 명했다. "오늘 네가 살 것 같으냐?" 인두가 양다리와 넓적다리에까지 이르자 나장이 머뭇대며 말했다. "법에는 발바닥만 낙형하도록 돼 있나이다." 박태보는

이후 또 발바닥에 낙형을 받았다.[76]

낙형과 압슬형은 모두 열세 번 짓이기고 지지는 걸 1회로 치니, 박태보는 모두 스물여섯 차례 몸이 지져지고 무릎이 짓이겨졌다. 태보는 살가죽과 살이 문드러지고 벗겨져 피가 얼굴에 가득 흘러도 오히려 얼굴을 바로잡고 안색을 바꾸지 않았다. 이어 장을 더 맞으니 정강이뼈가 튀어나왔다. 사람들이 무릎을 싸맬 천을 찾자 박태보가 "내 도포 소매를 찢어서 쓰시오"라고 말하고는, 소매 속 부채를 옆 사람에게 꺼내주며 "움직이는 데 꽤 방해가 되니 집에 전해주오"라고 말했다.[77]

1689년 4월 25일 자 《숙종실록》 사관은 이렇게 기록했다. "임금 노여움이 격발될수록 응대가 화평스러웠고 정신이 의연하며 절의가 있었다."

노량에서의 죽음과 무릇꽃

목숨만은 살려달라는 영의정 권대운의 상소에 숙종은 박태보에게 진도 유배형을 내렸다. 박태보가 의금부 감옥에서 나오자 경성 사녀(士女)들이 길을 메우고 떠들면서 말하기를 "충신의 얼굴을 보고 싶다" 했고, 우는 사람까지 있었다.[78] 박태보는 명례방(명동) 집에서 잠시 쉬다 책 몇 권을 꾸려 황혼에 남대문을 나섰다. 길가에 있던 늙은이들이 가마를 자진해서 들었다.

강을 건너 노량에 닿아 그곳에 머물렀으니, 사육신 사당 아래였다. 아버지 박세당이 "어찌하겠느냐. 그저 조용히 죽어 마지막을 빛내라" 하고 어루만졌다. 태보는 가르침을 따르겠다고 답했다. 아버지가 울면서 나갔고, 아들의 숨이 끊어졌다. 1689년 5월 5일 오전 9시였다.[79]

이 의연하고 잘생긴 사내의 죽음 앞에 잠시 정쟁도 침묵했다. 남인은 오직 교리 이후정이 반대 상소를 올렸는데,[80] 당(黨)이 막아서 임금에게 올라

석굴암 김구 암각문

가지 못했다.[81] 당론이 정해져 있으니 개인적으로 박태보 같은 서인 주장에 동의해도 공개하지 못했다는 뜻이다. 그럼에도 남인은 "굳이 따지자면 박태보처럼 죽지 못한 남인도 70여 명"이라며 박태보를 은근히 기렸다.[82]

여기까지가 기개 넘치는 젊은 관료의 고문치사 사건 전말이다. 의정부 서계에 위치한 박세당 고택 안 박태보묘에 가보시라. 분홍빛 무릇꽃 몇 줄기가 그 젊은 의인의 유택 앞에 하늘거린다.

의정부를 스쳐간, 김구

북한산국립공원 회룡사 등산길 오른쪽으로 힘든 길을 올라가면 사패산 석굴암이 나온다. 절이 독특하다. 어느 절이든 대개 다 있는 일주문 대신에 거대한 바위 두 개가 맞붙어서 입구 역할을 한다. 바위 아래를 통과해 경내로 들어가면 곳곳이 육중한 바위다. 오른쪽에 큰 바위 세 개가 있고 가운데에 문이 있다. 이게 석굴암이다. 안에는 돌부처 한 분이 앉아 계신다. 이 석굴암에서 이성계가 건국을 꿈꾸며 기도했다는 전설이 남아 있다.

불교 신자가 아니더라도 이 석굴암은 가볼 가치가 있다. 돌부처가 앉아 계신 석굴암 바위에는 큼직한 글자 몇 개가 새겨져 있다. 그 가운데 하나는 다음과 같다. "石窟庵 佛 戊子 仲秋 遊此金九." '석굴암 부처. 무자년 중추에 김구가 이곳에 들르다'라는 뜻이다.

무자년은 해방 3년 뒤인 1948년이다. '중추(仲秋)'는 음력 8월을 뜻한다. 대략 1948년 양력 8월 하순에서 9월 중순에 백범 김구가 이곳에 놀러 왔다는 뜻이다. 세상이 완전히 바뀌고 새 나라가 건설되던 시대, 김구는 이곳에 와서 잠시 마음을 가다듬고 쉬었으리라.

이 날짜가 의미심장하다. 1948년 5월 31일, 대한민국 제헌의회가 성립했다. 그해 7월 17일 제헌의회는 대한민국 제헌헌법을 제정했다. 이날이 제헌절이다. 그리고 이 헌법에 따라 1948년 8월 15일 대한민국 정부가 수립됐다. 초대 대통령은 제헌의회에서 선출한 이승만이었다.

이 모든 과정에서 김구는 배제돼 있었다. 김구는 남한 단독정부를 반대하며 1948년 4월 19일 단신으로 북한을 방문해 김일성이 주최하는 남북연석회의에 참석했다. 소련과 김일성 측이 기획한 이 연석회의에 남쪽의 우익 계열은 불참했다. 김구는 아무런 성과 없이 5월 5일 38선을 넘어 귀환했다.

닷새 뒤 5월 10일 대한민국 첫 총선거가 치러졌다. 이미 1946년 정부 조직인 인민위원회를 구성하고 교과서와 화폐까지 발행한 북한은 당연히 총선에 불참했다. 총선에서 김구는 패했다. 정적인 이승만이 승리했다. 이승만이 대한민국 초대 대통령에 선출됐고 8월 15일 대한민국 공화국 정부가 설립됐다. 어떤 이들은 1948년 8월 15일을 대한민국 건국일로 보기도 한다.

정치가이자 독립운동가인 김구는 숨 막히게 전개되는 그 역사적 순간들에 주인공이 되지 못했다. 어쩌면 본인이 당연하리라 예상했던 초대 정부 수반도 이승만에게 돌아갔다. 독립운동가로서는 대단한 패배가 아닐 수도 있겠지만 정치가 김구에게는 뼈아픈 경험이었다. 마음의 상처를 안고 그해 가을 이 노정치가가 사패산 석굴암을 찾은 것이다.

김구 친필 암각에 대해 안내판을 비롯해 각종 매체는 '중국 상하이로 망명하기 전 김구가 피신했던 은신처'라고 소개한다. 하지만 이는 역사적 사실과 다르다. 김구가 쓴 《백범일지》에 따르면 김구는 3·1운동이 벌어진 직후 고향 황해도 안악을 떠나 황해도 사리원~평남 평양~평북 신의주~중국 단둥을 거쳐 배를 타고 4월 초 상하이로 들어갔다. 의정부 사패산은 이 동선(動線) 바깥에 있다. 김구가 사패산에 들렀다는 기록도 따로 보이지 않는다.

'백범김구선생 기념사업협회' 홈페이지에 김구 일행이 이곳 석굴암에 들른 사진이 게시돼 있던 적이 있는데, '1946년 6월 석굴암에서 지역 유지와 촬영'이라는 사진 설명이 붙어 있었다. 해방 전은 아니지만 김구가 이 석굴암에 최소 두 번은 들른 것이다. 새 나라 건설이라는 웅장한 꿈을 품은 독립운동가로서 한 번, 좌절한 노정치가로서 한 번.

의정부를 스쳐간, 대원군

"근래 삼가 듣건대, 대원군(大院君) 합하(閤下)께서 궁궐 밖으로 거처를 옮기시고는 도성에 생각을 두지 않는다기에 온 나라 사람들은 의심하고 불안해하고 있습니다. 신이 먼 시골에 있으므로 무슨 이유로 이런 지경에까지 이르렀는지 모르겠으나 대원군 합하가 번잡한 곳을 버리고 한적한 곳을 취해 즉시 돌아오지 않으시는 것입니까, 아니면 전하가 대원군의 뜻을 순순히 따르리라 마음먹고 곧 돌아오기를 청하지 않아서 그런 것입니까?"[83]

1874년 10월 20일 무관인 부사과(副司果) 이휘림(李彙林)이 고종에게 올린 상소다. 때는 1873년 말 고종이 친정을 선언하고 그때까지 자기 뒤에서 권력을 휘두르던 아버지 흥선대원군 이하응을 운현궁에 유폐하고 11개월이 지난 날이었다.

1863년 조선 26대 왕이 된 고종은 이후 10년 동안 아버지 지휘를 받으며 국정을 운영했다. 실질적 권력자는 흥선대원군이었다. 이하응은 조선 역사상 전무후무한 '살아 있는' 국왕의 아버지였다. 대원군은 아들이 왕이 되자마자 본인이 기획한 대개혁을 실천에 옮겼다. 양반에게 세금을 거두고 당쟁의 본산인 서원을 철폐했다. 1866년 프랑스군이 강화도를 공격하자 수도 한성 입구인 강화도를 군사도시로 만들고 문신이 임명되던 강화 유수에 무신을 전격적으로 발령했다.

그런 파격적 개혁에 기득권 세력, 그러니까 세도 가문과 노론 세력은 긴장했다. 마침 대원군이 주도한 경복궁 중건으로 경제가 엉망이 되자 이를 핑계로 아들에게 권력을 직접 행사하라고 끝없이 주문했다. 마침내 1873년 11월 4일 밤 고종은 전격적으로 친정(親政)을 선언하고 아버지에게 있던 권력을 자신에게로 회수했다. 10년 동안 진행되던 개혁 작업은 그 순간 정지되고 조선은 또 다른 소용돌이에 빠져들었다.

하루아침에 몰락해버린 대원군은 운현궁에서 두문불출하며 재기를 꿈꿨다. 이듬해 7월 28일 대원군이 야심 차게 키우던 강화도 군영 진무영이

흥선광장

다시 고종에 의해 문신 지휘 아래로 격하됐다.[84] 조선 초유의 3대 개혁 조치 가운데 하나가 사라졌다는 소식을 접한 대원군은 곧장 입궐해 고종에게 불가하다고 극언한 뒤[85] 충남 예산에 있는 아버지 남연군 묘소에 참배하고서[86] 곧바로 경기도 양주에 있는 산장으로 들어가 버렸다. 누가 보더라도 이는 고종에 대한 저항이며, 자기 세력을 향해 던진 결집 신호였다.

그 산장이 현 의정부시 가능동 곧은골에 있었던 '직곡산장(直谷山莊)'이다. 앞에 소개한 사패산 석굴암처럼 가능동에 있던 이 산장은 이렇듯 정치적으로 나락에 떨어진 권력가가 절치부심하며 부활을 꿈꾸던 공간이었다.

그런데 당시 친대원군 세력이던 무관 이휘림이 그해 10월 "왕이 직접 산장으로 가서 대원군을 다시 불러야 한다"라고 상소를 한 것이다. 고종은 이를 허락하지 않았다. 10년 만에 권력을 잡은 아들 고종은 "온 종이에 신하로서는 감히 못할 고약한 말이 가득하다"라며 이휘림을 압록강 변에 있는 평안북도 위원군으로 유배 보냈다. 이듬해 6월 이번에는 영남 유생들이 집단으로 대원군을 복귀시키라고 상소했다. 그러자 고종은 대표 상소자 네 명의 목을 베라고 명했다.[87]

훗날 병인양요(1866) 때 정족산성에서 프랑스군을 퇴각시킨 조선군 사령관 양헌수가 최익현에게 "임금에게 상소해 대원군을 복귀시키자"라고 하자, 최익현은 이렇게 답했다. "태조가 함흥으로 은퇴한 것과 같지 않으니 함부로 말하지 말라."[88] 당시에도 세상 사람들은 의정부 직곡산장으로 들어간 대원군의 처지를 500년 전 함흥으로 떠났던 이성계와 비슷하다고 생각했다는 뜻이다. 동시에 그렇게 두 사건을 연결하려는 세간의 여론을 반대원군파가 의식하고 있었다는 뜻이다. 역사와 인연이라는 것이 이렇게 반복된다.

전국적으로 들고일어난 대원군 복귀 상소에 고종은 하나같이 강경하게 대응했다. 결국 고종은 1875년 6월 22일 옥에 가뒀던 영남 유생들 목을 베라고 명했다. 대원군은 직곡산장을 출발해 고종의 참수령이 떨어진 6월 22일, 빗속에 대궐로 들어가 아들 고종에게 머리를 숙였다. 참수령은 회수되고 상소 주모자들은 유배형으로 감형됐다.[89] 아비와의 권력 투쟁에서 이긴 고종은 이듬해 설날 운현궁으로 사람을 보내 대원군에게 문안 인사를 올렸다.[90]

그 직곡산장은 간 곳 없다. 한동안 은혜유치원으로 쓰이던 기와집도 사라졌다. 이후 의정부에는 흥선대원군 자취를 남기려는 지명이 생겨났다. 경전철 흥선역, 흥선동, 흥선로, 흥선광장이 그들이다. 그러니 생각해보자. 의정부에 발자국을 남긴 거인들을. 이성계, 이방원, 대원군 이하응과 김구. 웅장하지 않은가.

청나라 장수 위안스카이가 쓴 '망월사' 현판

의정부를 스쳐간 위안스카이

도봉산에 있는 망월사는 신라 때 지은 천년 고찰이다. 6·25전쟁 때 많은 건물이 사라지고 절이 하나둘 들어섰다. 그런데 망월사가 있는 입지 자체가 대단해서 천년 고찰 분위기는 사라지지 않았다. 이곳에 있는 건물 하나의 이름이 '천중선원(天中禪院)', 즉 하늘에 있는 선원이다. 웅장한 산에 에워싸여 하늘과 맞닿은 망월사의 자태가 참으로 아름답다.

1891년 어느 날 조선 최고의 권력자가 망월사를 찾았다. 그리고 현판 하나를 자기 흔적으로 남겨놓았다. 현판은 '망월사(望月寺)'라고 했고, 이 세 글자 양쪽으로 글을 적은 날짜와 본인 이름을 적어놓았다.

광서 신묘년 음력 8월에 光緖辛卯中秋之月

주한 사자 위안스카이 駐韓使者袁世凱

바로 1882년 임오군란부터 1894년 동학농민운동까지 10년 넘도록 조선을 좌지우지했던 젊은 청나라 장수 위안스카이다. 그는 자신을 '주한 사자'라 칭하며 광서 신묘년 음력 8월에 이 글을 썼다. 무위당(無爲堂) 현판 뒤쪽에 숨어 있는 이 망월사 현판이 원래 어디에 걸려 있었는지는 알려지지 않았다.

서울 왕십리에 사는 하급 군인들이 일으킨 임오군란은 굶주림과 민씨 척족의 부패가 원인이었다. 자그마치 13개월간 밀린 월급을 달라고 항의하다가 터진 이 군란은 민씨 일족을 죽이고 운현궁에 유폐 중이던 대원군을 앞세워 민씨 정권을 갈아엎겠다고 나선 군인들이 주도했다. 당시 청나라에 가 있던 어윤중과 김윤식이 조선 정부의 급보를 받고 군사를 청에 요청했고, 그 군사를 이끌고 온 지휘관 가운데 스무 살짜리 위안스카이가 있었다. 서울 용산에서 이들은 흥선대원군을 납치해 베이징으로 끌고 갔다. 2년 뒤 벌어진 갑신정변(1884)도 이 위안스카이 부대가 진압했다.

그 후 위안스카이는 1885년 '주찰조선총리교섭통상사의'라는 직책으로 조선에 부임했다. 외교는 물론 내정 전반을 위안스카이가 직접 통제하고 결정하게 된 것이다. 조선 왕인 고종의 옆에서 도장을 찍으며 결재하는 청나라의 젊은 관리. 상상해보라. 위안스카이는 궁궐에 들어갈 때도 말이나 가마에서 내리지 않아 당시 여러 주한 외교관들 불만을 사기도 했다.

그 세월이 1894년까지 10년간 이어졌다. 1894년 동학전쟁이 터졌을 때 고종과 민씨 척족 실세였던 민영휘는 위안스카이에게 군사를 요청했고, 이는 결국 청일전쟁이 조선에서 벌어지게 된 직접 원인이 됐다.

1891년은 위안스카이 기세가 하늘을 찌를 때였다. 그 기세등등한 위안스카이가 높디높은 망월사를 찾았다. 궁에 들어갈 때도 가마에서 내리지 않던 사람이니, 험한 산중의 사찰 또한 제 발로 오르지는 않았으리라. 결국 위안스카이는 청일전쟁 발발 직후 청나라로 도주했고, 조선에서 그가 누렸던 권세도 끝났다.

아들에게 쫓겨난 아버지 이하응이 물러난 곳이 의정부였고, 그를 납치해 정치 생명을 끊어버린 청나라 장수가 위안스카이였고, 이들이 족적을 남긴 곳이 또 같은 하늘을 이고 있는 의정부 땅이니 그 인연이 참 무심하고 허망하다. 의정부에 가면, 다 있다.

5장 | 의정부는 산이다 : 산악도시 의정부

산악국가 대한민국, 의정부의 수려한 산세

의정부는 산이다. 산과 산 사이에 사람이 산다. 아득한 옛날에도 그랬고 지금도 그렇다. 천보산, 용암산, 부용산, 수락산, 도봉산, 사패산과 홍복산이 동서남북으로 의정부를 둘러싸고 있다. 의정부 백병원 의사 양성관에 따르면 이 가운데 '서울에서 수도권 제1순환고속도로를 타고 의정부에 갈 때 수락산 터널을 통과하면 눈앞에 나타나는 도봉산'이 의정부 제1경이다.

굳이 양성관 증언을 따르지 않더라도 주말이면 의정부 각 역은 그 절경을 즐기기 위해 수많은 인파가 모여들어 붐빈다. 산발치에서 기차가 멎는 역은 수락산역과 도봉산역, 장암역과 망월사역 정도다. 이 가운데 수락산역은 서울 노원구, 도봉산역은 서울 도봉구 도봉동에 있다.

도봉산에 관한 한, 내리는 역은 다르지만 결국 그 종점은 하나다. 원도봉산이다. 원도봉으로 오르는 길 가운데 망월사로 가는 계곡을 특히나 원

웅장한 도봉산설경

도봉계곡이라고 한다. 그러니까 의정부의 자존심 가운데 자존심이다. 날 좋은 주말이면 산 좋아하는 전국팔도 사람들이 이 골짜기를 가득 메운다.

수락산은 암벽에서 물이 떨어지는 산이라고 하여 수락산(水落山)이다. 도봉산보다 해발고도는 낮지만 계곡이 짧고 쉽게 오를 수 있어서 인기다. 조선시대에는 호랑이가 출몰했을 정도로 골짜기가 깊다.

불운한 여성 의순공주의 혼은 의정부 북쪽 천보산에 잠들어 있다. 꼭대기는 양주 땅이지만 남쪽 능선이 의정부에 닿아 있다. 양주 쪽 정상은 해발 423미터, 의정부 쪽 정상은 해발 335미터다. 한번 산불이 나서 오래도록 나무가 없는 바위산이었다. 그래서 의정부 사람들은 이 천보산을 빽빽산이라고도 불렀다.[91]

홍복산은 임도가 잘돼 있어서 산악자전거를 타는 이들이 즐겨 찾는다. 사패산에는 회룡사가 있다. 역시 이성계와 무학이 발자국을 남긴 절이다.

구름 위에 내려앉은 망월사 풍경

김구가 다녀간 석굴암도 사패산에 있다. 옛 군사도시답게 출입이 제한됐던 덕에 자연이 잘 보존돼 있다. 용암산은 이름 그대로 바위가 용이 꿈틀대듯 길게 늘어서 있다.

이렇듯 의정부는 산이 옹위한다. 버스 몇 정거장이면 곧장 이 웅장한 산수화 속으로 들어갈 수 있으니 이런 도시가 어디에 또 있는가. 대한민국 국토 70퍼센트가 산지라는 상식을 눈으로 확인할 수 있는 도시가 바로 의정부다. 사방이 산인데다 녹양평 한가운데에 중랑천이 흐르니, 사실 의정부는 이 자연 하나만으로도 가야 할 이유가 충분하다.

연산군 그리고 산들의 슬픔

옛글에 이르기를 "온 하늘 밑이 왕의 땅 아닌 것이 없고, 온 나라 사람이 왕의 신민 아닌 것이 없다" 했다. 다른 나라 땅을 침범해 차지한다면 잘못이다. 그러나 내 나라 땅을 내가 하고 싶은 대로 하는 것이 무슨 잘못이겠는가. 따라서 한성 서쪽은 홍복산 혜음현(惠陰峴)으로부터 공순릉(恭順陵)에 이르기까지, 동쪽은 수락산으로부터 녹양평에 이르기까지 모두 금표 안에 넣고, 큰길을 아차산 등처로 나가도록 하라.[92]

이 명을 내린 사람은 조선 10대 국왕 연산군(1476~1506)이다. 명이 떨어진 때는 1504년 8월 16일이다. 만일 조선 500년 역사에서 10년을 꼭 지워야 한다면 1495년부터 1506년까지 11년이다. 연산군 이융이 세상을 농단했던 시기다. 정확히는 양력 1495년 1월 21일부터 1506년 9월 18일까지 10년 8개월간이다. 그동안 연산군은 한 공동체 지도자가 할 수 있는 모든 사악한 짓은 다 하고 쫓겨났다. 그 악행은 연산군을 쫓아낸 중종반정 세력이 작성한 《연산군일기》에 기록돼 있다. 따라서 전부 믿을 수는 없지만 여타 기록과 비교해보면 연산군은 유례없이 나쁜 지도자였음이 분명하다. 유배지 강화도에서 죽은 연산군은 왕에게 붙는 조, 종의 묘호 없이 아직까지 군(君)으로 남아 있다.

앞에 인용한 글에 나오는 '금표(禁標)'는 출입 금지 이정표를 뜻한다. 자그마치 파주 삼릉(현재 파주시 조리읍에 위치)에서 수락산까지 이어지는 광활한 땅에 백성의 출입을 금하라는 명령이다. 그것도 '남의 나라가 아니라 내 나라 내 땅이니 마음대로 할 권리가 있다'는 명분을 내걸면서. 이로써 한성 북쪽의 동과 서는 모조리 국유지도 아니고 연산군 개인 토지가 돼버렸다.

연산군이 부동산에 보인 광기는 21세기 대한민국의 부동산 열풍을 초월했다. 현 의정부 녹양평을 둘러싼 모든 산을 접수하고 3개월 뒤 조정에서 파악한 연산군 땅은 '동쪽은 한강 삼전도, 광진, 묘적산, 추현, 천마산, 마산, 주엽산으로부터 북쪽은 석점, 홍복산, 해유점까지, 서쪽은 파주 보곡현까지, 남쪽은 한강 노량진, 용산 양화도까지로, 동쪽은 70리, 서쪽은 60리, 북쪽은 65리, 남쪽은 10리'[93]에 이른다.

강제 수용한 저 넓은 땅은 '사람을 쫓아내면 수목이 무성해져서 짐승이 살게 되니' 사냥터로 쓰고, 연무(鍊武)와 군사훈련용으로 사용하겠다는 것이다.[94] 이후 연산군 대에 군사훈련을 한 기록은 없으니 백성이 쫓겨 나간 이 광활한 땅은 오로지 한 폭군이 혼자 놀기 위해 수용된 불우한 운명이 되고 만 것이다.

자칫하면 녹양평과 수락산과 도봉산과 홍복산은 호랑이 우글거리는 거친 야생으로 변할 뻔했으나, 다행히 2년이 채 안 돼 연산군은 쫓겨났다. 왕좌를 이은 중종에 의해 금표는 뽑혀 나갔고 사람들이 돌아왔다. 산 또한 사람들 품으로 돌아왔다. 불곡산 남쪽 양주 관아도 부활했다. 의정부 산하는 물론 녹양평에 마을을 건설하고 살던 옛 양주 사람 흔적까지 사라질 뻔한, 아찔했던 2년이었다. 등산을 좋아하는 사람에게 굳이 각 산의 등산 코스를 소개할 이유는 없다. 또 산과 산에 숨어 있는 명찰과 문화재에 대해서는 뒤에서 세세하게 소개할 테니 여기서는 넘어가기로 하자.

21세기 산의 전설 하나, 엄홍길

대한민국에서 엄홍길을 모르면 간첩이다. 대한민국은 물론 지구촌 산악계에 그가 남긴 발자국은 크고 깊다. 해발 8000미터급 고상 14개좌를 세계에서 여덟 번째로 정복했고, 내친김에 해발 8000미터 고봉 두 개마저 정복해버렸다. 망월사역 근처에 소박하게 들어선 엄홍길전시관에는 그가 사용

엄홍길생가터

했던 장비와 각종 자료가 전시돼 있다.

엄홍길은 원도봉산을 엄마산(母山)이라고 부른다. 실질적으로 그가 평생 살아온 곳이 바로 이 원도봉산이다. 1960년 경상남도 고성에서 태어난 엄홍길은 네 살 때인 1963년 가족과 함께 원도봉산 골짜기로 들어왔다. 그가 살던 집터에는 '엄홍길이 살던 곳'이라는 안내판이 서 있다. 그런데 그 집터 위치가 낮은 곳이 아니라 중턱이다. 망월사역에서 망월사 산길로 40분을 올라가야 나오는 높은 곳이다. 가족은 등산객을 상대로 매점을 운영했고, 엄홍길은 걸음마부터 인생을 살아내는 방법까지 세상만사를 원도봉산으로부터 배웠다.

집터에서 10분 정도 올라가면 두꺼비바위라는 암벽이 나온다. 중학생이던 엄홍길은 이 벽을 오르는 사람들을 보면서 암벽등반을 배웠다. 거꾸로 매달려야 하는 난코스도 있지만 어린 엄홍길은 어른들에게 배워서 이를 해냈다. 그렇게 원도봉에서 살아낸 세월이 37년이다.

국립공원 구내라 집은 철거됐다. 철거하고 나온 부자재는 그 아래 돌벤치로 살아 있다. 있었는데 없고, 없었는데 '있어졌다'. 이게 엄홍길이 산에서 배운 철학이다. 엄홍길이 말한다. "나는 모태 불교"라고. 산이 주는 원력과 아들이 해외 원정을 떠나면 늘 절에서 무사 귀환을 기원한 어머니 덕에 지금 엄홍길이 있다고.

21세기 산의 전설 둘, 무위당 벽화

앞에서 소개했듯 청나라의 권력자 위안스카이는 엄홍길 집터에서 좀 더 올라가면 나오는 망월사에 흔적을 남겼다. 한자로 쓰인 '망월사'라는 현판이다. 그 현판이 걸린 곳은 무위당(無爲堂)이라는 작은 법당이다. 무위란 인위적인 그 어떤 것도 의도하지 않는다는 뜻이다.

무위당 사면을 자세히 보자. 크고 작은 벽화가 아래위에 그려져 있다. 세월과 당대의 미학을 기준으로 삼는 '문화재'에는 미치지 못한다. 그런데 자세히 보면, 무심한 붓놀림과 아이가 흩뿌려댄 듯한 물감이 서로 감응하며 숨 막힐 정도로 아름다운 세계가 펼쳐진다. 무심하게 그려놓은 부처님들 위로 또 회를 칠하고 벗겨내고 또 그리고 또 벗겨내고…. 이건 평면이 아니라 심연 혹은 우주에 떠 있는 것 같은 장엄함을 선사한다.

어떤 벽화는 순진무구한 장욱진의 화풍을 닮았고 어떤 벽화는 역시 순백한 이중섭의 그림 속 주인공을 닮았다. 부처와 보살과 동자와 그들이 날고 있는 산하 천지가 이 크고 작은 무위당 벽면에 그려져 있다. 어디선가 이 벽화를 그린 화가가 불화장과 단청 무형문화재 이연욱이라고 본 적이 있

무위당 벽에 그려진 다양한 벽화

다. 그러나 누가 그렸는지는 중요하지 않다. 화가 또한 이를 느꼈음인지, 이 범상하지 않은 그림 하나하나를 뒤져도 그 흔한 낙관 하나, 서명 하나 찾을 수 없다.

고산(高山)은 마음을 비워야 다가오는 것이다. 엄홍길이 원도봉산에서 배운 비움의 미학이 그를 세계적인 산악가로 만들었다. 망월사 무위당을 장식한 무위와 무욕의 벽화야말로 도봉산을 도봉산답게 보이게 하는 숨은 주인공이 아니겠는가. 가을이면 무위당 가는 골짜기에 단풍이 타오르겠다.

6장 의정부에 산다: 의정부를 만든 사람들

철도와 만형

근대 의정부는 두 가지 큰 역사적 계기를 통해 만들어졌다. 한번은 식민시대 의정부역 개통이고, 다른 하나는 미군 주둔이다. 한성 바깥 평야 지대에 사대부 가문과 양반이 집성촌을 이루며 살던 양주와 의정부에 외지인이 몰려와 '전혀 다른' 도시를 만들게 된 충격적인 사건이었다.

1장에서 언급했듯, 1911년 10월 15일 경원선 의정부역이 운영을 시작했다. 조선총독부는 조선시대 양주의 중심지인 양주읍치 대신 녹양평야 중랑천변에 새 역사를 만들고 이곳을 새로운 중심지로 개발하기 시작했다. 양주에서 의정부로 사회·경제 중심이 이동한 사건이었다. 의정부는 일반 대중이 산을 찾기 위한 베이스캠프가 됐고, 영화라는 신문물을 실험하고 이를 통해 영업을 하려는 예인들 또한 의정부를 캠프로 삼았다.

교통의 중심지가 되면서 전국 팔도에서 의정부로 사람과 물건이 몰려들

캠프잭슨

었다. 1933년 《매일신보》는 이렇게 보도했다. "경성과 불과 5리로 가까운 곳이며, 교통상으로도 경성과 보조를 같이해 발전될 것임은 명약관화한 현상이다. 2~3년 내로 1000호는 넉넉히 돌파하리라는 바."[95] 피혁공장, 붕대공장 같은 공장 지대가 의정부에 형성됐고 학교도 설치됐다.

비록 식민시대라는 빛바랜 시기에 이뤄진 변화지만 철도 가설은 근대도시 의정부가 만들어지는 첫 번째 중요한 사건이었다. 이전까지 양주 토착민이 살던 의정부 지역이 바깥세상과 사상 처음으로 연결된 것이다. 그 연결은 평등하지 않았다. 의정부에서 사람이 나가는 것이 아니라, 외지에서 의정부로 사람과 물산이 모여든 것이다. 함흥차사로 상징되는 전근대 조선시대 정신적 자존심에 추가해 실질적인 맏형 지위가 형성된 시점이 바로 이 식민시대였다.

전쟁 그리고 미군

대한민국 도지사가 미국인인 시절이 있었다. 1945년 9월 12일부터 1947년 2월 15일까지 경기도지사는 미육군 소령과 중령과 대령이 맡았다. 이른바 미군정시대다. 해방 후 미군이 맡은 임무는 행정권 확립과 지역 전문가 활용, 좌익 세력 확산 방지였다. 35년 식민시대가 끝났지만 해방 후 대한민국에는 그 광활한 업무를 수행할 조직도, 공권력도 부족했다. 여운형이 이끄는 건국준비위원회는 어느 틈엔가 김일성 및 소련 군정과 연계한 좌익 세력이 장악했다. 1948년 대한민국 헌법이 제정되고 대한민국 정부가 들어섰다. 그리고 전쟁이 터졌다.

전쟁으로 의정부는 쑥대밭이 됐다. 북한 인민군은 경원선 철도와 3번 국도 중심지 의정부를 순식간에 장악했다. 그때 동두천~포천을 방어하던 국군 7사단은 전체 병력 7000명 가운데 2500명이 휴가와 외출, 외박 중이었다. 남침 이튿날인 1950년 6월 26일 의정부가 함락됐다. 이후 의정부는 여섯 차례 점령군이 바뀔 정도로 대혼란 속에 전쟁을 치렀다. 의정부는 그 3년 남짓한 기간 동안 전역이 전쟁터였다고 해도 과언이 아니다. 의정부 사람은 거의 1년 이상 포격 소리를 들으며 전쟁의 공포를 느껴야 했다.[96]

전쟁이 끝났다. 문득 주위를 둘러보니 온통 미군이었다. 전쟁이 끝날 무렵 미8군사령부는 제1군단사령부를 의정부에 설치했다. 이어 미군과 작전을 함께하는 유엔군 소속 각국 부대도 의정부에 들어왔다. 어딘가에는 주둔해야 할 부대였다. 그런데 그들이 택한 공간은 의정부였다. 최근까지 자타가 공인하고 인정한 근대 도시 의정부의 본격적인 시작이었다. 산산조각이 난 도시를 부활시킨 계기가 바로 이 미군이었다.

폐허가 된 고향으로 돌아온 사람들은 정착촌을 만들었다. 정착촌 경제는 절대적으로 미군이 책임졌다. 캠프 레드 클라우드(Camp Red Cloud, 1953)로 이름을 바꾼 미1군사령부 캠프 잭슨(Camp Jackson, 1951), 캠프 시어스(Camp Sears, 1953), 캠프 카일(Camp Kyle, 1953), 캠프 노매드 찰리(Camp Nomad Charlie, 1953, 캠프 잭슨으로 개칭)와 캠프 에세이욘(Camp Essayons, 1954), 캠프 스탠리(Camp Stanley, 1955)가 의정부 중심과 외곽에 빽빽하게 들어섰다.

인가 한 채 없던 산야와 논밭에 미군 병영이 구축되고 성조기만 올라가면 부대 정문 앞 벌판에는 어김없이 새로운 부락이 형성됐다.[97] 미군을 상대로 혹은 미군에 필요한 사업을 운영하면서 의정부는 살아남았다. 1963년 의정부가 시로 승격한 근본 이유도 바로 주한미군이 가져온 경제적, 인구학적 효과가 직접적이었다.

미군은 해방자이자 구원자였고 때로는 군림하는 군사이기도 했다. 미군은 폐허 위에 교회를 세우고 학교를 짓고 고아원과 병원을 지었다. 1954년까지 미군이 재건한 이들 시설은 350군데에 달했다. 이 책의 공저자 가운데 한 사람인 유호명은 이렇게 기억했다. "돌아보니 소년이 보아 근사했던 학교, 관청, 종교시설이며 교량, 도로가 모두 미군의 대민지원이었다. 누가 뭐라 하든 나는 미제(美製)에 감사한다."[98]

그 틈새에서 유령처럼 기지촌 여성이 삶을 영위했다. 외출 나온 병사는 수시로 클럽과 식당과 거리에서 의정부 사람에게 행패를 부렸다. 밝은 빛과 숨기고 싶은 어둠이 의정부 시내에 줄곧 비치고, 깔렸다. 싫든 좋든 군사도시로 성장한 의정부가 기억하고 가야 할 기억이다.

이방인의 의정부, 의정부인(人), 의정부 문화

부락을 건설하고 집을 짓고 삶을 영위한 사람들은 고향이 다 달랐다. 1966년 10월 이화여대 사회학과가 조사한 의정부 인구 구성에 따르면, 응답자 227세대 가운데 한국전쟁 이후 의정부에 정착한 외지인은 141세대였다. 전쟁 전부터 의정부에 살던 원주민은 86세대로, 외지인이 더 많았다. 원주민은 40퍼센트였고 나머지 60퍼센트는 타 지역에서 이주해온 사람이었다. 외지인 가족 141세대 가운데 29세대는 피란민, 그러니까 이북에서 내려온 사람들이었다. 그런데 전체 227세대 가운데 가구주가 이북에서 태어난 세대는 39세대였다.[99]

그 가운데 천상병이 있었다. 천상병은 〈귀천(歸天)〉이라는 시로 우리에게 잘 알려진 시인이다. 서울대학교 상과대학을 중퇴하고 시인으로 활동하다가 1967년 이른바 '동백림 사건'[100]으로 인생이 파토난 예인이다. 1980년 서울에서 장암동으로 이사 와 13년간 살다가 1993년 의정부 경기도립병원에서 죽었다. 그의 무덤은 의정부 산곡동 공설묘지에 있다가 의정부시립공설묘지(이름은 의정부지만 소재지는 양주시다)로 이장됐다. 그가 남긴 시 〈귀천〉은 이렇다.

나 하늘로 돌아가리라
새벽빛 와 닿으면 스러지는
이슬 더불어 손에 손을 잡고,

나 하늘로 돌아가리라
노을빛 함께 단 둘이서

천상병 부부

기슭에서 놀다가 구름 손짓하며는,

나 하늘로 돌아가리라
아름다운 이 세상 소풍 끝내는 날
가서, 아름다웠더라고 말하리라…

평생 가난하게 살았던 시인이, 그 고단한 삶을 '아름다운 소풍'이라고 했다. 그 소풍을 기리는 산책로가 지금 의정부를 그물처럼 엮고 있는 '소풍길'이다. 천상병의 흔적은 다 사라졌지만 의정부는 그를 망각에서 소환해 의정부를 찾는 이들에게 자랑스럽게 내놓았다.

미군, 천상병, 의정부

어찌 보면 천상병이 살아낸 삶은 해방 이후 대한민국이 겪었던 고난과 유사하다. 가난했고, 격동스러웠고 탐미적이었다. 각지에서 모여든 의정부 사람들은 그 가난과 격동을 헤쳐 나와 함께 도시를 건설했다.

1980년대까지 의정부 축제는 미군이 주도했다. 지금은 명색이 흐려진 'UN의날', '미국 독립기념일' '메이데이'가 되면 미군은 부대를 개방했다. 군악대가 시가행진을 벌였다. 불꽃놀이도 의정부 하늘에서 벌어졌다.[101] 어느덧 의정부는, 어느덧 대한민국은 생계와 경제를 미군에 의존하지 않는 어른이 됐다. 게다가 군사 문화가 내뱉는 부정적 영향이 겹치면서 미군에 지역경제를 의존했던 여러 도시는 이제 미군의 존재를 꺼리게 됐다. 마침 한미 간 합의로 미군부대 재배치가 이뤄졌다. 미군은 의정부에 긍·부정적 자취를 남기고 사라졌다. 좋든 싫든 군사도시로 성장한 의정부가 부정할 수 없는 추억이 됐다.

그래서 의정부는 고령자도 재즈와 록 음악에 낯설지 않다. 또 서울이 온전한 한 마리 통닭을 팔 때 의정부는 미군의 입맛에 맞춰 부위별로 여덟 조각을 낸 프라이드치킨을 팔았다.[102] 그렇게 의정부는 다르다. 말 그대로 부대찌개처럼 서로 다른 문화를 가진 이방인이 두루 섞여서 강하고 독특한 공동체 문화를 만들었다.

서로 다른 DNA가 섞일 때 그 종(種)은 더 강해진다. 의정부가 그렇다. 600년 전 양주로 이주됐던 600년 전 기억과 자발적으로 모여든 근대 의정부인 그리고 대한민국을 지키기 위해 이역만리에서 찾아온 청년들이 좋든 싫든 모여서 만든 도시가 의정부고, 그 문화가 의정부 문화다.

7장 그래서 우리는 의정부로 간다: 의정부, 그 매력

하늘을 나는 기차 의정부 경전철 그리고 시인 천상병

기억은 추억이 되고 추억은 역사가 된다. 사람이 모여서 마을을 이루고 마을에 역사가 쌓인다. 지금을 사는 우리에게 그 역사는 문화가 된다. 각 시대를 살아간 사람들은 치열하게 역사를 만들었지만, 이제 우리에겐 역사가 모여서 만든 문화를 즐길 뿐.

'왜 의정부에 가는가?' 토박이 의정부 시장 김동근이 던진 질문에 대략 답이 나왔다. 의정부 시민에게 찰나에서 영원으로 전승돼온 함흥차사, 실제로는 그 유장하고 격정적인 역사를 즐기기 위해 우리는 의정부로 가야 한다. 녹양벌 너른 들판을 에워싼 명산 품에 안기기 위해 우리는 의정부로 가야 한다. 그 벌판과 산에 발자국을 찍어놓은 근대 거인들 흔적을 찾기 위해 의정부로 가야 한다.

그래서 해방 후 모여든 근대 의정부인이 창조한 삶 속을 두리번거리며

의정부역 앞, 안중근 동상이 보인다.

우리는 의정부를 걷는다. 미래에는 분명 다르겠지만 수백 년 뚜렷한 설계도 없이 형성된 그 도시의 삶을 제대로 음미하기 위한 안내판이 이 장이다.

기차가 하늘을 난다. 진짜 나는 게 아니라 전 구간을 고가도로가 아닌 고가선로를 따라 의정부 주요 포인트를 왕래한다. 지상 16미터 교각 위에 연결된 선로로 기차가 움직인다. 전부는 아니지만 이 책에 소개된 의정부 역사는 대개 의정부 하늘을 나는 경전철을 타면 만나볼 수 있다.

고층건물 사이를 달리는 맛도 맛이지만 가끔 탁 트이는 풍경도 볼 만하다. 게다가 이 기차라는 것이 쇠발통이 아니라 고무 타이어를 발 삼아서 움직인다. 객차 개수도 딱 두 량이라 의정부 시민에겐 일상이지만 외지인은 장난감 나라 여행 같은 느낌이 들곤 한다. 경전철역은 다음과 같다. '발곡-회룡-범골-경전철의정부-의정부시청-흥선-의정부중앙-동오-새말-경기도청북부청사-효자-곤제-어룡-송산-탑석.'

직동공원 내 소풍길

몇몇 보편적인 명칭을 제외하고는 역 이름이 예사롭지 않다. 발곡역은 승려의 공양 그릇인 발우를 만들던 발이술리마을에서 따왔다. 회룡역은 이성계와 무학대사가 묵었던 회룡사에서, 범골역은 호랑이가 출몰하던 마을 이름에서 따왔다. 흥선역은 이곳 직곡산장을 자주 찾던 흥선대원군에서 따왔고, 동오역은 오동나무가 많던 동오리마을에서, 새말역은 성종 아들 경명군의 후손이 들어와 새로 만든 마을 이름인 새말에서, 효자역은 이곳 출신 의병장 정문부를 기리는 효자봉에서 따왔다. 곤제역은 조말생의 형 조계생의 두 아들인 극관과 수량 형제를 기념하는 역명이다. 어룡역은 '목마른 용이 물을 마시는' 효자봉 풍수에서, 송산역은 송산동에 살았던 선비 조견의 호 송산에서 따왔으며, 탑석역은 이곳에 돌로 만든 탑이 있었다고 해서 그 이름을 붙였으니, 역명만으로도 굵직굵직한 의정부의 인문지리 지식은 다 훑은 셈이다.

운행 자체는 아직 적자지만 외지인에게는 신기한 경험이니 속칭 '뚜벅이' 여행자에게는 추천할 만하다. 경전철을 이용한 '의정부 경전철로 떠나는 행복한 여행' 3코스가 한창 인기를 끌기도 했다.

그 경전철 여행 코스 가운데 두 개 코스가 '소풍길'로 연결된다. 동오역과 발곡역이 중랑천변을 끼고 있는 소풍길, 의정부시청역이 도심에 정비된 소풍길과 가깝다. 의정부에 살다가 의정부에서 쓸쓸하게 죽은 시인 천상병을 기념하는 바로 그 길이다. 이들 역에서 내려 쓸쓸한 시인 뒷모습을 바라보며 걷는 것도 좋겠다.

서울 지하철 2호선 같은 순환선이 아니라 발곡역과 탑석역을 오가는 왕복 노선인 점이 굉장히 아쉽다. 언젠가 탑석에서 탑석으로, 발곡에서 발곡으로 한 바퀴 돌 수 있는 순환 노선이 이뤄진다면 그때는 의정부 자체가 지금 의정부와는 또 다른 도시로 변해 있으리라.

음악도서관과 블랙뮤직페스티벌

도대체 도서관이 구경거리가 되는 도시 봤나? 책과 자료를 찾겠다는 학구적 목적이 아니라 '놀러 가기 위해' 찾아가는 도서관 봤나? 그게 의정부에는 두 군데나 있다. 2장에서 소개한 미술도서관과 함께 대한민국에 하나밖에 없는 음악도서관이다. 음악도서관은 미술도서관과 함께 어쩌면 의정부가 미래로 나아갈 비상구이면서 맏형으로서 누렸던 영화를 회복할 수 있는 디딤돌이기도 하다. 의정부를 찾는 바깥사람에게는 자칫 지루한 역사 이야기를 벗어나 상큼하고 맑은 의정부를 바라볼 수 있는 거울이기도 하다.

미술도서관을 만든 모범 공무원 박영애가 시청 선후배 동료들과 어깨동무하고 내놓은 두 번째 작품이다. 2023년 기준으로 문을 연 지 2년 됐다. 미

미군 문화를 잘 소화해 낸 의정부 음악 문화다.

술도서관이 탄생한 계기는 의정부에 정착했던 자유로운 영혼, 화가 백영수였다. 음악도서관은 바로 근대 의정부 정체성 가운데 절반을 책임진 미군 문화가 계기였다.

바로 음악이다. 다른 도시와 달리 노인들도 재즈와 록 음악에 익숙할 수밖에 없었던 미군의 음악문화가 의정부를 독특한 음악 도시로 만든 것이다. 그래서 반세기 동안 이어져온 군사도시라는 이미지에서 탈피하고, 동시에 '의정부음악극축제'와 '블랙뮤직페스티벌'이라는 의정부다운 문화 자산을 이어받은 공간이 이 음악도서관이다. 자칫하면 인종차별적 인상을 줄 수 있지만, 음악도서관에 따르면 블랙뮤직이란 재즈, 블루스, 가스펠, 솔, R&B, 힙합 등으로 20세기 이후 서양 대중음악의 원천이 되는 장르를 통칭하는 개념이다.[103] 의정부시는 이 블랙뮤직에 집중해 2023년까지 다섯 차례 블랙뮤직페스티벌을 개최해왔다.

미술도서관처럼 음악도서관은 예쁘다. "음악도서관 보러 의정부 가자" 라고 해도 좋을 만큼. 세련된 음반 디스플레이에, CD 숍 같기도 하고 어느 우아한 유럽의 도서관에 딸린 특별 공간 같기도 한 공간을 자랑한다. 음악 관련 책 약 1만 권, CD 6,500여 장, LP 1,300여 장과 1,000장이 넘는 DVD에 담긴 음악을 즉석에서 감상할 수 있다. 미술도서관과 마찬가지로 따로 칸막이나 격실이 없는 탁 트인 공간에서 음악적 호사를 누릴 수 있다. 그랜드 피아노가 놓인 1층은 가끔 콘서트홀로 변하기도 한다. 3층에는 피아노 연주실이 따로 설치돼 있다. 그러니까 음악 관련 자료를 수동적으로 받는 차원을 떠나 적극적으로 음악을 실행하는 공간이 이곳에 있다.

음악도서관 홈페이지(uilib.go.kr/music)에는 정기, 부정기적으로 도서관에서 열리는 각종 행사 정보가 소개돼 있다. 위치는 신곡동 장암발곡근린공원이다.

맛 하나, 이주민의 용광로 '부대찌개'

부대찌개는 역사적인 음식이다. 지금은 대한민국 어디를 가든 부대찌개라는 이름을 내걸고 파는 찌개집이 즐비하지만, 그 시작은 의정부였다. 웬만한 의정부 바깥 도시 부대찌개집은 '의정부'라는 말머리를 붙이면서 자기네가 최고라고 으스댄다.

조선시대 녹양벌을 남북으로 가르는 길가 곳곳에는 여관이 있었다. 역(驛) 혹은 원(院)이라 했다. 이성계, 이방원 같은 시대의 거인도 이 길을 오갔지만, 숱하게 많은 우리네 장삼이사도 이 길을 이용하며 역과 원에 묵었다. 도봉산과 수락산 호랑이를 피하기 위해 사람들은 역·원에서 만나 무리 지어 길을 걸었다. 먼 길을 가야 하는 체력과 호랑이에 대한 긴장감에 필요한

부대찌개 거리

아드레날린을 보충하기 위해 사람들은, 먹었다.

역과 원에는 의정부, 옛 양주 동북쪽에서 가져온 해산물이 많았다. 원산에서 잡은 고기, 특히 북어를 가져온 상인이 양주 땅 역과 원에서 다리를 쉬고 조선 수도 한성으로 가져가곤 했다.

조선이 망하고 식민지가 되었다. 어느 날부터 의정부에 기차가 오갔다. 역과 원은 사라졌다. 하지만 이런 관행은 해방 뒤에도 이어져 원산에서 잡은 명태를 비롯한 생선을 이번에는 기차로 의정부를 지나 서울로 운반해 파는 사람이 있었다.[104] 1920년대 의정부에 살던 사람은 조선인 996명에 일본인 232명이었다. 자연히 이 시기에는 일본인이 소비하는 일본 음식도 많았으리라.[105]

조선이 가진 그리고 일본인이 들여온 그 의정부 먹거리에 혁명적 변화가 일어난 때는 미군부대 주둔 이후다. 자그마치 8개 미군부대가 의정부 곳곳에 자리 잡으며 의정부 사람의 삶을 바꿔놓았다. 그 가운데 대표적인 분야가 음식이다. 6·25전쟁 후 서울에 들어온 미국 음식문화와 의정부 음식문화는 결이 다르다. 예컨대 통닭이다.

> 미국에서는 다리, 허벅지, 가슴과 같이 좋아하는 부위를 골라서 먹는 것이 일반적이었다. 미군을 대상으로 하던 의정부의 치킨집은 이러한 문화를 반영해 닭을 여러 조각으로 토막 내어 튀겨 부위별로 판매했다. 그러다 보니 유년기를 미군부대 근처에서 보낸 사람은 서울이나 시내에 나가서 통닭을 보면 '아니, 이걸 어떻게 먹으라고 통으로 튀겨주는 거지?'라고 생각했다고 한다. 반대로 서울에나 다른 지역 사람들이 미군부대 앞에 와서 처음 후라이드 치킨을 보고는 '아니 왜 닭이 토막 나 있지? 이거 먹다 남은 거 모아서 준 거 아니야?'라고 의심하기도 했다고 한다. 이 사례는 다른 지역에는 잘 알려지지 않은 외국 음식 문화가 미군부대가 있는 지역에는 빠르게 먼저 유입됐음을 보여준다.[106]

다들 가난했던 시절, 예전처럼 닭 한 마리를 백숙처럼 통째로 내던 서울에 반해, 의정부를 위시한 미군 주둔 도시에서는 미국식으로 부위별로 토막을 냈다는 것이다. 어찌 보면 지금은 전국 어디서건 의정부에서처럼 먹기 좋게 토막 치킨을 내니, 의정부는 신문화를 좀 더 일찍 수용한 셈이다.

그 신식 음식 가운데 한국적인 요리 문화와 미국적인 식재료가 융합해 탄생한 메뉴가 바로 부대찌개다. 다시 말해서 '가난'과 '미군 식재료'와 '한국 특유의 찌개 문화'가 버무려져서 우리의 의정부 부대찌개가 탄생했다. 육류가 아쉬웠던 시절, 의정부 사람은 미군부대에서 흘러나오는 햄과 베이

오뎅식당 부대찌개 유래 안내문(위), 오뎅식당 외관(아래)

* 의정부 부대찌개 거리 주소는 의정부시 태평로 137번길 22-1이다. 경전철 의정부중앙역 2번 출구 부근이다.
* '오뎅식당' 주소는 의정부시 호국로 1309번길 7이다. 031-842-0423

컨, 다진 고기, 스팸에 고추장과 김치와 라면을 섞어서 전형적인 한국식 찌개로 만들어 먹었다. 거기에 미국식으로 가공한 콩에 치즈까지 올라간다. 처음에는 이들 가공 육류를 볶아서 먹는 볶음요리 위주였다가 차츰 찌개로 변했다. 그리고 지금 부대찌개는 누가 뭐래도 미국식도 한국식도 아닌, 의정부식이다.

한때 미군부대가 있던 파주, 의정부, 동두천, 송탄, 서울 이태원, 전북 군산 등지에서 서로 자기네 부대찌개가 원조라며 다투기도 했으나, 결론은 났다. 부대찌개 원조는 의정부다. 다른 라이벌 도시와 달리 의정부는 '북경기의 맏형'이 아닌가. 사통팔달한 교통망을 타고 각지에서 몰려와 의정부 부대찌개를 맛본 이방인들 입을 통해 '의정부 부대찌개'라는 이름이 저절로 유포되더니 이제는 다른 도시가 뭐라고 합리적인 이의를 제기해도 씨알도 먹히지 않게 되었다. 게다가 도시 전체에 웅거한 8개 미군부대는 의정부에 부대찌개의 원조 지위를 부여하고도 남았다.

1998년에 조성된 의정부 부대찌개 거리에는 '오뎅식당'이 있다. 자타가 공인하는 부대찌개 원조 식당이다. 오뎅식당 또한 시작은 볶음이었고 지금은 찌개가 주요 메뉴다. 시작이 미군부대에서 나온 재료다 보니 상호에는 그 서럽던 시절을 떠올리게 하는 '부대찌개'의 '부' 자도 보이지 않는다. 그런들 어떻고 저런들 어떤가. 세월이 하도 흘러서 이제 부대찌개를 먹으며 가난했던 옛날을 떠올리는 사람은 없다. 오뎅식당 벽에는 위풍당당하게 이렇게 적혀 있다.

> 허기숙 할머니께서 오뎅을 파는 포장마차로 처음 시작했습니다. 어느 날부터 식당 근처 미군부대에 근무하던 사람들이 가져다주던 햄, 소시지, 베이컨 등 각종 고기들로 볶음을 만들게 되어 판매하다가 점차 늘어난 단골손님들이 밥과 어울리는 찌개를 찾아서 기존 재료들에 김치와 장을 더해 찌개를 만든 것이 지금의 부대찌개가 탄생하게 됐습니다.

그리고 마지막에 이렇게 덧붙여 적혀 있다.

> 그 당시 부대찌개라는 말을 쓸 수가 없어서 (…)

PX가 됐든 부대 식당이 됐든 불법 유통된 식재료를 썼노라고 대놓고 말할 수 없던 아픔, 그리고 연유야 어찌 됐건 남의 나라 군인들이 먹는 재료로 음식을 만든다고 하기 거북했던 가난한 자존심이 '오뎅식당'이라는 상호에 담겨 있다.

평양면옥

평양면옥(냉면)

맛 둘, 실향민의 자존심 '냉면'과 '초계탕'

용광로 같은 의정부 이주민 문화는 뜻밖에도 의정부를 평양냉면의 성지로 만들었다. 전국 맛집이 몰려 있는 서울에서 가장 활황인 평양냉면집이 있는데, 을지면옥과 필동면옥이다. 이 두 음식점의 친정이 의정부 평양면옥이다.

평양냉면을 좋아하는 사람은 굳이 냉면에 무협지처럼 문파(門派)를 가른다. 의정부 평양면옥과 서울 3대 냉면집인 서울 을지면옥, 서울 우래옥과 서울 을밀대 이렇게 4대 문파가 있다. 이 가운데 을지면옥은 지난 2022년 도시개발계획에 따라 문을 닫았다.

원조 가운데 원조인 평양은 통일이 된 다음에나 맛볼 수 있겠고, 휴전선 남쪽 대한민국 평양냉면 4대 문파 가운데 셋은 서울에, 하나는 의정부에 있다. 그리고 서울에서 다른 3대 문파와 치열하게 쟁패 중인 을지면옥과 필

평양초계탕막국수

동면옥 주인은 의정부 평양면옥집 딸들이니 과연 의정부는 대한민국 평양냉면계를 주름 잡고 있는 성지다. 서울 잠원동에 있는 '본가평양면옥'도 셋째 딸이 분가해 낸 집이다.

의정부 평양냉면의 원조는 '평양면옥'이다. 식당 주인은 1·4후퇴 때 남하한 평양 출신 홍영남-김경필 부부다. 원래 연천군 전곡면에서 살다가 1969년 의정부로 이사해 냉면집을 차렸다. 의정부에는 피란민 인구가 많았다. 이들이 찾던 냉면이 의정부 사람은 물론 의정부에 '올라왔던' 사람들 입을 따라 전국으로 퍼져 나갔다.

의정부 피란민 가운데 함경도 사람도 꽤 있어서, 메밀 대신 감자를 재료로 하는 함흥냉면도 의정부에서 빼놓을 수 없는 메뉴다. 이 책의 공저자 유호명에 따르면 '평양냉면은 끈기가 없는 메밀이 재료라 물냉면, 함흥냉면은 끈기 있는 감자가루로 만들어서 비빔면'이다. 이는 평양면옥 사람들의

평양초계탕막국수(초계탕, 닭날개, 전)

증언과 일치한다.

2018년 원조 중의 원조, 북한 평양냉면집에서도 또 원조라고 내세우는 평양 옥류관을 찾은 대한민국 예술단에게 옥류관 직원들은 '양념장과 겨자'를 '듬뿍' 넣어서 먹으라고 권유했다! 이제 마니아가 아니면 쉽게 체득하기 어려운 이 '슴슴한' 평양냉면을 시켜놓고 식초와 겨자 소스를 만지작대며 남 눈치를 볼 이유가 사라졌다. 의정부 원조 평양냉면집에 가서 마음껏, 자기 입맛대로 냉면을 즐기면 된다.

역시 이북 음식인 초계탕은 북경기와 강원도 전역에 퍼져 있다. 파주에도 있고 화천에도 있다. 초계탕은 식초와 겨자를 넣은 차가운 닭 육수에 메밀면과 닭고기를 가늘게 찢어 넣어 먹는 음식이다. 초계탕의 '초'는 식초요,

* '평양면옥' 주소는 의정부시 평화로439번길7이다. (031)877-2282
* '평양초계탕막국수' 주소는 의정부시 둔야로33번길34다. (031)874-6526

'계'는 함경도 사투리로 '겨자'의 '계'다. 평안도와 함경도에서는 이 차가운 초계탕을 추운 겨울에 별미로 먹었다.

의정부 식당 '평양초계탕막국수'도 전국 초계탕 원조 가운데 하나다. 닭고기는 기름이 쫙 빠진 단백질덩어리다. 역시 기름기 완전히 빠진 닭 날개가 나오기도 한다.

그리고 멋, 이방인의 휴식처: 풍경 카페

드디어 카페다. 부대찌개와 냉면이 근대 의정부 사람들이 삶 속에서 만들어낸 문화라면, 의정부의 카페는 그들이 삶을 '즐기기' 위해 창조해낸 공간이다. 세상에 카페 없는 도시 없고 맛집 없는 마을 없다. 그런데 의정부의 카페는 '굉장히' 독특하다. 어찌 보면 도시가 터를 잡은 녹양벌과 중랑천 그리고 그 벌판과 강을 에워싼 높은 산을 흉내 낸 공간이다.

넓다. 아주 넓다. 여느 도시의 카페처럼 아담하다거나 옹기종기 모여 있다거나 하지 않는다. 가보면 안다. 공간이 사람에게 주는 영향력은 절대적이다. 의정부에 있는 카페는 공간감 하나만으로도 사람을 감동시킨다.

크다. 아주 크다. 웬만한 사무실 빌딩만 한 단독 건물에 카페 하나가 들어가 있다. 이 카페 건물을 산이라고 한다면 그 앞에 숲과 잔디밭과 오솔길이 있다. 1963년 의정부가 양주에서 독립해 시로 승격한 이래 의정부에 이런 어마어마한 휴식 공간이 생기리라고는 아무도 상상하지 못했을 것이다.

브런치 카페다. 이런 큰 카페가 들어선 빌딩 공간 1층은 어김없이 베이커리가 차지한다. 하기야 커피 한잔 마시겠다고 이 먼 의정부까지 찾을 외지인은 없겠다. 의정부 주민은 물론 외지인들도 현관문을 열면 함박웃음을

카페 '시월의 정원' 내부

지으며 배가 불러올 정도로 맛있는 빵 냄새가 시각적으로도 맛있는 갖가지 빵들한테서 흘러나온다.

예쁘다. 인테리어, 가구, 꽃병과 조경까지 어느 하나 버릴 것 없이 예쁘다. 어느 틈에 의정부는 각종 SNS에서 풍경 맛집 단골 공간으로 주목받는 도시가 됐다.

이들 카페가 의정부에 들어설 수 있었던 이유는 단순 명백하다. 사라지다시피한 북경기 만형 자리를 놓고 각 도시가 겨루는 이때, 여전히 의정부는 옛 영화를 되찾을 준비가 돼 있다는 뜻이다. 고양시에 살고 서울에서 일하는 필자가 다녀본 북경기 주요 도시 어느 곳에서도 의정부가 가지고 있는 이런 웅장하고 수려한 카페는 보지 못했다.

앞 몇 장에서 소개했듯, 의정부에 흐르는 시간과 의정부가 소유한 공간에는 유장한 역사가 있다. 그런데 그 역사를 즐기며 쉴 공간이 없던 이 도시에, 여전히 사통팔달한 교통망을 이용해 외지인이 몰려오고 있는 것이다. 역사만 있어도 도시를 찾을 이유가 없다. 카페와 맛집만 있어도 이는 유흥지에 불과할 뿐, 도시로 사람을 부르는 매력포인트는 되지 못한다.

그런데 의정부에는 서로를 닮은 역사와 카페와 산이 융합해 있으니 이를 아는 사람이라면 누가 의정부를 외면하겠는가. 오직 '몰라서' 못 오는 사람이 있을 뿐. 알면 의정부에 가고, 한 번 가면 또 가게 되는 도시로 의정부는 어엿하게 변신하고 있다.

다음은 의정부 풍경 카페 10선이다. 이 장에 소개한 카페가 전부는 아니다. 산에 둘러싸이고 가운데 강이 흐르는 의정부 풍광에 어울리는 훌륭한 휴식 공간이 곳곳에 숨어 있으니, 의정부를 찾는 사람이라면 보물상자 뒤지듯 둘러보시라.

1. **카페 아나키아** 의정부시 잔돌길 22. 031-856-5168

부용산 아래 아파트촌에 붙어 있는 5층짜리 건물 전체가 카페다. 1층은 빵집이다. 나머지 층은 층별로 콘셉트가 다른 휴식 공간이다. 바깥에는 조경이 잘된 마당이 있다. 실내는 각종 꽃과 나무로 잘 장식돼 있다. 주차장도 넓다. 가끔 그랜드피아노 앞에서 공연도 한다.

2. **파크프리베** 의정부시 동일로 192번길 28-27. 0507-1403-9211

장암역과 망월사역에서 가깝다. 광활하다 싶을 정도로 야외가 넓다. 1층은 카페, 2층은 레스토랑이다. 3, 4층은 노키즈 존이다. 손님이 늘 북적이는데 하도 넓어서 북적이는 느낌이 덜하다.

카페 '모드닉' 야외 경관

3. **시월의 정원** 의정부시 호국로 1114번길 91. 0507-1446-6338

북한산 안골지구 입구 가능동에 있다. 다른 카페에 비해 규모가 작고 건물도 작다. 아기자기한 느낌이다. 통유리창 바깥으로 보이는 숲 풍경이 근사하다. 상호명 그대로 '정원'을 구경하면서 차와 디저트를 즐기는 곳이다.

4. **마이야르** 의정부시 민락로 445번길 22. 0507-1421-7558

민락 2지구에 있는 야외 카페다. '마이야르'는 물질이 산소를 만나서 색이 변하는 갈변현상을 뜻한다. 커피를 만들 때도 나오는 현상이다. 커피 로스팅, 스테이크 만들기, 빵 굽기에 목숨 건 카페라는 뜻이다. 문을 열면 반대쪽에 또 다른 공간으로 가는 문이 있고, 그 공간 뒤로 또 다른 공간으로 가는 문이 있다. 만들어내는 빵도 동화처럼 생겼고 공간 구조도 동화 같다.

5. **카페 블룸** 의정부시 동일로 36-26. 0507-1312-3550

장암역 부근에 있다. 건물 외경은 낡았는데 뒤편에 있는 정원이 인상적이다. 정원에 원두막이 있고 수련이 핀 작은 연못도 있다. 잔디밭이 넓다. 브런치 세트 추천.

6. **카페 나크타** 의정부시 망월로 28번길 137. 0507-1348-0495

망월사역에서 금방이다. 전화하면 셔틀버스가 나올 수 있다. 나크타는 '낙타'를 장난친 명칭이다. 규모도 규모지만 원도봉계곡에 들어앉은 입지가 일품이다. 계곡이 카페 독점 골짜기로 보일 정도다. 통유리창 안에서 감상하는 풍경, 풍경 속에서 즐기는 산 모두 좋다. 각종 소금빵이 전문이다.

7. 카페 아를

의정부시 동일로 204. 031-837-1717

장암역에서 걸어서 갈 수 있다. 네덜란드 화가 빈센트 반 고흐가 정착해 살았던 프랑스 프로방스 지방의 아를에서 이름을 따왔다. 즉 실내외 합쳐서 카페를 프랑스풍으로 작심하고 만들었다는 뜻이다. 시멘트 마감 그대로의 빈티지한 건물 외관, 인상주의 화풍으로 꾸민 야외 분수대, 박석으로 마감한 길 등. 파스텔 톤으로 칠한 실내도 마찬가지다. 건물 정면은 작은데, 들어가 보면 엄청나게 크다. 프로방스에 있는 골목 하나를 가져다놨다고 보면 된다. 2023년 6월까지 빵과 음료를 팔았던 카페 아를은 지금 똑같은 낭만적인 모습 그대로 순댓국을 팔고 있다. 이 특이한 모순을 아를에서 즐겨보시라.

8. 카페 모드닉

의정부시 장곡로 226번길 116. 0507-1464-0633

발곡역 부근에 2023년 새로 생긴 카페. '모드닉(Modgnik)'은 왕국을 뜻하는 '킹덤(Kingdom)'을 뒤집어서 쓴 신조어다. 역시 실내외 경관이 좋다. 실내를 장식한 꽃도 근사하다. 각종 빵과 커피가 좋다는 평이 많다. 샌드위치 세트도 있다.

9. 카페 달리온

의정부시 송산로 915번길 123. 0507-1491-4400

산곡동 숲속에 있다. 동의정부 IC에서 금방이다. 반려견과 동반할 수 있는 카페다. 숲속 풍경이 좋은데 빵이 맛있다는 손님 평이 조금 더 많다. 야외 계곡에 붙어 있어서 아이들과 놀기에도 좋다. 겨울에는 숲에 물을 뿌려서 빙산을 만들어놓기도 한다. 장마철이나 눈이 내릴 때도 분위기가 좋다.

10. 파크187 의정부시 호국로 1828번길 138-23. 0507-1360-0069

상호는 옛 주소인 자일동 187번지에서 따왔다. 풍경 카페 정도가 아니라 큰 수목원이라고 보면 된다. 오죽하면 상호명이 파크, 공원인가. 그래서 입장료를 받는데 아깝지 않다. 손님 평도 '산책로가 좋다', '뷰가 좋다' 일색이다. 실내 수목원에 수종이 다양한데, 냉방이 잘돼 있어서 덥지 않다.

21세기 의정부가 바깥세상에 자신 있게 보여주는 '의정부에 대한 인문학적이고 여행학적인 소개서'를 마치며, 이제 의정부가 숨겨놓은 옛 사람들, 그 문화와 역사, 그리고 의정부를 만들어내고 의정부가 만들어놓은 이 도시의 삼라만상을 자세히 들여다보기로 하자.

1부 주석

1) 백영수, 《성냥갑 속의 메시지》, 문학사상사, 2000, 45쪽.
2) 정재정, 《철도와 근대 서울》, 국학자료원, 2018, 199쪽.
3) 위의 책, 364쪽.
4) 〈議政府스타듸오, 映畵의 平和스러운 마을〉, 《삼천리》 11권4호, 1939년 4월 1일.
5) 1938~1942년의 청량리역 이름이다.
6) 《역사 향기 깃든 의정부》(의정부시사 6), 의정부시사편찬위원회, 2014, 97쪽, 98쪽.
7) 〈機密室, 朝鮮社會內幕一覽室〉, 《삼천리》 10권5호, 1938년 5월 1일.

1부 주석

8) 〈議政府스타듸오, 映畵의 平和스러운 마을〉, 《삼천리》 11권4호, 1939년 4월 1일.

9) 통계청, 〈사회조사〉(2021). www.index.go.kr/unity/potal/main/EachDtlPageDetail.do?idx_cd=2694.

10) 유호명, 《1960년생 토박이의 의정부를 담다》, 의정부문화원, 2022, 147쪽.

11) 문화체육관광부, 〈2021년 문화도시 추진 가이드라인〉.

12) 전주이씨 대동종약원, 《선원계보》, 17세 양무.

13) 《태조실록》 총서.

14) 《태조실록》 총서.

15) 이 장에 나오는 날짜는 모두 음력이다.

16) 조선 건국 후 조선 왕실에서 명 황실에 건국을 알리며 국명을 골라달라고 올린 이름이 '조선'과 이성계의 고향인 '화령'이었다.

17) 국사편찬위원회, '우리역사넷'.

18) 서병국, 〈이지란 연구〉, 《백산학보》 19호, 백산학회, 1971.

19) 《태조실록》 총서.

20) 《태조실록》, 1393년 2월 15일.

21) 《태종실록》, 1401년 6월 12일.

22) 《태조실록》, 1395년 6월 6일.

23) 차천로, 〈오산설림초고(五山說林草藁)〉, 《대동야승》.

24) 《광해군일기》, 1618년 8월 18일.

25) 《태조실록》, 1393년 2월 11일.

26) 《태조실록》, 1394년 8월 12일.

27) 《태조실록》, 1393년 8월 13일.

28) 《태조실록》, 1404년 10월 4일, 6일.

29) 《태종실록》, 1417년 6월 1일.

30) 《태종실록》, 1417년 12월 15일.

31) 《단종실록》, 1453년 12월 2일.

32) 이긍익, 〈의례(義例)〉, 《연려실기술》.

33) 풍양조씨 시조인 고려 개국공신 조맹의 출생지.

34) 《축수편》의 실체에 대해서는 알려진 것이 없으나 '잠을 쫓는다(逐睡)'는 제목으로 미뤄볼 때 야담을 채록한 기록으로 추정할 수 있다.

35) "如李牧隱穡遇害事 見金時讓逐睡篇(목은 이색이 해를 당한 일은 김시양의 《축수편》에 보인다)." 《삼봉집》 8권 〈부록〉 '사실(事實)'.

36) 《정종실록》, 1400년 11월 11일.

37) "신덕왕후 강씨를 사을한(沙乙閑) 산기슭으로 천장했다."《태종실록》, 1409년 2월 23일; "의정부에서 아뢰기를 '광통교의 흙다리가 비만 오면 곧 무너지니, 청컨대 정릉 옛터의 돌로 돌다리를 만드소서' 하니 그대로 따랐다."《태종실록》, 1410년 8월 8일.

38) 《태종실록》, 1402년 12월 18일.

39) 《태종실록》, 1399년 3월 7일.

40) 《태종실록》, 1405년 8월 9일.

41) 《태종실록》, 1405년 8월 11일.

42) 《태종실록》, 1405년 11월 6일.

43) 《태종실록》, 1406년 11월 5일.

44) 《태종실록》, 1401년 3월 17일.

45) 《태종실록》, 1401년 4월 28일.

46) 《태종실록》, 1405년 11월 7일.

47) 《의정부 땅이름 이야기》, 의정부문화원, 2020, 28~29쪽.

48) 유호명, 《1960년생 토박이의 의정부를 담다》, 의정부문화원, 2022, 164~165쪽.

49) 《한국민족문화대백과》 〈회룡사 창건 설화〉.

50) 《인조실록》, 1636년 7월 8일.

51) 《승정원일기》, 1880년 10월 10일.

52) 《효종실록》, 1650년 3월 5일.

53) 《청실록》, 1650년 1월 28일.

54) 《경국대전》 〈예전〉 '혼가(婚嫁)'.

55) 《효종실록》, 1650년 3월 7일.

56) 《비변사등록》 이상, 1650년 3월 13일.

57) 《효종실록》, 1650년 3월 9일.

58) 《승정원일기》, 1650년 3월 26일.

59) 한국학중앙연구원, 한국역대인물종합정보시스템(http://people.aks.ac.kr/index.aks).

60) "청나라 사신이 사문하다." 이긍익, 〈효종조고사본말〉, 《연려실기술》 30.

61) 《효종실록》, 1650년 3월 23일.

62) 이긍익, '강화도가 함락되다', 〈인조조고사본말〉, 《연려실기술》 26.

63) 이긍익, '순절한 부인들', 〈인조조고사본말〉, 《연려실기술》 26.

64) 《인조실록》, 1638년 3월 11일.

65) 성해응, 〈題白松鶻說後〉, 《연경재전집속집》 15.

66) 1656년 2월 19일 《청실록》

1부 주석

67) 1662년 8월 18일《현종실록》. 이덕무,《청장관전서》69 〈의신공주〉

68) 이광수,《나의 고백》〈홍제원 목욕〉, 춘추사, 1948, p197

69)《숙종실록》, 1674년 8월 25일.

70) 이건창 지음, 이덕일·이준영 옮김,《당의통략》, 자유문고, 2015, 143쪽.

71) 심노숭 지음, 안대회·김보성 외 옮김,《자저실기》, 휴머니스트, 2014, 203쪽.

72) 심노숭, 위의 책, 377쪽, 567쪽.

73)《숙종실록》, 1689년 4월 25일.

74) 이긍익, '원자명호를 정하다', 〈숙종조고사본말〉,《연려실기술》35.

75)《숙종실록》, 1689년 4월 25일.

76)《숙종실록》, 1689년 4월 25일.

77) 이긍익, '원자명호를 정하다', 〈숙종조고사본말〉,《연려실기술》35.

78)《숙종실록》, 1689년 4월 26일.

79) 이긍익,《연려실기술》, 같은 조.

80)《숙종실록》, 1689년 4월 26일.

81) 이건창 지음, 이덕일·이준영 옮김,《당의통략》, 자유문고, 2015, 242쪽.

82) 남하정 지음, 원재린 옮김,《동소만록》, 혜안, 2017, 323쪽.

83)《고종실록》, 1874년 10월 20일.

84)《고종실록》, 1874년 7월 28일.

85) 박주대,《나암수록》2권, 국사편찬위, 129쪽, 130쪽.
- 확인 요망(박주대,《나암수록》, 국사편찬위원회,《한국사료총서》27, 1980)

86)《승정원일기》, 1874년 8월 5일.

87)《고종실록》, 1875년 6월 18일.

88) 최익현,《면암집》〈면암선생문집 부록〉1권, 연보. - 확인 요망

89) 박대수,《나암수록》2권, 국사편찬위, 153쪽. - 확인 요망

90)《승정원일기》, 1876년 1월 1일.

91)《의정부 시사》1, 의정부시사편찬위원회, 2014, 81쪽.

92)《연산군일기》, 1504년 8월 16일.

93)《연산군일기》, 1504년 11월 9일.

94) 1504년 8월 16일《연산군일기》

95)《매일신보》, 1933년 3월 19일.

96) '매성, 양주, 의정부로의 변천',《의정부시사》2, 의정부시사편찬위원회, 2014, 356쪽.

97) 서울신문사,《주한미군 30년》, 행림출판사, 1979, 431쪽;《의정부시사》2,

의정부시사편찬위원회, 2014, 367쪽 재인용.

98) 유호명, 《1960년생 토박이의 의정부를 담다》, 의정부문화원, 2022, 135쪽.

99) 유혜경, 〈의정부시 실태조사〉, 《사회학연구》 7, 이화여대 사회학과, 1969.

100) 1967년 당시 중앙정보부에서 독일, 프랑스 유학생 194명이 연루된 간첩 사건이라고 발표한 조작 사건. 작곡가 윤이상, 화가 이응노, 시인 천상병 등이 고문을 받았다. 천상병은 술자리에서 북한을 왕래한 친구로부터 무용담을 듣고 신고하지 않았다는 혐의를 받았다. 판결은 선고유예.

101) 유호명, 앞의 책, 87쪽.

102) 서종원 등, 《헬로뺏벌》, 의정부문화원, 2020, 272~274쪽.

103) 의정부음악도서관 소개 자료.

104) 의정부문화원, 《의정부 음식》, 프로젝트의담, 2021, 42쪽, 43쪽.

105) 의정부시사편찬위원회, 《의정부시사》 2, 의정부문화원, 2014, 282쪽.

106) 의정부문화원, 《의정부 음식》, 120쪽.

2부

덕으로 향기로운 용의 땅

● 이동식

언론인. KBS 기자. KBS 초대 북경 특파원, 런던지국장, 취재주간, 부산방송총국장. 해설위원실장. 정책기획본부장 등을 역임했다. 1984년 백남준을 우리나라에 소개했고, 실크로드, 북미대륙 종횡단 다큐멘터리를 처음 제작하고 알렸다. 방송문화 이끈 공로로 2017년 은관문화훈장을 서훈받다. 《우리 음악 어디있나》, 《거문고》, 《일본천황은 백제 무왕의 자손》, 《청명한 숨쉬기》, 《책바다 무작정 헤엄치기》, 《친구가 된 일본인》 등 22권의 저서가 있다.

1장 | 신숙주의 선택: 배신자가 아닌 큰 지도자

2장 | 박세당의 땅

3장 | 유득공의 우리 역사

4장 | 정문부가 구한 나라

1장 신숙주의 선택 : 배신자가 아닌 큰 지도자

인물이 누워 있다

우리나라 역사에서 가장 큰 업적을 꼽으라고 한다면 우리의 말과 뜻을 우리 식으로 표현할 수 있는 한글을 만든 것이라고 해도 과언은 아닐 것이다. 15세기 조선 4대 국왕 세종대왕이 훈민정음(訓民正音)이란 이름으로 창제한 한글 덕에 양반의 전유물이었던 문자 생활을 전 백성이 누리게 됐고, 오늘날에는 우리나라가 세계와 어깨를 나란히 하는 문명국으로 올라설 수 있게 됐다.

훈민정음이라는 문자의 발명은 물론 세종대왕이 주도한 것이지만, 글자 몇 개를 만드는 단순한 일이 아니었다. 당시 중국의 음운과 각국의 음성 표기 등을 고려해야 했고, 중국 발음과 우리 발음의 차이를 정리해야 했으며, 실제로 그것을 어떻게 쓸 수 있는지에 이르기까지 모두 점검해야 하는 아주 힘든 작업이었다. 우리는 세계에서 가장 뛰어난 문자를 세종대왕이

의정부 부용산 아래에 잠든 신숙주묘. 의정부시 보한재길 69

발명한 것을 자랑하는데, 그 자랑스러운 한글의 실제 응용과 활용 작업의 핵심에 있었던 사람은 잘 기억하지 못한다. 그 사람이 바로 신숙주(申叔舟, 1417~1475)다.

신숙주 하면 가장 절친한 친구인 성삼문과 같이 단종에게 충성하지 않고 세조 편에 선 배신자의 이미지가 강하다. 배신자 신숙주를 조롱하기 위해 우리가 숙주나물을 흐물흐물하게 데쳐 먹는다는 이야기도 있다. 그런 사람이 의정부를 빛낸 사람일까? 그가 덕 있는, 한 마리의 용이라고 할 수 있을까? 이제 그에 대해 살펴보자.

세종의 아버지 태종이 왕위에 있던 1417년에 태어난 신숙주. 그의 가계를 서술하려면 너무 길어질 것이기에 생략하기로 하자. 신숙주가 어릴 때부터 무척 영특했다는 것만 알면 된다. 그가 지금의 고시인 문과(文科)에 합격한 것이 세종 21년인 1439년이니 스물두 살 때의 일이다. 그리고 2년 후 집현전

집현전을 설치해 신숙주를 발탁한 세종대왕, 서울 광화문광장에 있는 동상이다.

학사로 발탁된다. 세종이 국가의 제반 제도 정비 및 학술 연구를 전담하기 위해 특별히 설치한 집현전에 당시 스물네 살에 불과하던 신숙주가 전격적으로 발탁된 것은 그만큼 세종의 신임과 기대가 컸다는 뜻이다.

집현전에 있을 때 신숙주는 엄청난 양의 독서를 했다. 젊을 때는 집에 책이 많지 않아 늘 마음껏 책을 읽지 못하는 것을 안타까워했으나, 집현전에 들어가니 장서각(藏書閣)에 천하의 책이 다 갖추어져 있지 않은가. 그야말로 용이 물을 만난 셈이었다. 신숙주는 집현전에 등청하면 장서각에 가서 문을 닫고 단정히 앉아 경서, 사기와 백가서(百家書)를 두루 열람했다. 간혹 동료의 숙직을 대신하겠다고 자청해 밤을 새워 책을 읽었다. 자연스레 소문이 났다. 어느 날 임금은 내관을 보내 그것을 확인하게 한 뒤 어의(御衣)를 내려 신숙주를 감격하게 한다.

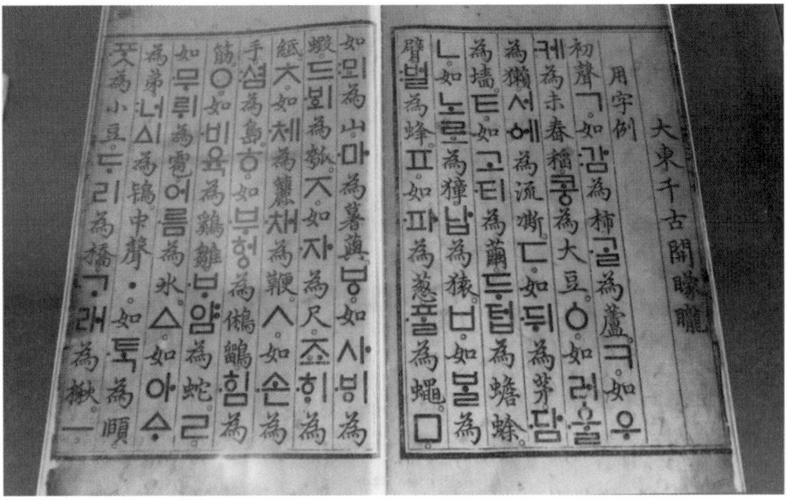

훈민정음 해례본. 국립한글박물관 소장

문충공(文忠公) 신숙주가 하루는 숙직 당번이었다. 밤 이경쯤 되어서 임금이 환관을 시켜 "숙직하는 선비가 무엇을 하는가 엿보고 오라" 하니, 환관이 들어와서 아뢰기를 "지금 촛불을 켜고 글을 읽고 있습니다" 했다. 조금 더 있다가 연달아 두서너 번을 엿보도록 했는데, 글 읽기를 여전히 중지하지 않더니 닭이 울어서야 비로소 잠들더라고 보고하니, 임금께서 가상히 여겨 갖옷(貂裘)을 벗어 잠이 깊이 든 틈을 타서 덮어주었다. 문충이 아침에 일어나서야 비로소 이 사실을 알았다. 선비들이 이 말을 듣고 더욱 학문에 힘쓰게 됐다.[1]

집현전 최고의 석학

집현전에 있을 때 신숙주는 훈민정음 해례본 집필에 참가했다. 흔히 훈민정음은 세종이 집현전 학사들과 함께 창제했다고 알고 있지만, 한글 창제에 반대한 최만리도 집현전 학사였던 만큼 세종이 집현전의 학사들과 공개적으로 협업을 한 것은 아니었다. 세종은 광평대군, 정의공주, 화의군 등의 자녀와 몇몇 집현전 학자의 도움을 받아 비밀리에 훈민정음을 완성했다. 당시 예조판서 정인지(鄭麟趾)가 훈민정음 해례본에서 밝힌 대로 역사상 이런 일은 없었다.

> 공손히 생각하건대, 우리 전하께서는 하늘에서 낳으신 성인(聖人)으로서 제도와 시설(施設)이 백대(百代)의 제왕보다 뛰어나시어, 정음(正音)의 제작(製作)은 전대(前代)에 저술된 것도 없이도 자연적으로 이루어졌으니, 그 지극한 이치가 닿지 않은 곳이 없으므로 인간 행위의 사심(私心)으로 된 것이 아니다. 대체로 동방에 나라가 있은 지 오래되지 않은 것이 아니나, 물성(物性)을 깨달아 책무를 완성한 큰 지혜는 대개 오늘을 기다리고 있던 것이리라.[2]

세종은 신숙주와 성삼문 등 특별한 인재만을 선발해 임무를 맡겼다. 신숙주는 성삼문과 함께 요동으로 유배 와 있던 명나라의 학자 황찬(黃瓚)에게 열세 번이나 찾아가 자문을 구했는데, 황찬은 신숙주를 만나 금방 그의 이해력이 비상함을 높이 평가했다. 신숙주는 무엇을 위해 그렇게 많이 황찬을 찾아갔을까?

신숙주가 황찬에게서 받은 것은 중국의 한자음에 대한 상세하고도 구체적인 음운학 정보였다. 세종이 훈민정음을 만든 중요한 목적의 하나는 중국의 한자 발음을 확실히 알고 그것을 우리 음으로 표기하는 것이었다.

보물로 지정된 신숙주 영정, 진본은 충북 청원군 구봉영당본에 있다.

그것을 위해서는 정확하게 음을 표시하는 기준을 만들어야 했다. 그것이 곧 한글 창제와 더불어 시작한 《동국정운(東國正韻)》의 편찬이었다. 세종은 학문을 하고 중국과 외교를 하기 위해서는 한글로 중국어 음을 표기할 수 있어야 한다고 생각했다. 그렇기에 음운을 제대로 아는 신하가 필요했다. 세종은 훈민정음 반포를 반대하는 최만리를 보고 이렇게 질타했다.

그대가 운서를 아는가? 사성과 칠음을 알며, 자모가 몇인지 아는가? 만일 내가 저 운서를 바로잡지 않는다면 그 누가 장차 이를 바로잡을 것인가?[3]

세종은 1375년에 중국에서 출간된 《홍무정운(洪武正韻)》을 참조해 모든 한자의 음을 한글로 주음(注音)하도록 신숙주와 성삼문 등에게 명했다. 신숙주가 요동을 열세 번이나 간 것은 바로 이 작업을 위해서였다. 이렇게 해서 1447년에 나온 것이 《동국정운》이다. 《동국정운》은 우리나라 최초의 음운서로서 역사적으로도, 음운사적으로도 아주 중요하다. 신숙주가 쌓아 올린 방대한 음운학적 지식이 그 토대가 됐다. 그것이 요즈음 우리가 읽는 한자 발음으로 정리 기록돼 전해지는 것이다.

한글은 우연히 창제된 것이 아니고 세종과 같은 학문을 좋아하는 천재 군주와 그를 따르는 신숙주 등 걸출한 젊은 신하들의 헌신적인 노력과 협력이 있었기에 가능한 일이었다. 신숙주는 훈민정음의 음운학적 이론을 정립한 이후 《용비어천가》의 저술에도 참여해 우리말 표기를 안착시켰다. 즉 신숙주는 표음문자로서 훈민정음이 지닌 우수성을 십분 발휘하는 데 아주 중요한 공헌을 했는데, 이 부분을 우리는 지나치고 있다.

외교를 지휘하다

그뿐만이 아니다. 신숙주는 집현전을 중심으로 진행된 활발한 학술·문화 활동에서도 중추 역할을 하면서 세종의 신임을 받았다. 나아가 1443년(세종 25) 통신사 서장관(書狀官)으로 일본을 다녀올 때도 출중한 능력을 발휘했다.

> 계해년(1443)에 나라에서 사신을 보내어 일본과 교빙하게 되자, 신숙주를 서장관으로 삼았다. 신숙주가 마침 병들었다가 처음으로 나았는데 세종이 편전(便殿)에서 불러 만나서 묻기를 "들으니 네가 병으로 쇠약하다고 하는데, 먼 길을 갈 수 있겠느냐?"라고 하니, 대답하기를 "신의 병이 이미 나았는데, 어찌 감히 사양하겠습니까?"라고 했다. 장차 떠나려고 하자 친

의병장 정문부가 반란군을 무찌르고 함경도를 탈환한 전투 북관대첩도

척과 친구들은 사별(死別)하는 것이라고 여겨 눈물을 흘리는 자까지 있었으나, 신숙주는 온화해 조금도 난처한 기색이 없었다. 일본에 도착해 그 나라 사람들이 붓과 종이를 가지고 와서 시(詩)를 써달라는 자가 모여들었으니 신숙주는 붓을 잡고 즉석에서 써주었으므로 사람들이 모두 탄복했다.[4]

그러고는 곧 일본에 대한 당대 제일의 전문가가 됐다. 나중의 일이지만 성종이 "바다 동쪽 여러 나라와 조빙하고 왕래한 연혁과 그들의 사신을 접대하는 규정 등에 대한 구례(舊例)를 찬술(撰述)하라"라는 명을 내렸다. 그러자 신숙주 혼자서 조선과 일본의 옛 전적을 참고하고, 일본에 사행 갔을 때의 견문, 오랫동안 예조에서 근무하며 얻은 외교 경험 등을 총동원해 1471년 《해동제국기》를 완성했다. 이 책이 나오고 300년이 지난 18세기 후반에

야 문인 이덕무(李德懋)가 일본에 관한 정보를 종합해 정리한 《청령국지(蜻蛉國志)》를 편찬했는데, 그때까지 이 책이 일본에 대한 가장 정통한 참고서가 됐음은 물론이다.

그는 일본과 중국을 드나들며 그 나라의 문물을 접하면서 국제적 감각과 견문을 갖춘 외교 인재로 거듭났다. 1443년 봄 일본에 갔다가 1445년에는 몇 차례 중국 요동을 다녀왔다. 세종이 죽은 후 1452년(문종 2) 가을엔 사은사(謝恩使) 수양대군(세조)의 서장관으로 베이징을 다녀왔다. 이때 신숙주와 동갑내기인 수양대군이 의기투합한 것으로 알려진다. 세조가 즉위한 후인 1455년(세조 1) 가을에는 중국 황제에게 조선 왕이 새로 등극했음을 알리는 주문사(奏聞使)에 자원해서 베이징을 가게 됐다. 이때 고명(誥命)을 받아 세조 즉위에 대한 중국 황실의 승인을 획득했다.

신숙주의 가장 두드러진 능력은 문(文)에만 치우친 나약한 선비가 아니라 전쟁에도 뛰어났다는 점인데, 즉 군사 전략가로서 출중했다는 뜻이다. 1460년(경진년) 신숙주는 8000명의 군사를 이끌고 함경도 일대의 여진족을 정벌하고 귀환했다. 이때 적의 야습을 받자 본진에 태연히 누워서 쳐들어온 적을 걱정하는 시를 지었다는 일화도 남아 있고, 그것을 표현한 그림도 전한다.

오랑캐 땅에 서리 내려 변방이 차가울사	虜中霜落塞垣寒
철기가 백 리 사이를 마음대로 달리누나	鐵騎縱橫百里間
밤 싸움 그치지 않았는데 날 밝으려 하고	夜戰未休天欲曉
누워보니 북두성이 비끼네	臥看星斗正闌干

이때 신숙주의 부대는 여진족 추장급 90여 명과 일반인 430여 명을 붙잡거나 살해했으며, 900여 채의 집을 태우는 전과를 올렸다. 성공적인 북정 후 북방 방비 강화에도 힘을 기울였다. 또한 이때의 경험을 토대로 자신의 북정 기록인 《북정록》과 세조가 지은 병법서인 《병장설》 편찬에도 많은 역할을 했다. 게다가 함선에 대한 안목도 뛰어나서 《성종실록》에는 조선과 일본 함선의 차이를 일목요연하게 논하는 장면도 기록돼 있을 정도다.

이렇듯 신숙주는 정치와 행정, 군사, 외교에 이르기까지 많은 분야에서 능력을 발휘했던 대단한 재상이었다. 그의 업적은 결코 폄하될 수 없는 것이었지만, 배신자라는 혐의 때문에 이런 독보적 면모는 대중에 그리 잘 알려진 편이 아니다. 그런 인식이 신숙주에 대한 바른 평가를 덮었고, 그렇게 해서 신숙주와 같은 뛰어난 능력이 후대에 이어지지 못하는 결과가 됐다.

류성룡이 지은 《징비록》에 따르면 신숙주는 죽기 직전에 성종에게 "원컨대 일본과의 화평을 잃지 마소서"라고 진언했는데, 이는 류성룡이 '일본에 대한 대비를 제대로 했어야 한다'라는 뜻으로 삽입한 기록이지만, 당시 신숙주만큼 일본을 제대로 이해하는 전문가가 드물었다는 이야기다. 성종은 신숙주의 유언을 새겨듣고는 계속 사신을 보내 일본의 사정을 살피고 평화를 유지하려고 했지만, 하필이면 일본에 전국시대가 시작되면서 신숙주의 사망 직후부터 일본과 사신을 서로 통하지 못하게 된다. 결국 100여 년 후 조선은 전국시대가 끝난 일본의 사정을 파악하는 데 혼란을 겪다가 임진왜란 초기 대응에 실패했으니 신숙주의 충고는 꽤 통찰력 있는 것이었다.

1475년(성종 6)에 59세로 생을 마감할 때 신숙주는 유언으로 "저승에 가서 읽을 책 몇 권을 같이 관에 넣어 달라"라고 했다. 역시 책벌레다운 유언이다. 마지막에 "인생이란 마침내 이에 그치는가"라고 탄식했다고 하지만, 제법 적절한 때 명예롭게 죽음을 맞은 것이고, 1487년(성종 18)에 죽은 한명회처럼 폐비 윤씨 문제로 두 번 죽는 비운을 겪지 않았다는 점에서 그는 행운아였다. 그가 죽은 성종 6년은 성종이 친정하기 딱 1년 전이었다. 특히 신숙주 사후 3년 뒤(1478)에 죽은 정인지마저도 갑자사화 때 부관참시된 것을 생각하면 더욱 그렇다.

우리가 성삼문과 신숙주, 수양대군이던 세조의 관계에 대해 아는 것은 소설가 이광수가 1928년 겨울부터 약 1년 동안 《동아일보》에 연재한 소설 〈단종애사〉의 영향이 크다. 이광수는 세종과 문종을 모시던 수구파와, 세조를 옹위하던 개혁파 사이의 다툼에서 희생된 단종의 슬픈 생애를 예리한 필치로 썼지만, 단종에 초점을 맞추다 보니 세조를 악인으로 묘사했다는 비판이 있었다. 그래서 그 뒤 김동인이 〈대수양(大首陽)〉이란 소설에서 세조의 입장을 많이 밝혔는데, 필자도 김동인의 소설을 보면서 수양대군을 다시 보게 됐다. 이광수도 세조를 너무 악하게만 표현했다 하여 〈세조대왕〉을 집필하기도 했다. 소설 〈단종애사〉에서 신숙주는 사사로운 이익을 위해 그를 총애한 세종이 원손(元孫, 뒤의 단종)을 잘 보살펴달라고 내린 유촉을 외면하고, 절친한 친구였건 성삼문과의 의리를 가볍게 저버린 사람으로 나온다. 그리고 심지어 성삼문을 고변해 죽인 사람으로까지 묘사되기도 한다. 그러나 실제로 이 과정에서 신숙주가 악한 행동을 했다는 역사 기록은 보이지 않는다.

신숙주는 계유정난 때까지만 해도 성삼문과 같은 길을 걸었다. 성삼문과 신숙주는 어린 단종을 허수아비로 만드는 김종서와 황보인 같은 권신을 제거해야만 한다는 데 뜻을 같이했다고 볼 수 있는 근거다. 계유정난이

성공한 이후 신숙주만이 아니라 성삼문도 공신으로 등재된 것이 그 방증이다. 그 뒤 수양대군이 단종을 폐위하는 과정에서 둘의 노선이 갈라진 것으로 보이는데, 신숙주로서는 적극적으로 반대하지 않았을 뿐, 단종을 폐위하고 노산군으로 강등해 죽이는 데 앞장섰다는 기록은 없다. 당시 신숙주가 어떤 생각을 하고 어떤 결정을 내렸는지 알 수 있는 실마리 중 하나일 것이다.

어찌 보면 신숙주로서는 세조를 암살하려는 계획을 미리 들었을 가능성이 높다. 성삼문과 친했기에 성삼문이 넌지시 그의 의중을 떠보았을 것이다. 이때 신숙주로서는 가장 힘든 고민을 했고 마침내 결단했을 것이다. 세조가 즉위한 상태에서 세조 암살에 가담하는 것도 바른 길은 아니라고. 일단 현실을 인정하고 현실에서 최선의 정치를 하는 것이 백성을 위한 길이 아니겠는가 하고. 신숙주가 성삼문을 고발했다면 문제가 크지만 신숙주는 고변도 하지 않았다. 나중에 혐의자를 잡아들여 국문을 할 때 그의 본심이 드러났다.

1456년 여름에 사육신(死六臣)의 옥사가 일어났을 때 그가 관대하게 처리해 풀려나거나 가벼운 벌을 받은 사람이 적지 않았다고 한다. 이 때문에 세조의 의심을 받았으나 지성으로 간청해 많은 사람의 목숨을 구했다고 전한다. 결국 세조가 등극한 이상 그를 통해 평안한 나라를 만들어가는 것이 순리라고 판단했을 것이고, 그런 판단 이후 정치에서 명분이나 의리보다 백성을 위하는 쪽으로 처신함으로써 뛰어난 생애와 업적을 남긴 것이 아닐까.

숙주나물의 진실

또 하나 신숙주를 둘러싼 비난거리의 하나인 숙주나물 이야기를 알아보자. 숙주나물은 녹두 싹으로 무친 나물이다. 이것을 굳이 숙주나물이라고 하는 것은 사육신 사건 때 신숙주가 수양대군을 도와 왕위 찬탈에 기여했기 때문인데, 신숙주는 세종대왕과 문종의 유지를 어긴 변절자이며, 그래서 녹두나물이 변절한 신숙주처럼 잘 변한다고 하여 녹두나물에 '숙주'를 붙여서 그를 조롱하는 것이라고 전해진다.

그러나 사육신을 고변한 당사자는 김질이다. 신숙주가 직접 배반한 것이 아니다. 그리고 신숙주에 대한 부정적 평가가 공공연하게 등장한 것은 명나라에 대한 충절과 대의명분을 큰 덕목으로 내세웠던 병자호란 이후의 일이다. 당시 집권층은 성삼문을 명나라 충신 방효유(方孝孺)와 같다며 추켜세웠다. 그때 숙주나물이라는 말로 신숙주의 절조를 비웃었다는 분석도 있지만, 신숙주를 비난하는 소설이 일제강점기에 유행했던 점을 고려하면 이 신숙주 유래설은 후대에 만들어진 이야기일 가능성이 높다. 다만 유래설의 사실 여부를 떠나서 신숙주의 후손인 고령신씨 사람들은 숙주나물이 아닌 녹두나물이라고 칭하도록 며느리나 배우자에게 가르친다고 하며, 고령신씨 집안에서는 제사상에 숙주나물을 올리지 않는다고도 한다.

영의정으로 있던 1475년(성종 6) 신숙주가 죽었다. 그에게 부여된 시호는 문충(文忠)이다. 신숙주의 시호로 봉상시에서 처음 올린 세 가지 안(案)은 문성(文成), 성헌(成憲), 문열(文烈)로, 충 자가 없었다. 이를 본 이조판서 정효상이 문충으로 바꾸도록 했다고 한다. 예종이 죽자 온 조정이 비통에 싸여 어찌할 바를 몰랐으나 신숙주가 대통을 이을 상주가 있어야 한다고 주장하며 도승지를 데리고 대왕대비(인수대비)를 뵙고 성종을 옹립해 나라의 안정을 가져왔는데, 그 공적을 감안해야 한다고 한 것이다. 성삼문의 시호는 충문(忠文)이다. 신숙주의 시호에 쓰인 똑같은 글자를 순서만 바꾸어놓은 것이다. 결과로 보면 신숙주와 성삼문은 행적의 무게중심이 문과 충의 차이가 있지만, 비슷한 공적으로 평가됐다. 신숙주가 왕의 후사를 재빨리 결정해 나라를 안정시킨 공적도 단종을 위해 목숨을 내던진 성삼문의 그것과 마찬가지로 분명한 충절임이 인정된 것이다.

문무겸전의 재상

조선의 명재상으로는 정도전, 조준, 황희 등이 손꼽힌다. 신숙주 역시 조선을 대표하는 재상이라고 할 수 있다. 역사에는 가정이 없지만, 문종이 천수를 누렸다면 계유정난도 단종의 선위도 없었을 것이고, 이른바 사육신도 없었을 것이다. 성삼문도 신숙주와 손잡고 나라에 큰 공적을 남겼을 것임에 틀림없다. 반대로 신숙주마저 성삼문과 같은 길을 갔다고 생각하면 우리 역사에 여간 불행이 아닐 것이다. 한글 창제에 관한 사료가 그의 문집이나 관계된 문헌에 그나마 남은 것은 그가 사육신이 아니었기에 가능했다고 할 수 있다. 국어학자인 안병희는 국어학에 남긴 그의 업적에 더해, 단종에서 세조로 넘어오는 과정에서 취한 그의 선택은 국어학도로서는 오히려 고마운 일이라고 말한다.[5]

무엇보다도 신숙주는 문과 무를 겸비한 재상이었다.

> 그윽이 보건대 세상이 쇠해서 하늘이 장차 일으키려면 반드시 성스러운 임금과 어진 신하를 내서 함께 한세상을 바로잡아 거룩한 정치의 기반에

오르게 한다. 그러므로 은나라가 쇠해서는 때마침 부열(傅說) 같은 이가 나와서 고종(高宗)을 도와 중흥(中興)의 업을 이룩했고, 주나라가 쇠해서는 방숙(方叔) 같은 이가 있어 선왕(宣王)을 도와 옛 땅을 회복했던 것이다. 그러나 오늘날 상고해보면 부열은 보상(輔相)의 업은 있었으나 무공(武功)은 드날리지 못했고, 방숙은 정벌의 공은 있었지만 상업(相業)은 나타내지 못했으니, 어찌 우리 문충공처럼 천부(天賦)의 오롯한 재주로 뛰어난 임금(聖主)을 문모(文謨)와 무략(武略)으로 보좌해, 나가서는 장수가 되고 들어와서는 정승이 되어 넘어지는 나라를 붙잡아 태산처럼 편안하게 한 것만 같겠는가. 우리 동방에 나라가 생긴 이래로 인신(人臣)으로서 공덕이 장한 이는 대개 이 한 분일 것이다.[6]

신숙주는 고령신씨다. 유명한 후손도 적지 않다. 현대 인물로는 독립운동가인 신규식, 민족사학자로 유명한 신채호가 있다. 모두 기개 있는 이들이기에 역사의 큰 물줄기를 잡아 나라를 일으켜 세우고 반석 위에 올린 신숙주의 후손답다고 하지 않을 수 없다. 신숙주의 꿈은 중국과 일본, 만주 등 국경에 국한하지 않고 동아시아 대륙을 휘감았다. 그런 큰 꿈을 우리 후대 역시 본받아야 한다.

조선을 지키면서 국제적 감각까지 갖춘 큰 인물 신숙주가 의정부 땅에 묻혀 있으니 의정부에 온다면 그 기운을 충분히 받을 수 있을 것이다. 신숙주묘는 의정부시 고산동 마을 뒤편 부용산 밑에 동향으로 자리 잡고 있다. 봉분은 부인 윤씨와 쌍분이다. 그의 묘소는 세조가 잡아준 자리다. 임금이 골라준 명당이어서 그런지 의정부 고령신씨 집안은 이후 크게 번성했다.

묘역 상단에는 신숙주묘 봉분 2기와 묘표 1기, 중단에는 장명등 2기, 문인석 2기, 하단에는 무인석 2기가 배치돼 있다. 묘역 아래에는 대리석으로 만든 신도비, 1971년에 건립한 신도비, 한글학회에서 1971년에 건립한 한글창제기념비가 있다. 왕릉에 준하는 커다란 규모여서 놀랄 만도 하지만, 뛰어난 재상으로서의 면모를 오히려 이 묘소에서 느낄 수 있으니 꼭 현장에 가서 그 기운을 느껴보자.

2장 | 박세당의 땅

용이 사는 계곡

당나라 중기의 시인 유우석(劉禹錫, 772~842)은 유명한 시 〈누실명(陋室銘)〉에서 이렇게 말했다.

> 산은 높지 않아도 신선이 살아야 이름을 얻고, 山不在高 有仙則名
> 물은 깊지 않아도 용이 살아야 水不在深 有龍則靈
> 신령스러워지는 법이다.

'의정부는 산도 높고 물도 깊으니 신선과 용이 다 사는 곳인가?' 이런 생각을 하며 나는 어느 틈엔가 수락산 서쪽 자락으로 발길을 돌리고 있었다. 7호선 장암역에서 산 쪽으로 10분쯤 걸어 올라가면 계곡이 나온다. 이 계

수락산 서쪽 계곡

곡에 용이 살았다는 것이 아닌가. 용이 살았던 동네는 서계(西溪), 곧 서쪽 골짜기이고, 거기에 살던 용은 호를 서계(西溪)라 하던 박세당(朴世堂)이다. 1629년(인조 7)에 태어나 1703년(숙종 29)까지 살았다. 그 용이 살았기에 수락산 서쪽 자락의 계곡은 신선이 사는 신령스러운 땅이 됐다. 사시사철 흘러내리는 구슬같이 맑은 물이 이곳을 찾는 사람에게 용의 전설을 말해주는 듯하다.

마흔 살이 안 된 1668년(현종 9) 박세당은 10년도 보내지 않은 관직을 벗어던지고 수락산 자락으로 들어왔다. 그의 눈에 수락산의 아름다움은 그를 평생 이곳에 머물게 할 정도로 충분했다. 그는 산 밑의 샘을 '석천(石泉)', 그 골짜기를 '석천동(石泉洞)'이라 이름했다.

맑은 샘물이 바위 위로 흐르고 하얀 바위가 샘물에 씻겨 샘물은 바위 때문에 더욱 맑고 바위는 샘물 때문에 더욱 희니, 아름답고 즐겁도다. 이곳이 잠수(박세당이 스스로 붙인 호)가 사는 곳이다. 잠수는 날마다 짚신을 신고 지팡이를 끌며 아침저녁으로 수석(水石) 사이를 소요(逍遙)하는데, 질병과 우환이 있지 않으면 이곳에 거닐지 않은 적이 없었다.[7]

박세당은 시내에서 북쪽으로 8~9보 떨어진 곳에 집을 지었다. 지금 그 집에 가보니 눈앞에 펼쳐진 도봉산의 험준한 바위 풍광이 집 안으로 들어오는 듯하다. 언뜻 조선시대 양반이 벼슬을 때려치우고 고향 등으로 내려가는 경우 먹고살 형편이 되기 때문이 아니냐 하겠지만, 박세당은 그렇지 않았다. 그는 직접 땅을 갈고 작물을 심었다. 그가 산촌에 잠긴 노인 혹은 서계의 나무하는 노인이라는 뜻으로 스스로 잠수(潛叟), 서계초수(西溪樵叟)라고 호를 지은 것이 바로 이 생활을 말해준다. 이런 그의 삶은 정치적으로 대립하던 김창협까지도 존경의 눈으로 바라보게 했다.

자랄 때부터 남달랐다

박세당의 아버지 박정(朴炡)은 1623년 인조반정에 참여한 공으로 정사공신(靖社功臣)에 책훈되고 그 공으로 박세당이 벼슬을 그만두고 내려와 있는 수락산 일대의 땅을 받았다. 그렇지만 박세당의 초년 삶은 무척 팍팍했다. 박세당이 태어난 1629년(인조반정 6년 후) 박세당의 아버지는 남원부사였지만 4년 후 사망했고, 이후 곧 병자호란이 일어난다. 아버지도 없고 전쟁은 났기에 오갈 데가 없어진 조모와 모친은 박세당을 데리고 원주·청풍·안동 등지를 전전했다. 그러다 보니 제때 배우지 못하다가 10여 세에 비로

박세당 고택. 의정부시 수락산 서계

소 중형(仲兄)에게 수업했다.

박세당은 큰형인 승지공 박세견을 엄부(嚴父)처럼 섬겨 몹시 우애하고 공경했다. 혹시라도 형의 뜻을 어겨 언짢은 기색이 있기라도 하면 뜰 앞으로 내려가 서서 종일토록 손을 모은 채 앉으라고 명하지 않으면 감히 올라가지 않았다. 비록 노하여 종아리를 치더라도 공손하게 받아들이기만 할 뿐 조금도 원망하는 기색이 없었다. 조선시대 유명 인물 가운데 이런저런 일화 하나 없는 사람이 있을까마는, 어릴 때부터 박세당의 자세는 이렇게 남달랐다.

박세당의 삶에서 큰 전환점은 17세에 찾아왔다. 의령남씨 남일성의 딸과 혼인하고 관례대로 처가살이를 하면서 손아래 처남인 남구만(南九萬, 숙종 대의 명재상)과 깊은 교유를 맺은 것이다. 만 20세인 1649년 어머니가 돌아가시자 박세당은 형과 함께 몸소 상에 올릴 음식을 장만하고 조석으로 곡읍(哭

泣)했는데, 간장을 입에 대지 않은 채 삼년상을 마쳤다. 이 일로 인해 바로 위의 형은 끝내 생명을 잃었고 박세당도 비장과 위장이 손상되어 평생 고질병이 됐다. 당시 사람들이 생각하던 기준 이상의 효행을 하느라 목숨과 건강을 잃을 정도였으니 박세당의 사람됨이 어떤지 짐작할 수 있다.

과거 보는 것은 많이 늦어졌지만 31세인 1660년 가을에 생원 초시 장원, 회시 2등 그리고 겨울에 드디어 증광시 갑과에 1등으로 뽑혔다. 한 해에 다 이뤄낸 것이다. 장원급제여서 곧 사람들의 눈에 띄었다. 매사에 강직함이 돋보였다. 먼저 성균관 전적(典籍)이 됐다가 2년도 안 돼 사간원 정언에 배수됐다. 정언은 주로 왕에게 간쟁·논박하는 일을 맡은 조정의 핵심 자리다. 이때 박세당은 공조판서 김좌명과 대사성 이은상의 임명을 신랄하게 논핵해 칭송과 함께 미움도 사게 됐다. 곧 사헌부 지평이 됐는데, 이때도 도승지 임의백을 논계했다. 왕이 대비를 모시고 온천에 행차하면서 어가를 너무 빨리 재촉해 사람들이 계속 죽자 왕에게 건의해 행차를 늦추기도 했다.

송시열 등 노론 계열의 미움을 산 것이 이 무렵부터였다. 상대적으로 박세당은 점점 벼슬에 뜻이 없어졌다. 물러나겠다는 결심을 굳히고 그전에 6000자에 이르는 장문의 글을 써서 굶주리는 백성을 위한 대책을 호소했으나 채택되지 않았다. 처음에는 송시열도 박세당을 인정했다. 현종이 《소학언해》의 구두(句讀)가 난삽해 바르지 못한 것이 많다는 이유로 유신(儒臣)들에게 고증해 개정하도록 명했지만, 아무도 이 일을 해내지 못했다. 그러자 박세당이 상세하게 검토한 다음 그 착오가 대부분 전주(箋註)와 해설(解說)이 글의 본지(本旨)를 잃은 데서 연유한다고 생각해 상세하게 분변하여 논박했다. 현종이 송시열과 송준길에게 질정(質正)하도록 명하니, 송시열이

박세당 초상

크게 찬탄하고는 한두 조목 외에는 모두 박세당의 변론을 따랐다.

그런데 당시 조정의 상황을 보면 송시열이 시골에 물러나 있으면서도 조정의 의론을 좌지우지하니, 여러 사람이 앞다투어 부화해 당대의 인물에 대한 진퇴 여탈을 오직 송시열의 의향만 보고 행했다. 그리하여 한마디라도 거스르면 연못에 떨어뜨릴 것처럼 하고 오로지 뜻이 투합하면 무릎 위에 올려놓을 것처럼 했는데, 박세당만 홀로 강직한 의론과 곧은 도를 견지해 그 뜻을 따르려 하지 않았다.

> 선생은 이런 세상에서 큰일을 할 수 없다는 것을 알았으며, 녹(祿)만을 위해 벼슬하는 것도 그 뜻이 아니어서 마침내 이르기를 "뜻을 굽히고 몸을 욕되이 하여 그의 손아귀에 놀아나기보다는 내가 좋아하는 것을 따라 밭이랑 사이에서 몸을 마치는 것이 나을 것이다" 했다.[8]

박세당은 만 39세이던 1668년 1월에 문신들이 지어 내야 할 과제물(文臣月課)을 일부러 세 번이나 내지 않아 파직을 자초했으며, 마침내 수락산 자락으로 내려갈 수 있었다. 그러고는 조정에서 수없이 불렀으나 응하지 않고 다만 10월에 이조좌랑 겸 지평(吏曹佐郎兼持平)으로서 성절사 서장관에 충원되어 연경으로 달려갔다. 중국을 보고 싶었던 것이다. 압록강을 건너면서 대소의 짐을 모두 엄정하게 관리, 처리하고 사신이 경유하는 도로와 지명에 대해서도 옛 사적을 참고하고 백성에게 물어 의심스러운 것을 고쳐 놓으니, 늙은 역관(譯官)들이 탄복했다고 한다.

오직 백성을 생각할 뿐

박세당의 염원은 나라의 올바른 정치와 백성의 안위였다. 1667년(현종 8, 정미) 황해도(海西)의 암행어사와 함경북도병마평사를 지낸 뒤에 홍문관 수찬으로 있으면서 〈응구언소(應求言疏)〉를 왕에게 올렸다. 그 내용은 양반 지배 세력의 당쟁과 착취로 비참한 경지에 이른 백성의 생활 안정책과 무위도식하는 사대부에 대한 고발이었다. "고쳐야 할 폐단이 있는데도 고치지 않고 채택해야 할 말이 있는데도 채택하지 않으니, 자세히 살핀다는 것은 머뭇거림일 뿐이요, 재앙을 그치게 한다는 것은 허문(虛文)일 뿐이다." 그는 '허문을 물리치고 실효(實效)를 숭상할 것'을 강조했다. 특히 백성 가운데 공사천민(公私賤民)이 6할, 사대부 양반이 2할, 평민이 2할인데, 사대부 양반은 8~9할이 놀고먹으니 이는 봉록만 받아먹는 나라의 커다란 좀(蠹)이 아니겠느냐는 것이다.

박세당은 백성의 생활 가치 신장에 학문의 목표를 두었기 때문에 이단

박세당 고택에서는 다양한 문화행사가 열린다.

시되던 노장학까지 연구의 대상으로 삼았다. 그는 정치인의 지배 욕구 포기를 근본으로 하는 것이 노자의 《도덕경》 정신이라고 주장했다. 스스로 무욕을 실천하는 생애를 보냈지만, 정치와 사회 현실에 무관심한 것은 아니어서 비교적 혁신적 사고를 지녔던 소론과 빈번하게 교류했다.

유학은 실천윤리

박세당의 학문적 업적으로 《사변록(思辨錄)》 저술을 꼽을 수 있다. 《사변록》은 당시 정통으로 여겨지던 성리학적이고 형이상학적이며 관념론적인 주석을 배격하고 오로지 경전을 실증적으로 연구해 공맹(孔孟)의 본지를 해석한 주석서다. 그는 《사변록》을 통해 송대 주자학에 의해 왜곡된 공맹 유학의 정맥을 밝히려 했다. 예를 들어 '격물치지(格物致知)'의 해석에서

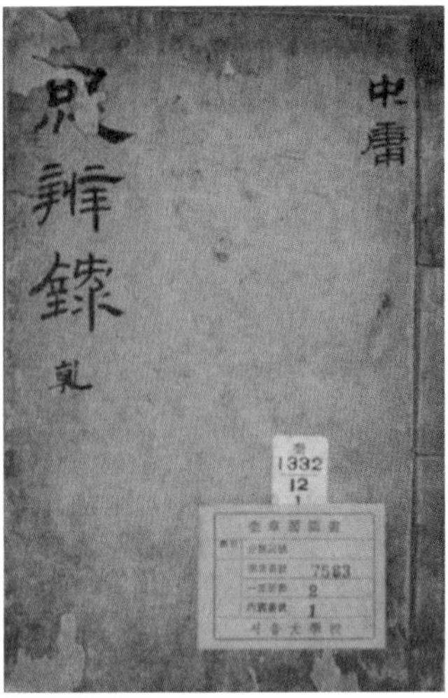

《사변록》. 서울대학교 규장각 소장

주자학의 형이상학적 관념론에 반대하고, 일상생활을 살펴서 올바른 행위를 하기 위한 것이라고 해석했다. 그럼으로써 공맹 유학의 실천윤리적 소박함으로 복귀할 수 있다고 주장했다.

> 6경(經)의 글은 모두 요(堯)·순(舜) 이하 여러 성인의 말을 기록한 것으로서, 그 이치가 정밀하고 그 뜻(義)이 구비됐으며, 그 생각(意)은 깊고 그 취지는 심원(深遠)하다. 대개 그 정미한 것을 논한다면 털끝만큼도 어지럽힐 수 없으며, 그 구비한 것을 말한다면 섬세한데도 빠진 것이 없다. 그 깊이를 재어보려고 해도 그 밑바닥을 찾을 수 없으며, 그 심원한 것을 궁구하려고 해도 그 끝 간 데를 볼 수 없으니, 진실로 세간(世間)의 하찮은 선비라든가 변통 없는 유자(儒者)의 얕은 도량이나 고루한 식견으로는 밝혀낼 수 없는 것이다.[9]

박세당은 《예기(禮記)》의 한 편이었던 《대학》과 《중용》을 검토하면서 사상적인 측면뿐 아니라 원전의 장구(章句)와 순서를 고쳤다. 이런 교감 행위는 단순한 판본학의 문제가 아니다. 사서를 기본으로 하는 장구를 문제 삼는다는 것 자체가 주자학의 근간을 흔드는 행위라 할 수 있었다. 송시열의 주자 절대주의를 계승한 노론은 주자학의 이론 체계에 도전하는 《사변록》의 간행을 좌시할 수 없었다. 1703년 노론 세력은 박세당의 《사변록》 편찬 사실을 접했고, 결국 박세당에게 사문난적(斯文亂賊)이라는 낙인을 찍었다. 이경석 신도비명에서 박세당이 송시열을 모욕한 것에 더해, 노론은 박세당이 《사변록》을 저술한 '불순한 인물'임을 크게 부각한 것이다.

드디어 1703년(숙종 29) 봄에 성균관 유생들은 박세당을 배척하는 상소를 올렸다. 유생들의 배후에는 송시열의 열렬한 제자인 김창협과 김창흡 등 노론의 핵심부가 있었다.

> 박세당의 《사변록》에 주자의 학설과 어긋나고 다름이 있으며, 고(故) 상신(相臣) 이경석의 비문에 송시열을 침범해 욕한 말이 있습니다. 문자(文字)를 거두어들여서 물과 불 속에 던져버리고, 인하여 성인(聖人)을 헐뜯고 현인(賢人)을 업신여기는 죄로 다스리어 선비의 추향(趨向)을 바르게 하소서.

결국엔 숙종도 다만 "박세당은 삭출(削黜)하고 유신(儒臣)으로 하여금 일일이 따져 변파(辨破)하게 하라"라며 그 내용이 맞는지 논변해보라고 했는데, 비문과 책자를 모두 불속에 던져버렸다.[10] 나중에 실록의 사관들은 이 때의 처리를 비판했지만 소용없는 일이었다.

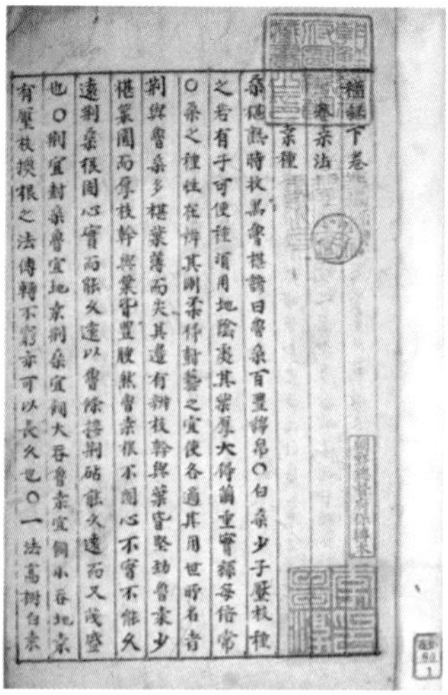
穡經 下卷
桑法
桑種

《색경》. 출처: 민족문화대백과

조선 후기 오랜 집권 세력이었던 노론은 소론의 영수 박세당뿐 아니라 남인의 영수 윤휴(尹鑴, 1617~1680)도 이런 식으로 몰아냈다. 병자호란의 치욕을 겪은 후 정국 최대의 관심사는 청나라를 치자는 북벌이었는데, 이를 두고 윤휴는 송시열과 정면으로 대결했다. 송시열은 말로만 북벌을 주장한 데 반해 윤휴는 실제로 북벌을 준비했다. 이에 입장이 궁색해져서인지 송시열은 "경전을 배척해 장구를 바꿨다"라고 윤휴를 사문난적으로 몰았고, 송시열 세력과 결탁한 김석주가 그를 반역으로 몰아서 죽였다. 윤휴는 사약을 먹기 전 "나라에서 유학자가 싫으면 쓰지 않으면 그만이지 죽일 이유가 어찌 있느냐"라고 항변했지만, 사문난적이란 말이 지닌 음모의 심각성을 모르고 한 소리였다.

진정한 선비의 길

조선의 선비는 조선사회의 해법으로 주자학이 옳은지 그른지를 두고 치열한 논쟁을 벌였다. 주자학만 옳다고 주장하면서 다른 생각은 전혀 허용하지 않았다. 송시열과 그를 따르는 무리가 특히 심했다. 그러니 조선의 사상적 토대는 허약해질 수밖에 없다. 아무리 주자학이 옳아도 다른 사상의 견제와 도전을 받아야 사상적 경쟁력을 지닌다. 이런 견제와 도전이 생략되면 주자학을 가리켜 온실 속 학문이라 비판해도 할 말이 없다. 그런데 조선의 주자학은 온실 속 학문을 넘어 박제화로까지 진행됐다. 철저히 권력투쟁의 도구로 변질됐기 때문이다.

박세당도 결국 이러한 싸움에 휘말려 생명을 단축하게 된다. 그의 나이 74세인 1703년(숙종 29) 이경석의 비문을 트집 잡아 서울에서 자취를 감추었던 김창흡이 번번이 편지를 보내 문제 제기를 하니 대관들이 거듭 계(啓)를 올려 결국 박세당은 삭탈관작(削奪官爵) 되어 전남 옥과로 유배됐다. 워낙 연로한 관계로 거듭 구명의 호소를 올려 유배 중간에 풀려나 집으로 돌아왔지만 석 달 만에 곧 세상을 떠났다.

되돌아보면 그는 벼슬을 거의 하지 않고 초야에 묻혀 공부하고 글을 쓰며 제자를 기른 진정한 선비라 할 것이다. 그가 조선의 다른 문사(文士)와 다른 점은, 그가 일찍부터 주자학에만 빠지지 않고 폭넓은 생각과 실용적인 시각을 가졌다는 점이다. 그리고 직접 농사를 짓기 전부터 제때에 농사를 잘 지으려면 무엇이 필요한지 생각해서 농사의 백과사전이라 할《색경(穡經)》을 지었다.

나는 본디 야인이다. 선비로서, 나아가 조정에 벼슬해 그 도를 행하는 자를 군자라 이르고, 물러나 들에서 밭을 갈아 자기 힘으로 사는 자를 야인이라 이른다. 나는 이미 들에서 밭을 가니, 야인이 되지 않고자 한들 될 법이나 하겠는가. 그리고 나는 일찍이 벼슬할 때 나의 도가 세상에 행해지기에 부족하다는 것을 알고, 물러나 스스로 농사나 지으며 살고자 한 지가 오래다. 그리하여 비각(祕閣)의 도서(圖書)를 열람하다가 이를 얻고는 '내가 나의 스승을 얻었다'고 좋아해 그 즉시 이를 베꼈다. 이어서 번잡한 내용을 산절하고 중복된 부분을 제거해 한 질(帙)로 만듦으로써 찾아보기 편리하도록 한 다음 《색경(穡經)》이라 이름했다.[11]

1676년에 나온《색경》은 상하 두 권으로, 농업·임업·축산업·잠업 전반에 걸쳐 계통적으로 상세하게 기술되어 있으며, 양어·양봉 및 농산 제조(술 담그기, 초 담그기 등)까지도 언급되어 있고, 농사를 점치는 법도 덧붙여져 있다. 특히 주목할 만한 것은 담배 재배 및 제조법과 다양한 접목법 그리고 각종 농작물마다 의료품으로서의 용도를 덧붙여 설명한 점 등이다. 40년 후인 1715년(숙종 41)경 홍만선이《산림경제》를 써서 농업기술에 관한 정보를 이어주었고, 다시 120년이 더 지나서 서유구가 필생의 작업인《임원경제지》16권을 저술해 농업에 관한 백과사전이 완성된다고 할 수 있다.

박세당의 일생을 이해하려면 그의 두 아들에 대해서도 알 필요가 있다. 박세당은 의령남씨와의 사이에서 태유(泰維, 1648~1686)와 태보(泰輔, 1654~1689)를 낳았는데, 맏이 태유는 자주 바른말로 상소하다가 귀양 간 끝에 숨졌다. 둘째 태보는 장원급제한 수재인데, 숙종이 기사환국 후 인현왕후를 내칠 때 벼슬에서 물러난 상태에서도 뜻을 함께하는 선비 80여 명을 대표해 상소문을 썼다. 그 내용에 불같이 노한 숙종은 밤중에 그를 잡아들

조선후기 대표적 실학자 박세당 고택. 도봉산을 안고 있다.

여 무릎을 꿇리고 그 위에 돌을 얹어 고문하거나 불로 지지는 압슬형, 낙형 등을 가하면서 왕을 능멸한 죄를 자백하라고 다그쳤다. 밤새 살이 타는 누린내가 진동하고 유혈이 낭자한 채 뼈가 다 드러나는 처참한 고문에 나장(羅將)들까지 울면서 매를 치는데도 태보는 자신의 옳음을 굽히지 않았고 빌거나 엄살은커녕 신음이나 비명도 내지 않았다.

이렇게 장시간 고문을 한 뒤 진도로 위리안치 되는데, 태보는 노량진까지 갔을 때 숨지고 만다. 두 아들 다 아버지보다 먼저 저세상으로 떠난 것이다. 이것만 봐도 그 아버지인 박세당이 얼마나 강직하고 올곧은 선비였는지 미루어 알 수 있다.

조선의 이단아

조선은 올바른 선비들의 뜻을 살리지 못하고 그들을 희생하며 지탱해온

어두운 역사로 점철된다. 물론 그러한 문제는 왕의 노력으로만 해결될 수 있는 것은 아니었고, 왕도 피해자였다. 그 뒤에 계속된 유림 간의 권력 싸움에 지친 정조의 탄식이 이를 잘 말해준다.

> 아, 우리나라 400년의 규모를 유지하고 이끌어온 것은 실로 사대부의 의리에 힘입었다. 그런데 오늘날의 시속으로 본다면 유생은 벼슬길을 이익으로 여겨 작문 솜씨로 요행을 맞는 기술로 삼고, 평민은 한가롭게 노는 것으로 이익을 삼아 밭 갈고 길쌈하는 것을 등한한 일로 여긴다. 탐관은 재물을 이익으로 삼아 백성을 학대하는 정치가 많고, 청렴한 관리는 명예를 이익으로 삼아 도리에 어긋나는 명성이 앙등한다. 심지어 조정은 모든 것의 표준이 되어 인솔하는 입장인데 의리와 이익이 더욱 혼잡하며, 선발은 공평하지 못하다는 개탄이 많고 언론은 사사로움을 따르는 폐단이 많다. 강론을 하거나 대책을 논의하는 자리에는 의리를 논하는 것이 양양하게 많지만 식견 있는 이가 곁에서 본다면 천 가지 길과 만 가지 도로가 모두 이익으로 치닫고 한 갈래 의리의 바른길은 거의 잡초에 묻혀버릴 지경이다.[12]

조선이 정치의 근간으로 삼은 유학에서는 정치의 본질을 '의(義)'와 '이(利)'로 푼다. 백성의 기본적인 마음, 곧 민심은 '이'를 추구하는 것이라고 하겠다. 그러나 나라가 유지되고 튼튼해지려면 '의'가 살아야 한다. 그것은 또 천하가 올바로 가는 '도(道)'라고 할 수 있다.

의와 이가 고르게 균형을 유지한다면 정치는 성공하고 그렇지 않으면 실패한다. 조선의 정치체제는 이 두 가지가 공정하고 균등하게 실현되지 못한,

참으로 비효율적인 체제였다.

그런 진흙탕 같은 세상에서 그래도 박세당 같은 진정한 선비가 있었다. 그는 벼슬을 버리고 서계에 와서 농사를 지으면서 저녁마다 한양이 있는 서쪽 하늘을 바라보며 백성이 고루 잘 살도록 하는 정치가 펼쳐지기를 염원했다.

그것을 위해 고금을 파고들어 사서오경의 뜻을 새롭게 밝혔고, 역사 속에서 지식인의 삶에 대해 문제를 제기했으며, 중국이라는 넓은 땅에서 삶의 가치를 실현하는 안목을 키웠다. 그럼으로써 생각을 깊게 하고 제자를 가르치며 자신의 뜻을 가감 없이 세상에 알렸다. 목숨도 아까워하지 않았다. 부와 명예 대신 진정한 선비의 본분을 다했다. 그러기에 그가 살던 수락산 자락 서계는 용이 사는 신령스러운 땅이 됐다. 그런 가문의 기풍과 전통을 받은 자식들도 마찬가지로 옳은 정치 구현을 위해 목숨을 바쳤다. 참된 선비 집안이 아닐 수 없다. 박세당은 수락산 자락에서 덕을 세웠고 정치를 올바르게 잘 하라는 권면을 하는 데 큰 공을 세웠으며, 그가 남긴 문장(文章)은 여러 사람의 찬탄을 받는다.

박세당은 반남박씨다. 박세당의 가문은 조선의 개국공신 평도공 박은(朴訔), 조선 최고의 영예인 문묘 종사 및 종묘배향공신(숙종)인 소론의 영수 박세채(朴世采)를 배출하면서 최고 명문가인 국반(國班)의 대열에 등극했다. 정승 일곱 명, 대제학 두 명, 왕비 두 명(선조 비 의인왕후, 인종 비 인성왕후), 후궁 한 명(순조의 어머니 수빈 박씨), 문과 급제자 215명, 무과 급제자 23명을 배출했다. 조선시대 글 좀 한다는 대다수 집안이 주자학과 붕당에 치우쳐 있을 때도 박세당의 집안은 북학 등 새로운 사조를 연구하는 데 힘썼다. 조선의 근대화를 이끈 박규수, 박지원 등도 다 반남박씨다. 반남박씨 집안의 가풍과 유덕은 지금도 의정부 땅 서계의 흙 속에, 계곡을 흐르는 물속에, 바위 속에 면면히 서려 있다. 이것이 의정부가 용의 땅인 연유이고, 그렇게 이 용이 사는 땅을 찾아와 그 기운을 받아야 작은 용이라도 될 수 있을 것이다.

3장 | 유득공의 우리 역사

깨지고 묻힌 역사

의정부의 인물을 찾아서 그 정신을 되살리자는 의도에 따라 누굴 하면 좋을까 했더니 유득공(柳得恭)묘가 의정부에 있단다. 유득공? 아, 그 왜 발해(渤海)의 역사를 최초로 정리해 이를 우리 역사 속으로 당당하게 편입한 그분이 의정부에 누워 있다고? 그 묘소에 가보고 싶었다. 의정부의 향토사 연구가인 유호명 씨의 도움을 받아 의정부시 자일동 251번지에 있는 문화 류씨의 종중묘역을 찾아가면서 필자는 필자의 일생에서 두 번 만난 유득공을 기억해냈다.

KBS 보도제작국에 근무하던 1988년 봄, 회사를 찾아온 김성훈 중앙대학교 교수, 당시는 아직 농림부 장관을 하기 한참 전인데, 발해 유적지 영상을 찍어왔으니 이를 방송해보자고 했다. 개인용 소형 카메라로 찍어서 화질이 좋지 않았고 또 촬영 기법도 아마추어 수준이어서 방송용으로는 적

중국이 세워둔 발해 상경용천부 소개비

절치 않았지만 담아온 영상은 놀라움 그 자체였다. 우리에게는 접근도 하기 어려운 1980년대 중반, 중국 헤이룽장성에 들어가 발해의 도읍지인 상경용천부 일대 그리고 발해의 전설이 담긴 징포호(鏡泊湖) 일대를 촬영해온 것이다. 김성훈 교수의 영상은 1988년 8월 15일 광복절 기획 〈발해 그 터를 찾아〉라는 제목으로 방송됐다.

그리고 7년 뒤인 1995년 12월 필자가 KBS 베이징 특파원으로 근무할 때였는데, 중국의 《문물(文物)》이라는 문화재 전문 잡지에 기사가 하나 났다. 중국 랴오닝성 랴오닝시의 한 우물에서 10년 전 발견된 옛 돌비석을 해독한 결과 금나라 때 이곳에 발해인을 위한 절이 있었으며, 절에는 속성이 고(高)씨인 발해인 고승이 있었다는 것이다.

발해가 거란족에 망한 것이 926년이고 이 절을 만든 것은 1190년이어서 발해가 망한 지 무려 260여 년이 지난 뒤인데, 발해인이 이곳에 큰 절을 세우고 또 고구려의 왕족 혹은 발해 왕족의 후손일 고씨 승려가 존경을 받을 수 있는 일인가? 새삼 궁금증이 일어나서 알아보니 발해가 망한 후에 상당수의 발해 왕족이 금나라에서 큰 활약을 했다는 사실을 알 수 있었다. 즉 발해는 거란에 망하고 없어진 것이 아니라, 금나라 황실과 결합해서 여진족 금나라의 지도층으로 활약한 것이다.

그러한 두 번의 발해와의 큰 만남은 두말할 필요도 없이 유득공이란 분이 발해를 우리 역사로 편입해 밝혔기 때문이 아니겠는가. 그 옛날 신라가 망하고 고려가 들어선 그때에 옛 고구려 영토에서는 발해라는 왕국이 고구려를 이어받아 북방에 큰 역사를 이어오고 있었는데, 그 역사를 고려 이후 우리 역사에서 챙기지 않아서 자칫 멸실될 뻔했던 것을 유득공이 살려냈음을 우리는 배우고, 알고 있다. 유득공이 쓴 《발해고(渤海考)》 덕분이었다.

> 고려가 발해의 역사를 편찬하지 않았으니, 고려의 국력이 떨치지 못했음을 알 수 있다. 옛날에 고씨(高氏)가 북쪽에 거주해 고구려라 했고, 부여씨(扶餘氏)가 서남쪽에 거주해 백제라 했으며, 박(朴)·석(昔)·김(金) 씨가 동남쪽에 거주해 신라라 했으니, 이들이 삼국이 됐다. 마땅히 삼국의 역사가 있어야 했는데 고려가 이를 편찬했으니 옳은 일이다. 부여씨가 망하고 고씨가 망하자 김씨가 그 남쪽을 차지했고, 대씨(大氏)가 그 북쪽을 차지해 발해라 했다. 이것이 남북국(南北國)이 된다. 마땅히 남북국의 역사가 있어야 했음에도 이를 편찬하지 않은 것은 잘못된 일이다. (…)
> (고려는) 남쪽으로 김씨의 땅을 온전히 차지했지만, 그 북쪽으로는 대씨의 땅을 모두 차지하지 못해, 그 나머지가 여진에 들어가기도 하고 거란에 들어가기도 했다. (…) 고려가 마침내 약한 나라가 된 것은 발해 땅을 얻

발해를 우리 역사로 서술한 실학자 유득공묘

지 못했기 때문이니 크게 한탄할 일이다.[13]

유득공묘를 찾아가는 길은 좀 복잡하다. 내비게이션으로 묘까지 찾아가기는 불가능하지만, '의정부시 향토유적 12호 이성중 묘역'을 찍고 가면 유득공묘를 안내하는 이정표를 찾을 수 있다.

다만 그곳에 올라가려면 지하통로를 빠져나가야 한다. 통로 끝에 문화류씨 중랑장 종중 묘역이 있는데, 이 또한 철문이 막고 있다. 철문을 돌아 약간 힘든 비탈을 올라가야 거기에 유득공묘가 있다. 비석이 보인다. 까만 오석에 흰 글씨로 "규장각검서관 통정대부 행 풍천부사 문화류공 득공지묘, 배 숙부인 전주이씨"라고 한자로 적혀 있다. 묘 봉분과 상석, 묘비는 의외로 새 것이다. 다른 묘들이 많은 데 비하면 유득공묘는 조금 초라해 보인다. 장소를 안내한 유호명 씨는 아무래도 유득공이 서출이라서 그런 것 같다고, 답답한 속내를 드러낸다.

서얼의 벽을 넘어

유득공은 1748년(영조 24)에 태어나 1807년(순조 7)까지 살았다. 앞에서 소개한 서계 박세당이 1629년에 태어났으니 약 120년 뒤의 사람이다. 묘소는 이곳 의정부 종중 땅에 있지만 사실 그는 주로 서울에서 살았다. 증조부와 외조부가 다 서자여서 자손인 유득공도 대우가 좋지 않았다. 5세 때인 1752년(영조 28) 아버지 유춘이 사망하자 남양의 외가로 이사했지만, 글공부할 분위기가 아니라 어머니 홍씨가 아들의 공부를 위해 고관들이 많이 사는 서울 경행방(지금의 종로구 경운동)으로 이주한 후 삯바느질로 생계를 이어가면서 아들의 학업을 도왔다.

당시까지도 서출은 마음 놓고 고시를 볼 수 없었기에 고시 공부에만 매몰되지 않고 다양한 사람과 어울리는 것이 보통이었다. 그때 친구들이 그의 일생에 가장 중요한 역할을 한다. 파고다 공원의 탑을 백탑이라고 했는데, 그 주변에 살던 홍대용, 박지원, 이덕무, 박제가, 이서구, 원중거, 백동수, 성대중, 이희관, 윤가기 등 당대의 지식인과 어울렸다. 이들은 신분과 연령의 차이에도 시문과 학문을 같이하면서 우정을 쌓아갔다. 특히 유득공은 박지원, 이덕무와 함께 시문의 창작과 연구에 열성을 다했다. 그리고 백탑동인이라는 일종의 동호회를 결성해 시문과 학문에 관한 논의도 자주 벌였다.

27세가 된 1774년(영조 50) 유득공은 사마시에 합격해 생원이 됐으나, 신분의 제약 때문에 대과는 볼 수가 없어 지기들을 만나며 학문 연구와 역사

연구에 몰두했다. 3년 뒤인 1777년 청나라 여행과 관련된 기행문과 시문을 모아《중주십일가시선(中州十一家詩選)》을 출간했다. 25세 때 기자조선으로부터 후백제에 이르는 시기의 우리나라 한시를 모은《동시맹(東詩萌)》을 엮으면서 역사를 바탕으로 한 이른바 서사 시인으로 두각을 나타냈다. 이듬해에는 박지원, 이덕무와 함께 개경과 평양을 유람했고 백제의 도읍지인 공주를 다녀왔으며 위만조선부터 고려까지의 도읍지를 기행했다. 그 결과가《이십일도회고시(二十一都懷古詩)》라는 시집이다.

32세가 되던 1779년(정조 3)에 인생의 큰 전기가 찾아왔다. 정조가 서얼허통령을 내린 후 시문과 글짓기에 해박한 그가 규장각검서(奎章閣檢書)로 임명된 것이다. 박제가·이덕무·서이수 등 한 시대의 천재들이 모두 검서가 되어 규장각 4검서로 이름을 날렸다. 이때 궁중에 비장된 우리나라를 비롯한 중국·일본의 사료까지 읽을 기회가 왔다. 유득공은 역사서를 읽으면서 고려의 역사가들이 발해사를 정리하지 않은 것을 알고는 크게 개탄했다.

유득공은 무려 세 차례나 중국 땅을 밟았다. 베이징을 두 번, 선양을 한 번 여행했다. 유득공의 첫 여행지는 선양이었다. 1778년 선양 여행으로 상상만 했던 한반도 북부와 만주 일대 고구려·발해의 옛 땅을 직접 가볼 수 있었고, 이는 훗날 그가《발해고》를 쓰게 되는 결정적 계기와 밑받침이 됐다. 유득공이 규장각검서로 발탁된 것은 심양을 다녀온 그 이듬해다. 그러고는 1784년 그의 나이 37세가 되던 해에 드디어《발해고》를 저술했다.

역사를 잃으면

유득공은 검서관으로 있으면서 그 나름대로 당시 모을 수 있는 자료는

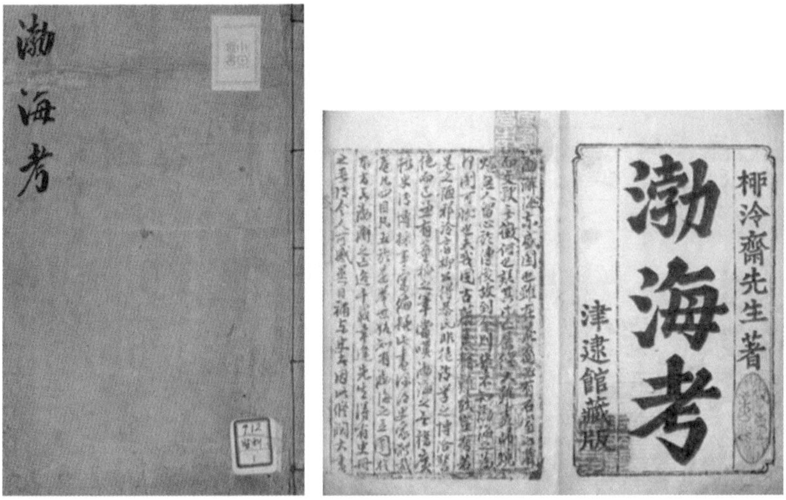

유득공이 저술한 《발해고》. 출처 : 한국학중앙연구원

다 모았다. 그렇게 발해의 역사를 재조립해 임금, 신하, 지리, 직관, 의장, 물산, 국어, 국서, 속국의 9고(考)를 만들었다. 이를 세가(世家)나 전(傳), 지(志)라고 하지 않고 고찰한다는 뜻의 '고'라 한 것은 아직 역사서로 완성하지 못했기 때문이다. 감히 역사서라 하기에는 너무 미진하다는 뜻이었다. 중국이 확립한 정사(正史) 체제에서 보면 본기(本紀), 세가, 열전(列傳) 등으로 분류하는 것인데, 워낙 자료가 부족해 이런 분류 기준에 따를 수 없었다고 한다. 참으로 그 심사가 오죽했을 것인가.

> (고려는) 그 남쪽으로 김씨의 땅을 온전히 차지했지만, 그 북쪽으로는 대씨의 땅을 모두 차지하지 못해, 그 나머지가 여진에 들어가기도 하고 거란에 들어가기도 했다. 이때 고려를 위해 계책을 세우는 사람이 급히 발해의 역사를 편찬해, 이를 가지고 "왜 우리에게 발해 땅을 돌려주지 않는

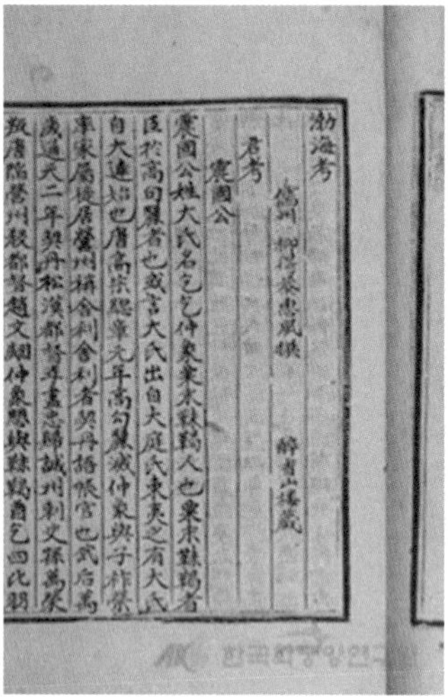
渤海考

君考

震國公

震國公姓大氏名乞乞仲象粟末靺鞨人也粟末靺鞨者
臣於高句麗者也或言大氏出自大庭氏東夷之有大氏
自大庭始也唐高宗總章元年高句麗滅仲象與子祚榮
率家屬徙居營州稱舍利舍利者契丹語帳官也武后萬
歲通天二年契丹松漠都督李盡忠歸誠州刺史孫萬榮
殺唐營州都督趙文翽仲象與靺鞨酋乞四比羽

《발해고》. 출처: 민속박물관

가? 발해 땅은 바로 고구려 땅이다"라고 여진족을 꾸짖은 뒤에 장군 한 명을 보내서 그 땅을 거두어오게 했다면 토문강(土門江) 북쪽의 땅을 차지할 수 있었을 것이다. 또 (너희들이 차지한) 발해 땅은 바로 고구려 땅이다" 라고 거란족을 꾸짖은 뒤에 장군 한 명을 보내서 그 땅을 거두어오게 했다면, 압록강 서쪽의 땅을 차지할 수 있었을 것이다. 그러나 끝내 발해의 역사를 편찬하지 않아서 토문강 북쪽과 압록강 서쪽이 누구의 땅인지 알지 못하게 됐다. 여진족을 꾸짖으려 해도 할 말이 없고, 거란족을 꾸짖으려 해도 할 말이 없게 됐다.[14]

그의 사자후(獅子吼)는 우리의 부족한 역사의식을 일깨워준다. 18세기에 들어와 북방 영토에 관심을 가지게 된 인물이 비단 유득공만은 아니지만, 그는 한걸음 더 나아가 발해사를 우리 역사 속에 넣을 것을 적극적으로 주

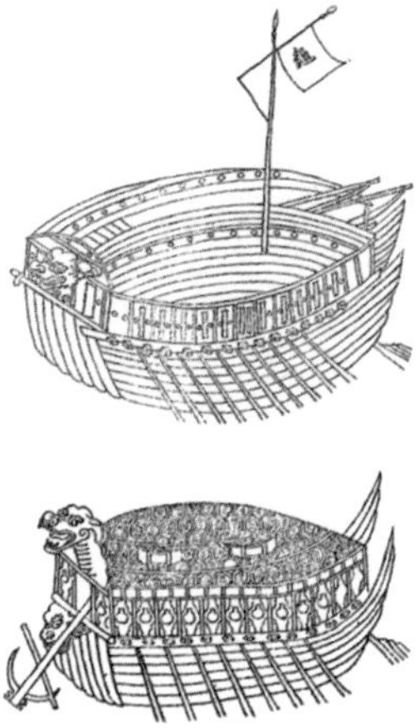

《이충무공전서》에 수록된 거북선의 구조

장했고, 이를 뒷받침하기 위해 발해사를 체계화하고자 했다. 이러한 연구는 다산 정약용의 《아방강역고(我邦疆域考)》(1811)와 한치윤(韓致奫)의 《해동역사(海東繹史)》가 나올 수 있는 토대가 됐다.

검서관으로 있을 때 유득공이 한 중요한 작업은 《이충무공전서》의 편찬 교정이다. 정조는 1795년 충무공 이순신 장군의 유물이 체계적으로 관리되지 못하고 보존 상태 또한 나쁜 것에 한탄하며 이순신의 문적을 모아 유고집으로 간행하라는 명을 내렸다. 이 문집이 《이충무공전서》로, 총 14권 8책이다. 《이충무공전서》가 중요한 이유는 이순신의 《난중일기》 전부를 채록해 넣음으로써 원본이 분실된 이후에도 그 내용을 알 수 있게 됐기 때문이다. 그것으로 이순신의 충절이 후세에까지 자세히 알려질 수 있었다. 또 거북선의 구조를 직접 그림으로 설명한 내용이 담겨 있어 거북선 연구에도 없어서는 안 될 중요한 자료다. 필자가 KBS 기자였을 당시 노량 앞

바다에서 거북선 인양 작업을 취재하고 특집을 만들었는데, 그때 가장 먼저 참조한 것이 《이충무공전서》에 나오는 거북선 관련 기록이었다.

민중의 삶을 기록하다

유득공이 보인 관심의 영역은 광범위하고 철저했다. 당대 백성의 삶을 객관적으로 들여다보고 그 해법을 호의적으로 모색했다. 유득공은 우리 역사상 최초의 전문 풍속 저술인 《경도잡지(京都雜誌)》를 남겼다. 일반인의 삶 속에 본격적으로 들어간 최초의 기록이다. 그 뒤를 이어 김매순이 《열양세시기(洌陽歲時記)》(1819)를, 홍석모가 《동국세시기(東國歲時記)》(1849)를 펴냈는데, 그중에서도 가장 먼저 나온 책이라는 점에서 문화사적 가치가 돋보인다.

유득공은 《발해고》와 《사군지》 같은 전문 역사 저술 외에도 《고운당필기》에서도 사실에 대한 관심을 충분히 드러낸다. 〈개마산이 백두산이다〉에서는 만주어와 중국어에 대한 이해를 바탕으로 개마산이 바로 백두산임을 고증했고, 〈동명과 주몽〉에서는 물고기와 자라가 떠올라 다리를 만들어주어 강을 건널 수 있었다는 주몽의 고사를 역사 기록에 근거해서 해석했다. 그는 당시 국제 정세에도 관심이 깊었기에 중국과 일본, 러시아, 몽골, 류큐, 동남아시아의 여러 나라 및 서양에 대한 가장 최신의 정보에 아주 예민하게 반응했다.

그리고 그는 중국풍으로 시를 짓는 행태를 비판하고 우리 노래와 시의 아름다움을 알리기 위해 이를 한자로 기록했다. 〈우리 노래(東人之歌)〉가 그것이다.

우리나라 사람들이 부르는 노래가 바로 우리나라 사람들의 '사(詞)'다. 더러 사대부라는 자들의 입에서 나오는 '사'라는 것은 이전의 고사를 끌어다 인용하고 예전의 시를 표절하고 도습할 뿐이어서, 도리어 거리의 아이들과 마을 아낙들이 순전히 우리말로 자기 성정을 표현해 부르는 노래가 주는 즐거움만 못하다. 내가 많이 기억하지는 못하나 그 십여 수를 번역했는데, 대략 뜻만 따라서 엮고 운을 붙인다.[15]

①

나비야 청산 가자	蛺蝶青山去
범나비 너도 가자	相隨虎蛺蝶
저물거든 꽃에 자고	日暮花間宿
성내거든 잎에 자자	花嗔宿於葉

②

성 위의 저 뻐꾹아	城上布穀鳥
물어보자 왜 우느냐	問爾何故鳴
오동의 묵은 잎 지고	梧桐舊葉落
무성한 잎 새로운데	萋萋新葉生

속 좁은 나라를 넘어라

발해에 대해서는 남아 있는 사료가 많지 않아 '수수께끼의 왕국'이라고도 칭한다. 발해의 당대 문헌에만 의존하게 되면 발해가 중국의 속국인지

유득공 묘비

자주국인지 가려내기 힘들다. 최근 중국은 동북공정의 일환으로 발해를 중국의 지방정권으로 만들어 그들의 역사에 편입하고 있는데, 우리는 이런 사실에 경계해야 한다. 그러나 거란·여진시대를 살아온 발해 유민의 삶을 살펴보면 중국의 의도적 편견과 달리 발해가 고구려의 계승국이라는 사실이 극명하게 드러난다.

그동안 중국과 일본은 발해사의 영역에서 유민사를 제외해왔으며, 북한은 거란시대 유민의 항쟁사만을 발해사의 영역에 포함해왔다. 그러나 발해 유민사를 항쟁의 시각으로만 보는 것은 이들의 참모습을 객관적으로 이해하는 데 도움이 되지 못한다. 발해의 실체를 제 모습대로 보려면 발해 멸망 이후 거란과 여진의 중원 통치에 발해의 지식층이 기여했던 적극적인 역할을 들여다보아야 한다. 그들은 우월한 문화유산을 바탕으로 요·금을 문명국으로 발돋움시켰다. 이들 유민의 적극적인 삶의 모습과 불굴의 민족정신으로 거란과 여진의 민족정신을 일깨웠던 사실을 다시 살펴보아야 한다. 이런 면에서 발해의 정신은 그 후 만주와 몽골 땅에서 태동하기 시작한 민족국가의 형성과 발전을 있게 한 정신적 원동력이 됐다고 할 것이다.[16]

유득공은 시문과 재주에 능해 정조에 의해 서출의 신분 제약에서 벗어나 관직을 두루 역임했다. 39세 때인 1786년에는 포천현감과 제천군수를, 1788년에는 양근군수를 지냈으며, 1792년에는 가평군수를 지냈다. 그런데 정조가 갑자기 사망하고 순조가 즉위하자, 유득공은 1801년(순조 원년) 풍천부사에서 물러난 뒤 칩거하며 저술에만 몰두했다. 1790년과 1801년 두 차례 중국에 사신으로 갔던 유득공은 베이징에서 중국 인사들과 널리 교분을 맺었다. 대체로 학술과 정치를 논하고 저서와 시문을 지었으며, 선물 등을 주고받기도 했다. 또 일본·안남·류큐 문사들의 시까지 수록한 것으로 보아 이전보다 폭넓은 교류를 시도했음을 알 수 있다. 이를 통해 그는 동아시아를 중심으로 급변하는 세계정세에 대한 식견을 넓히고, 중국 학계와 문단의 최신 동향에 대해서도 남다른 안목을 갖추고 편견이나 좁은 생각을 바꾸려 노력했다.

60세를 일기로 1807년 9월 1일에 세상을 떠나 양주(楊州) 송산(지금의 의정부시 송산동)에 묻혔다. 원래는 이웃 낙양동에 있었으나, 의정부의 상수도 급수 체계를 조정하는 큰 공사 때문에 살짝 묘의 위치가 바뀌어 2003년 현재의 자리로 이장됐다. 문화류씨 중랑장 종중 세장지의 앞쪽에 비석과 함께 자리한다.

일찍이 좁은 땅 조선만이 아니라 중국과 일본, 만주 등 세계 각 나라를 살피며 우리의 잃어버린 옛 역사와 영토를 되찾기 위해 불철주야 밤을 밝힌 유득공, 선구적으로 우리 역사를 찾아내고 그 연원을 밝혀 시각을 대륙으로 넓혀준 유득공, 그가 여기 의정부에 묻혀 있는 것도 의정부라는 땅을 특별한 곳으로 만들어주는 귀한 연유다. 의정부는 그때나 지금이나 서울이라는 큰 존재의 동북쪽 어깨에 해당하지만, 서울에서 보지 못하던 대륙을 보고 그 원대한 꿈을 키운 사람들의 요람이다. 그 생각과 뜻과 꿈을 보다 많은 젊은 세대가 공유하면 좋겠다는 바람이 맑은 가을 하늘의 뭉게구름처럼 일어난다.

4장 | 정문부가 구한 나라

이런 나라였구나

우리가 사는 이 땅은 선조들이 수천 년을 살아온 땅이다. 우리는 같은 말을 쓰고 우리 식 풍습을 이루며 자손을 이어 오순도순 살아왔다. 외적이 쳐들어왔지만 어쨌든 모두 물리치고 대대로 이 나라에서 삶을 이어온 것이다. 그런데 그 과정을 들여다보면 눈물 없는 때가 없었다. 나라를 잘 경영하지 못해 타국의 침범을 당하고 많은 사람이 피해를 입은 것은 물론, 전쟁이 없는 때에는 정권 다툼에, 이권 다툼에, 패거리 정치에 많은 의로운 사람이 목숨을 잃었다. 이런 역사를 보면 망해도 벌써 망했어야 하지 않느냐는 자조적인 탄식이 나올 정도다. 우리가 살아남은 것이 기적이라고 말하는 사람도 있다. 그러니 이 땅에서 나라와 가족을 지키기 위해 흘린 수많은 의인의 피와 눈물을 잊으면 안 될 것이다. 정문부 장군이 그런 대표적인 인물이다. 의정부시 용현동 379-32번지(새 주소로는 의정부시 산단로 132번길 59-17)에

정문부를 기리는 충덕사. 의정부시 산단로 소재

충덕사와 함께 정문부 장군묘가 있다.

1592년 5월 23일(음력 4월 13일) 왜군 약 20만 명이 부산으로 쳐들어오는 임진왜란이 일어났다. 부산진성과 동래성은 그날로 함락됐고, 열흘 후 순변사 이일이 상주에서 패해 경상도가 넘어갔다. 나흘 후에는 도순변사 신립이 충주의 탄금대에서 왜군에게 대패했다. 일본군이 한성으로 쳐들어오자 조선 왕실과 조정은 수도를 버리고 북쪽으로 피신했다. 개전한 지 20일 만에 한성을 점령한 왜군은 평안도와 함경도로 군을 나눠 진격했다. 선조는 의주로 피신하면서 두 왕자 임해군과 순화군을 함경도와 강원도로 보내 근왕병을 모집하라고 명했다. 왜병은 7월 17일 함경북도로 진격하다가 해정창에서 병마절도사 한극함이 이끄는 조선군과 전투를 치렀다. 하지만 조선군은 제대로 된 전투를 치르지 못하고 대패하고 말았다.

그런데 왜군이 함경도로 쳐들어오자 회령부의 아전 국경인이란 자가 경성부의 아전인 작은아버지 국세필, 명천의 아전 정말수 등을 선동해서 반란을 일으켜 이곳에 머무르던 두 왕자와 그들을 호종하던 대신과 장수를 모두 포박해 적장 가토 기요마사에게 바치는 일이 일어났다. 이 반란으로 함경도 전역은 졸지에 일본군의 수중에 들어갔다.

함경도의 고을이 모두 일본군 관할이 되자 당시 군인과 관리는 뿔뿔이 지하로 스며들었다. 함경도 북평사였던 정문부도 그중 하나였다. 정문부는 1565년(명종 20) 한성부 판윤을 지낸 정신의 아들로, 한성에서 출생해 1588년 식년 문과에 급제한 문관이다. 24세로 대과 합격자 34명 가운데 두 번째였으니 수재다. 그럼에도 첫 관직은 무관에게 돌아가는 정7품 한성부 참군이었다. 이듬해 정6품 홍문관 수찬을 거쳐 사간원 정언, 사헌부 지평으로 잇따라 자리를 옮겼고, 임진왜란 바로 전해인 1591년 북평사가 됐다. 정문부의 운명이 여기에서 바뀐다.

정문부는 은밀히 경성 성안으로 들어가 재기를 노렸지만, 사람들이 모두 흩어져서 다시 모을 수가 없었다. 정문부는 떨어진 옷을 입고 동냥을 하며 산속으로 들어가 지내다가 용성에 이르러 무격(巫覡, 남자 무당) 한인간의 집에 의탁했다. 한인간이 그를 알아보고 후하게 대우했다. 잠시 뒤에 몇 사람과 함께 남쪽의 무계(武谿)에 갔을 때 이 동네의 처사 이붕수가 정문부를 알아보고 "내가 왜적 토벌을 하고자 장수 노릇을 할 수 있는 열사(烈士)를 은밀히 구했으나 아직 마땅한 사람을 얻지 못했습니다. 지금 공이 찾아왔으니 이는 하늘이 우리 북방을 도와주시는 것입니다" 하고는 의병을 불러 모았다. 이때 경성(鏡城)의 장사(壯士) 강문우, 종성 부사(鍾城府使) 정현룡이 선봉이 되기를 원했다. 충숙공 서성(徐渻)도 휘하에 모였다. 정문부가 의병 대장으로 추대되고 정현룡과 오응태는 차장을 맡았다.

북관의 대첩

때마침 두만강을 건너온 여진족이 혼란을 틈타 변경을 침입했다. 종성부를 점령한 반란군의 국세필은 아전이어서 군사적 대응에 겁을 먹고 있었다. 의병들은 이를 기회로 국세필에게 여진족을 함께 방어하자고 제의하자 국세필이 허락해 의병을 종성 성안으로 맞아들였다. 이튿날 아침 정문부는 남쪽 성루로 국세필을 유인해 생포해서 처형했다. 곧 남쪽 명천으로 가서 말수 등 반란 세력을 잡아 죽였다. 길주에 있던 왜의 순라(巡邏) 40여 명이 들이닥친다고 하자 장사 강문우가 결사대 20여 기를 모아 성문을 열고 뛰어나가 왜병을 몰살했다. 의병의 사기가 비로소 떨쳐지면서 모여든 의병이 7000명을 헤아리게 됐다.

그러자 5일 후 가토 기요사마가 군사 2만 명을 통솔해 마천령을 넘어왔다. 공이 굳센 기병 600명을 이끌고 말을 채찍질해 전진하며 이르기를 "내가 국가를 위해 싸우다 죽지 않는다면 충신이 아니다"라고 하니 장사들이 그를 따라 감히 적을 두려워해 물러나는 자가 없었다. 온종일 60리를 옮겨 다니며 싸우다 백탑교에 이르러 날쌘 기병으로 곧바로 왜군을 쳐서 크게 무찌르니, 흐르는 피가 들판에 가득했으며 화살을 맞고 죽은 자가 1000명이나 됐다. 왜군이 시체를 싣고 성안으로 들어가 불을 놓아 태웠다. 밤에 청정이 성을 버리고 남쪽으로 달아났는데 밥 지을 겨를도 없었다. 이에 북방이 비로소 깨끗하게 맑아졌다.[17] 이것이 바로 북관대첩이다.

우리 역사에서 나라를 지킨 으뜸 공신은 당연히 이순신 장군이다. 임진왜란 때 밀려오는 왜의 수군을 격파해 삼남의 바다를 지킴으로써 조선이 승리할 수 있게 한 그의 공로를 우리는 안다. 그런데 땅에서는 어떠했는가? 사람들은 북방의 함경도를 수호한 3대 영웅으로 고려시대의 윤관, 세종 때의 김종서, 임진왜란 때의 정문부를 꼽는다. 또 임진왜란 당시 3대첩으로는 충무공의 한산도대첩, 권율의 행주대첩과 함께 정문부의 북관대첩을 꼽아야 한다는 의견도 많다. 사실 충무공과 권율 장군은 관군을 이끌고 왜적을 격파한 경우지만, 정문부 장군은 훈련되지 않은 의병을 지휘해 왜군을 격파했다.

그러나 정문부 개인의 역사는 이제부터다. 이순신 장군이 승리를 연이어 거둘 때 모함에 의해 압송돼 조사를 받다가 겨우 목숨만 구해 백의종군하게 되고, 의병장 김덕령이 조정 신하들의 편 가르기와 사사로운 감정에 의해 친국을 받다가 죽는 등의 사건이 비일비재하던 시대였다. 공을 세우면 시기하는 사람이 늘 있던 사회였다.

정규군도 아니고 의병을 이끌고 혁혁한 전공을 세워 함경도를 구한 정문부의 활약이 조정에 전해지자 선조는 죽은 이붕수에게 감찰을 증직하고, 승첩을 알리러 온 최배천에게는 조산(朝散)의 가자(加資)와 명주 한 필의 상을 주었다. 그러나 당시 순찰사인 윤탁연은 조정에 정문부의 공을 시기하며 깎아내려 제대로 보고하지 않아 정문부는 제대로 포상받지 못했다. 광해군이 즉위하자 그는 부사(副使)로 임명돼 중국 명나라 황제에게 조회하러 갔다가 이듬해 돌아왔다. 당시에도 북방 사람들이 상소해 공을 칭송하니 가선대부(嘉善大夫)로 벼슬이 올랐다. 북방의 국경 상황에 신경을 많이 쓴 광해군은 1611년 11월에 정문부를 길주목사로 발탁한다.

그러나 광해군의 뜻과 달리 조정을 쥐고 흔든 북인(北人)의 전횡에 중앙에서의 벼슬에 뜻을 잃은 정문부는 몇 가지 관직으로 불러도 모두 나아가지 않았다. 그러다가 모친 봉양을 위해 외직을 자청해 1618년 7월에 창원부사가 됐다.

경남 진주 촉석루에 있는 정문부의 시

조선의 영웅 대접

창원 부사로 있을 때 진주와 특별한 인연이 맺어진다. 창원 부사로 임명된 그해 7월 진주에 왔다가 당시 진행되던 진주성 복구 작업을 보면서 임진왜란 때 처절한 전투가 벌어진 곳이 다시 복구되는 감회를 읊었다. 임진왜란 직전 경상 우병사에 임명돼 이후 왜군의 진주성 공략을 막은 1차 진주대첩을 이끈 학봉 김성일(金誠一, 1538~1593)이 지은 시 〈촉석루〉를 차운해 〈진주 촉석루를 차운함(次矗石樓韻)〉이라는 시를 지었는데, 당시 진주목사인 남이흥에게 써준 것이다.

임진년 전쟁이 팔도를 불살라갈 때 龍歲兵焚捲八區
무고한 재앙은 이 성루가 가장 처참했다 魚殃最慘此城樓
성벽의 무너진 돌은 구르지 못해 높이 쌓였는데 石非可轉仍成矗

강물은 어찌 저렇게 무심히 흘러가는가	江亦何心自在流
폐허를 되살리는 일 장수와 백성이 함께 힘쓰니	起廢神將人共力
그 기운 하늘을 뻗치고 땅을 솟구쳐 오른다	凌虛天與地同浮
이 거대한 일 해내는 솜씨 대단하지 않은가	須知幕府經營手
그 장려함이 이곳에만 한정되지 않으리라	壯麗非徒鎭一州

이 시는 지금도 진주 촉석루에 걸려 있다.

그리고 이때 정문부는 중국 초 회왕(楚懷王)에 대한 생각을 시로 썼다. 초 회왕은 중국 초나라 항우가 추대해 왕이 됐다가 항우가 살해한 왕이다. 시의 내용은 초나라 회왕이 진나라의 꼬임에 넘어가 죽었는데 항우는 왜 다시 조카를 왕으로 만들었느냐는 것이다. 그런데 이 시가 빌미가 된다.

인조가 즉위하자 원수(元帥) 이원익이 정문부를 인재라고 천거했는데, 정문부는 연로한 모친을 봉양해야 한다며 전주 부윤으로 나갔다. 그런데 그다음 해인 1624년 11월에 박홍구 등의 역모 사실이 터졌다. 박홍구가 이괄의 난이 일어났을 때 선조의 일곱째 아들을 왕으로 추대하려 했다는 것이고, 이들을 문초하는 과정에서 정문부의 이름이 나왔기에 한패가 아니냐는 것이었다. 실상은 이들이 정문부를 포섭하려 했으나 실패한 것으로서 당연히 정문부는 석방될 줄 알았다. 그런데 사건을 고발한 측에서 엉뚱하게도 정문부가 지은 〈초 회왕〉 시를 찾아내 이 시가 광해군을 폐위하고 왕위에 오른 인조의 정통성을 부정한 것이라며(실은 이 시는 인조반정이 있기 전에 쓰인 것이라 아무 연관이 없다) 역모 혐의를 씌우니, 혹독한 고문 끝에 결국 정문부는 숨지고 만다. 《인조실록》에는 이렇게 나온다.

정문부 장군묘. 의정부시 소재

정문부 영정

> 대간이 또한 국문하기를 청하면서 아뢰기를 "정문부가 지은 〈초 회왕〉이란 시의 두 절구는 이미 재신(宰臣)들도 본 것입니다" 하고, 드디어 이를 가지고 정문부를 형신했는데, 시종 원통하다고 하면서 형장을 맞고 죽었다.[18]

이렇게 해서 임진왜란 때 과감히 일어나 목숨을 걸고 나라를 구한 그의 공은 어디 가고 억울한 일에 연루되어 결국 목숨을 잃었다. 이때 그의 나이는 예순이었다.

이렇게 충신을 역적으로 몰아 죽이는 세상. 조선은 임진왜란이라는 커다란 병화(兵禍)를 겪고도 나아진 것이 없었다. 김덕령 의병장도 억울한 누명으로 죽었고, 이순신 장군은 전쟁 도중에 고문으로 죽을 뻔하다가 겨우 백의종군으로 살아났음을 우리는 알고 있다. 의병장 곽재우도 이런 더러운 꼴은 보기 싫다며 산속으로 들어가 버렸다. 그런데 전쟁이 끝나고 30년도 안 돼 전쟁의 영웅인 정문부도 억울하게 고문을 받다가 죽게 된 것이다. 이런 역사는 늘 우리를 비분강개하게 만든다. 왜 우리 역사는 늘 이런 식인가?

역사의 양심

다만 그렇게만 끝나면 정말로 우리는 이 땅에서 숨 쉬지 못했을 것이다. 다행히 역사의 의지는 살아있어서, 원혼이 돼 구천을 떠돌던 장군의 원통함이 뒤늦게나마 풀어진 것이다. 그가 죽고 41년이 지난 1665년(현종 6), 당시 정문부처럼 함경도 북평사였던 이단하(李端夏, 당대의 명 문장가 이식의 아들)가 상관인 관찰사 민정중과 의기투합해 실종된 북관대첩의 진실을 마을 사람들에게서 찾아내 조정에 알렸다. 이윽고 다음 해인 1666년 5월 조정에서 정문부에 대한 재평가 회의가 열렸다. 회의에서는 마침내 정문부를 최고위 벼슬에 해당하는 우찬성에 추증하는 결정을 한다.

이어 숙종 때인 1707년에는 영의정 최명길의 증손이며 문장으로 이름난 최창대가 함경도 북평사로 부임해 북관대첩의 누락된 실상을 상세히 조사하고는 조정의 재가를 받아 길주(吉州) 임명(臨溟)에 자신의 글로 북관대첩비를 세웠다. 최창대는 비문에 이런 글을 남겨 의미를 부여했다.

> 바다에서는 이충무(이순신)의 한산대첩이 있고, 육지에서는 권 원수(권율)의 행주대첩과 이월천(이정암)의 연안대첩이 있어 역사가는 그것을 기록했고, 이야기꾼은 칭송해 마지않는다. 그렇지만 이들은 오히려 지위가 있어 수레와 군사들을 낼 수 있음에 힘입은 것이다. 고단하고 미약한 데서 일어나 도망해 숨은 무리들을 분발시켜 오직 충의로써 서로 격려해 마침내

발견 당시 일본 야스쿠니 신사 내 북관대첩비

현재 국립고궁박물관 내 북관대첩비(복제본)

오합지졸을 써서 전승을 거두어 한 방면을 수복한 것은 관북의 군사가 그 중 으뜸이라 할 것.

이 비석은 높이 187센티미터, 너비 66센티미터에 이르는 전공 기념 비석이다. 북관대첩비의 정식 이름은 '함경도임진의병대첩비(咸鏡道壬辰義兵大捷碑)'이며, 비문에는 임진왜란 당시 관북(지금의 함경도) 지역에서 일어난 의병의 활동과 공로가 1500여 글자로 기록되어 있다. 이에 힘입어 6년 뒤인 1713년 3월 15일 정문부 장군에게 충의공(忠毅公)이라는 시호가 내려졌다. 그런데 시호를 내린 이날 왕과 중신들은 백두산에 정계비를 세우는 문제를 논의하고 곧 실행에 들어갔다. 만약에 정문부가 아니었으면 백두산 일대가 우리 땅으로 남을 수 없었을 것이라는 데서 정문부의 공을 더 생각하게 한다.

그런데 정문부의 공로를 길이 후대에 전하려 했던 북관대첩비는 나중에 다시 일본과 악연을 이어간다. 임진왜란이 끝나고 300여 년 후 일본은 러시아와 전쟁(1904~1905)을 치렀는데, 전쟁 후 일본군 2사단 여단장 이케다 마사스케가 이 지역에 있던 북관대첩비를 보고는 이 비를 밀반출해 일왕에게 보낸 것이다. 조선 의병에게 일본군 정규군이 패전했다는 것을 도저히 묵과하거나 용납할 수 없어서 돌아갈 때 러일전쟁과 아무 관련이 없는 이 비를 떼어간 것이니, 일본이 이를 얼마나 치욕으로 생각했는지 알 수 있다.

이 비는 도쿄 야스쿠니 신사로 흘러가 방치된 신세가 됐다. 그러다 당시 일본 유학생이던 조소앙(趙素昂)이 1909년 우연히 야스쿠니 신사에서 이 비를 발견하고 《대한흥학보》에 관련 글을 실었지만, 혼란기여서 별로 주목을 받지 못하고 다시 잊혔다.

세월이 흘러 1978년 재일 한국인 사학자 최서면(崔書勉)이 조소앙의 글을 우연히 접했다. 그는 야스쿠니 신사 경내를 샅샅이 뒤져 내팽개쳐져 있던 비석을 찾아냈다. 최씨는 정문부의 후손인 해주정씨 종친회와 정부에 이 사실을 알리고 반환운동을 벌였다. 일본 승려 가키누마 센신이 두 나라 사이에서 반환을 적극 추진했다. 민간단체도 나섰다. 그러나 일본 정부는 비석의 원소재지인 북한과 합의가 필요하다는 이유로 반환을 미루었다. 결국 2005년 3월 28일 한일불교복지협의회가 북한의 조선불교도연맹과 만나 반환 합의서를 체결했고, 같은 해 6월 한일정상회담에서 노무현 전 대통령과 고이즈미 전 총리가 반환에 합의함으로써 이 비석은 10월 20일 드디어 한국으로 돌아왔다. 100년 만의 귀환이었다. 현재 원본은 원래 있던 북한 김책시으로 돌아갔고, 한국은 복제본을 가지고 있다.

정문부 묘비

불후의 역사로

비석은 보존 처리를 거쳐 2006년 3월 1일 북한에 인도됐다. 북한은 함경도 길주에 남아 있던 건립 당시의 받침돌에 그대로 비석을 다시 세워 북한 국보 유적 제193호로 지정 관리하고 있다. 우리나라에는 현재 독립기념관, 국립고궁박물관, 의정부 정 장군 묘소 앞, 진주 기호서원 네 곳에 복제비가 서 있다.

진주에는 정문부의 가족이 내려와 살았고, 정문부를 기리는 사당인 창의사가 있다. 이 사당의 표지석에는 1980년에 노산 이은상이 쓴 글이 새겨져 있다.

> 세상에 적은 공으로 상을 받는 이도 있으되 큰 공을 세우고도 대가를 받지 못할 뿐만 아니라 도리어 박해로 슬픈 최후를 마친 이가 계시니 문무

겸비한 농포공 정문부 선생이 바로 그이시다. (…) 원통한 공의 죽음을 무슨 말로 위로할 것이랴.

정문부 장군의 본관은 해주다. 그런데 정문부묘는 의정부에 있다. 의정부로서는 특별한 자랑거리가 아닐 수 없다. 의정부 땅을 더욱 특별하게 해주기 때문이다. 조선시대에는 본관이 있는 동네 선산에 묘를 두는 것이 원칙이어서 정문부묘도 해주에 있어야 한다. 그런데 정문부가 이괄의 난에 연루되어 옥사하면서 당시에는 신원이 복원되지 않아 한성 인근에서 묘소로 많이 사용되던 의정부 지역에 임시로 묻히게 된 것이고, 이후 신원이 회복되어 우찬성에 추존되자 현재의 묘역으로 옮겨 안장됐다. 신숙주묘에서 약 1.3킬로미터 떨어진 지점이다. 정문부묘는 이러한 긴 역사의 살아 있는 교재이자 유적이다. 그곳에 가면 정문부 장군의 기개와 힘을 느낄 수 있다.

도봉산 기암절벽에 물든 단풍이 아름답다

2부 주석

1) 김안로, 《용천담적기(龍泉談寂記)》.

2) 정인지, 《훈민정음서(訓民正音序)》.

3) 《세종실록》, 26년(1443) 2월 20일.

4) 〈영의정 신숙주의 졸기〉, 《성종실록》, 성종 6년(1475) 6월 21일.

5) 안병희, 〈신숙주의 생애와 학문〉, 《새국어생활》 12-3, 2002 가을.

6) 이승소, 〈고령부원군 신숙주 문충공 묘비명 병서(高靈府院君申叔舟文忠公墓碑銘 幷序)〉.

7) '석천동기(石泉洞記)', 〈기(記)〉, 《서계집》 권8.

8) '연보(年譜)', 〈부록〉, 《서계집》.

9) 〈서문〉, 《사변록(思辨錄)》.

10) 《조선왕조실록》, 숙종 29년 계미(1703) 4월 17일.

11) '색경 서(序)', 〈서(序)〉, 《서계집》 권7.

12) 〈책문(策問)〉 1, 《홍재전서(弘齋全書)》 권48.

13) 〈유득공 서(柳得恭序)〉, 《발해고》.

14) 〈유득공 서〉, 《발해고》.

15) 〈우리 노래(東人之歌)〉, 《고운당필기》 권1.

16) 서병국, 〈머리말〉, 《발해 발해인》, 일념, 1990.

17) 충의 정공의 신도비명 / 강한집 제13권 / 신도비(神道碑)

18) 《인조실록》, 인조 2년 갑자(11월 8일).

3부

달을 보니 용이 오르는구나

● 류호철

안양대학교 교수로 15년째 근무하고 있는 국내 1호 문화재 정책 전공자다. 문화재 보전·활용과 문화유산 교육, 문화관광 등에 관해 연구한다. 광주광역시·경상북도 문화재위원을 비롯해 광주광역시·충청남도 무형문화재위원, 문화재청 문화재전문위원 등으로 활약하고 있다. 여러 지방자치단체와 도서관, 박물관, 문화원, 사찰 등에서 문화유산에 관한 인문학 강의를 펼치고 있다. 문화유산 교육과 연구에 기여한 공로를 인정받아 교육부장관 표창을 받았다.

1장 | 킹메이커 무학대사, 의정부 불교문화와 무학의 흔적

2장 | 용(龍)이 되어 왔구나, 회룡사

3장 | 어떤 달이 보이는가? 망월사

1장 킹메이커 무학대사, 의정부 불교문화와 무학의 흔적

너무도 반(反)불교적인 조선

조선은 이성계가 이끄는 군사집단과 정도전으로 대표되는 신진사대부 집단이 연합해 만든 나라다. 옛 권력을 뒤집는 데 가장 필요한 무력과 그 뒤집는 행위를 정당화할 이념을 서로에게 제공하며 고려를 타도하고 새 나라 조선을 세웠다.

불교국가 고려 멸망은 권력을 잡은 불교 세력이 타락하고 부패한 탓이지 불교 자체가 이유는 아니었다. 성리학을 앞세운 신진사대부들은 옛 왕조 사상인 불교 자체를 말살해 신흥 왕조를 정당화했다.

전주 이씨 왕실은 대대로 불교 신자들이었다. 국가 통치 이념은 성리학이었지만 왕실 종교는 불교였다. 둘은 늘 갈등했다. 나라를 세우고 다섯 달이 지난 어느 날 불교 신도였던 이성계가 이렇게 한탄한다.

"이색(李穡)은 큰 유학자가 되었으나 부처 또한 숭상하였는데, 이 무리는 무슨 글을 읽었건대 이토록 부처를 좋아하지 않는 것인가?"[1] 이성계가 서울 정동에 지었던 흥천사에 1512년 젊은 선비들이 난입해 물건을 훔치고 건물을 불태웠다. 방화-절도범들은 무죄 방면됐고 오히려 절은 폐사됐다.[2] 왕실은 마치 힘센 일진에게 당하는 왕따를 옆에서 바라보듯 할 뿐이었다. 이런 일이 실록에 차고 넘친다. 그런데 개국 때부터 나라가 망할 때까지 그 누구도 함부로 건드리지 못한 승려가 있다. 킹메이커 무학대사다.

간이 배 밖에 나왔던 선비

1821년 조정에서 긴급회의가 열렸다. 경기도 광주에 사는 이응준이라는 선비가 저지른 죄를 놓고 벌을 논하는 자리였다.

> "광주의 유학(幼學) 이응준이 양주 회암사(檜巖寺) 부도와 비석을 파괴하고 사리를 훔친 후 그곳에다가 자기 아버지를 묻었다."[3]

선비가 스님 무덤 격인 부도를 부수고 아비 묏자리를 썼다는 말이다. 다음 문장이 이러하다.

> "세 선사(禪師) 부도와 사적비가 회암사 북쪽 산비탈에 있었는데, 비석 하나는 태종(太宗)의 분부를 받아 글을 지어 세운 것이다."

세 선사 이름은 지공(指空)과 나옹(懶翁)과 그 제자다. 지공은 인도 승려고 나옹은 고려 때 고승이다. 긴급회의가 열린 이유는 나옹이 불법을 전수해준 제자 때문이었다. 그가 무학(無學)이다.

무학이 누구인가. 개국공신 중의 공신이 아닌가. 게다가 무학대사 사리가 담겨 있는 부도는 이성계가 백성을 징발해 무학대사 생전에 만들어놓은 보물이었다.[4] 또 비석은 태종 이방원이 아버지 뜻을 받들어 건립을 지시한 기념물이었다. 비석 훼손범 이응준은 외딴 섬으로 유배형을 받았고 아비 무덤은 파괴됐다. 비석은 7년이 지난 1828년에야 다시 세워졌다.

개국공신 박자초(朴自超)와 정도전

어쩌면 이성계는 무학을 승려로 대우하지 않고 건국 동지로 여겼을지도 모른다. 무학대사비에 따르면 무학대사 속명은 '박자초'다. 『태조실록』과 『태종실록』에도 무학이라는 법명은 보이지 않고 자초(自超)라는 이름만 등장한다. 이하는 비문 기록에 따른 무학대사 이야기다.

'무학'은 자초의 호(號)며, 박자초는 삼기군(三岐郡) 사람이다. 삼기군은 지금 경남 합천이다. 1373년 아버지 박인일과 어머니 고성 채씨 사이에 태어난 자초는 열여덟 살에 출가해 승려가 됐다. 1364년 스승인 나옹이 경기도 양주에 회암사를 만들고 무학대사를 수좌승으로 삼았다. 무학은 이후 죽을 때까지 회암사를 자기 삶터로 여겼다. 1392년 이성계가 새 나라를 세우자 무학은 조선 태조의 왕사가 되었다.[5]

이후 무학은 도읍을 정하기 위해 이성계가 계룡산을 찾았을 때, 한양 주변을 물색할 때, 늘 이성계 옆에서 조언했다. 그런데 이 과정에서 성리학자 정도전과 승려 무학은 굉장히 상반된 태도를 보인다.

실록에 따르면 자초는 계룡산 지세를 묻는 이성계에게 "잘 모르겠다"라고 대답했다.[6] 이성계가 풍수로 무악(연세대 뒷산) 천도를 주장하는 이들을 책망하면서 옛 고려 남경 터 지세를 묻자 무학은 "여러 사람의 의견을 따라 결정하시라"라며 자기주장을 감췄다.[7] 한양 천도에 관한 이야기는 1장에서 자세하게 설명했으니 여기서는 이 정도로 넘어가자.

반면 성리학자 정도전은 달랐다. 정도전에게 군인과 신진사대부라는 두 건국세력은 동급이었다. 이성계 질문에 정도전은 "왜 술수(풍수)를 하는 사람은 믿고 성리학을 하는 사람 말은 믿지 않는가?"[8]라고 도발적으로 답했다. 평소에 정도전은 술에 취하면 "한 고조가 장자방을 참모로 쓴 것이 아니라, 장자방이 한 고조를 썼다"라며 자기가 건국의 아버지라고 내뱉기도 했다.[9]

결국 정도전은 이방원에게 죽임을 당하고 개국공신에서 간신으로 추락했다. 경기도 구리 태조 건원릉에 있는 신도비 앞면에는 奉化伯 鄭道傳(봉화백 정도전), 뒷면에는 姦臣 鄭道傳(간신 정도전)이라고 새겨져 있다.

앞에 나서지 않던 겸손한 무학대사도 관료들에게 질시대상이 되기도 했다. 1405년 무학대사가 입적하자 태종은 묘엄존자(妙嚴尊者)라는 법호를 내리고 비석을 세워주라고 명했다. 그러자 사간원에서 "왜 승려를 대접하는가"라며 시비를 걸었다. 태종은 "내 뜻이 아니라 상왕의 명을 받은 것"이라며 건립을 강행했다.[10]

이성계와 무학대사

공식기록만 보면 무학대사와 이성계는 무학대사가 왕사(王師)로 임명된

1392년 처음 만났다. 그런데 이성계 고향인 함경도 안변 설봉산 석왕사(釋王寺)에는 이전부터 두 사람이 인연이 있었다는 설화가 전한다. 서산대사가 쓴 '학성설봉산석왕사기(鶴城雪峰山釋王寺記)'에 따르면 개국 12년 전인 1380년 이성계는 설봉산 토굴에서 수행 중인 무학대사를 만났다. 무학대사는 이성계에게 이곳에 절을 세우고 제사를 지내주면 왕업을 돕겠다고 제안했다. 개국 직후 이성계는 석왕사라는 절을 세우고 무학대사를 왕사로 삼았다.[11]

이후 아들 이방원과 갈등을 빚을 때 이성계는 회암사를 찾아가 무학대사에 의지하곤 했다. 이성계가 기약 없이 함흥으로 떠나버렸을 때 아들 태종 이방원이 보낸 사람도 '태상왕께서 공경하고 믿는' 무학이었다.[12]

무학이 살던 회암사도 성리학 교조주의자들을 피할 수는 없었다. 임진왜란 전, 연대를 알 수 없는 어느 시점에 회암사는 유생들 방화로 사라지고 말았다.[13] 하지만 성리학 선비들도 무학과 이성계와 이방원 흔적이 남은 석물, 부도와 비석만은 건드리지 않았다. 지금 옛 회암사는 발굴이 완료된 절터 유적들이 옛 영화를 말해줄 뿐이다. 현 회암사는 후대에 새로 만든 절이다.

그러다 정조 때인 1792년 예조판서 서호수가 "석왕사 토굴 옛터에 작은 무학대사 초상이 있는데 초라하니 사명대사가 있던 표충사와 서산대사가 있던 대둔사에 준해서 대접해야 한다"라고 보고했다. 정조는 '석왕(釋王)'이라는 현판을 내리고 무학대사에게 '개종입교 보조법안 광제공덕 익명흥운 대법사(開宗立敎普照法眼廣濟功德翊命興運大法師)'라는 호를 내렸다.[14] 억불정책으로 빛을 잃었던 개국공신 박자초, 무학대사가 복권된 것이다.

무학대사와 의정부

이렇듯 무학대사는 단순한 '큰 스님'이 아니라 이성계와 정치적 동지였다. 이는 의정부에 있는 고찰 회룡사(回龍寺) 연기설화에 잘 묘사돼 있다. 1장에 소개한 연기설화를 다시 소개해보자.

"이성계는 무학과 함께 회룡사에서 창업 성취를 위한 3년 기도를 했는데, 이성계는 지금의 석굴암, 무학은 무학굴에서 각각 기도를 드렸다고 한다. 왕위에 오른 이성계가 무학을 찾아와 절 이름 을 회룡사라 하였다고 한다. 일설에는 태조가 끈질긴 함흥차사(咸興差使)들의 노력으로 노여움을 풀고 귀경한 뒤 이 절로 무학을 찾아왔으므로 무학이 회란용가(回鸞龍駕)를 기뻐하여 회룡사라 하였다고도 한다." [15]

500년 뒤 구한말, 권력투쟁에서 패한 흥선대원군 이하응은 아들 고종에게 머리를 숙이고 의정부 직곡산장에서 서울로 돌아갔다. 이성계 또한 세속에 남겨뒀던 미련을 다 버리고 개국 동지 무학대사와 함께 권력을 안겨다 준 정치적 고향으로 귀향했다.

조선 권력층은 오래도록 불교를 버렸고 무학을 망각했고 군인과 사대부가 연합해 창조했던 새 세상은 사대부 세상으로 변해버렸다. 이제 의정부에 남아 있는 찬란한 불교문화와 군인 이성계를 왕으로 만들어준 킹메이커 무학이 남긴 흔적을 들여다보자.

경관이 수려하기로 예부터 널리 알려져 많은 문인 명사들이 찾은 수락산(水落山)과 도봉산(道峯山)이 동서로 마주 보는 분지 겸 들판 사이에 도시가 형성되었다. 북쪽으로는 다시 천보산(天寶山)이 막아주고 있다. 바로 의정부(議政府)다. 서울에서 보면 의정부, 양주, 동두천이 남북으로 축을 이루며 늘어서 있고, 의정부 위에 있는 양주에서 동쪽으로는 포천으로 이어진다. 그러니까 의정부는 수락산과 도봉산 사이에 남북 방향으로 자리 잡은 도시로, 서울과 경기 북부인 양주, 동두천, 포천 등을 잇는 교통로의 중심지 역할도 해왔다. 사방으로 교통이 이어지는 요충지였기에 의정부는 이 일대의 중심지였다는 말이다. 교통의 거점은 바꿔 말하면 문화의 거점이기도 했다. 서울과 경기도 북부 사이에서 오랜 시간 삶의 역사가 자라서 문화의 거점으로 기능해온 도시다.

2장 | 용(龍)이 되어 왔구나!
-회룡사-

수락산과 도봉산, 천보산이 감싸주어 아늑한 터전을 이루고 있는 의정부에서 가장 중요한 산이 의정부 서쪽을 막아주는 도봉산이다. 거기에 천 년이 넘는 긴 역사를 이어오고 있는 전통 사찰 두 곳이 있다. 망월사(望月寺)와 회룡사(回龍寺)가 그것이다. 사찰은 도봉산에서 의정부를 내려다보고 있다.

도봉산에는 망월사와 함께 역사가 깊고 문화재가 풍부한 고찰이 있다. 통일신라 때인 681년(신문왕 1) 의상대사(義湘大師)가 세워 오늘에 이르는 회룡사(回龍寺)다. 처음에는 법성사(法性寺)라는 이름으로 창건된 이 절은 통일신라 936년(경순왕 10)에 동진국사(洞眞國師)가, 그리고 고려 시대 들어 1070년(문종 24)에 혜거국사(慧炬國師)가 각각 새롭게 다시 지었다.

이후 조선 개국이 가까워진 고려 말 1384년(우왕 10)에 무학대사(無學大師)가 다시 중창하였는데, 이때 이성계(李成桂)와의 인연설화가 전해온다. 이

회룡사 전경

성계는 무학대사와 함께 이 절에 와서 3년 동안 기도했는데, 이때 이성계는 지금의 석굴암에서, 무학은 산등성이 가까이에 있는 무학굴에서 각각 기도했다고 한다. 그 뒤 이성계가 동북병마사가 되어 요동으로 출전하자, 무학은 홀로 남아 작은 절을 짓고 손수 만든 관세음보살상을 모시고 그의 영달을 축원하였는데, 왕위에 오른 이성계가 이곳으로 무학을 찾아와서 절 이름을 회룡사라 하였다는 이야기다. 용이 되어 돌아온 절이므로 회룡사(回龍寺)인 것이다. 이와는 다른 전설도 있으니, 태조 이성계가 아들 태종에게 왕위를 물려주고 난 1403년(태종 3) 이성계가 끈질긴 함흥차사(咸興差使)들의 노력으로 노여움을 풀고 귀경한 뒤, 이 절로 무학을 찾아왔으므로 무학이 회란용가(回鸞龍駕)를 기뻐하여 회룡사라 하였다는 이야기도 있다. 이것도 마찬가지로 임금이 돌아온 절이라는 뜻이다. 다만 이 전설의 진실 여부는 1부의 글에 밝힌 대로 곡절이 있다.

이런 긴 역사와 설화가 있는 절이기에 회룡사에는 특히 주목할 만한 문화재 석 점이 있다. '회룡사 오층석탑(回龍寺五層石塔)'과 '회룡사 석조(回龍寺石造)', '회룡사 신중도(回龍寺神衆圖)'가 그것이다.

회룡사 오층석탑

회룡사 법당 앞에는 그리 크지 않은 오층석탑이 서 있다. 조선 시대에 만들어진 석탑으로, 6·25 전쟁으로 인해 일부가 파손되어 수리하기는 했지만, 조선 전기 석탑의 특징을 잘 보여주는 귀중한 유산이다.

우선 석탑 공부를 하고 이 탑을 보자. 석탑은 그 생김새에 따라 크게 두 가지 계통으로 나누어볼 수 있다. 신라계 석탑과 백제계 석탑이 그것이다. 신라계 석탑은 지붕돌이 두껍고 그 밑면에 계단식 받침이 있다. 이에 비교해 백제계 석탑은 지붕돌이 훨씬 얇고 평평하며 계단식 받침이 없다. 다음 페이지 사진의 왼쪽 탑은 '경주 미탄사지 삼층석탑'으로 전형적인 신라계 석탑 특징을 보여준다. 오른쪽 탑은 '부여 장하리 삼층석탑'으로 미탄사지 석탑과는 매우 다른 모양을 하고 있다. 장하리 삼층석탑은 지붕돌이 마치 얇고 넓은 판 모양 돌 한 장으로 만들어진 것 같다.

이제 회룡사 5층 석탑을 보자.

이렇게 볼 때 회룡사 오층석탑은 미탄사지 삼층석탑처럼 크기가 크거나 지붕돌이 두껍지는 않지만, 지붕돌이 경사를 이루고 처마 끝이 들려 있는 점 등에서 신라계 석탑에 가까운 모양이다. 조선 시대로 내려오면서 지붕돌 밑면에 계단식 받침이 많이 약화하기는 했지만, 전체적으로는 신라계 석탑이라고 할 수 있다. 그런데 회룡사 오층석탑은 조선 전기에 만들어진

지붕돌이 두껍고 계단식 받침이 있는
경주 미탄사지삼층석탑

지붕돌이 얇고 편평한 판 모양으로 된
부여 장하리삼층석탑

것이므로 신라계통의 조선 전기 석탑이 된다.

각 층은 지붕돌과 그 아래 몸돌로 이루어져 있는데, 몸돌에는 마치 한옥의 기둥과 기둥 사이 칸을 표현한 듯한 면에 세 개씩 세로로 긴 직사각형 창을 새겨놓았다. 탑의 아랫부분을 받치고 있는 기단부(받침돌)가 상대석, 중대석, 하대석으로 나누어져 있는데, 상대석 아랫면과 하대석 윗면에는 연꽃문양을 새겨서 이것이 부처의 사리를 모신 불탑임을 상징적으로 보여주고 있다.

회룡사 석조

큰 돌을 파내어 물을 담아 쓸 수 있게 만든 돌그릇을 석조라고 하는데, 주로 사찰에서 썼다. 회룡사에는 조선 시대에 만들어진 것으로 추정되는

지붕돌이 경사지고 처마끝이 올라가 있는 회룡사오층석탑

석조가 있는데, 지금도 물을 담아 쓰고 있다. 물을 저장하는 역할을 했으므로 스님들이 거주했던 사찰에서는 필수적인 생활용품이었다. 삼국 시대부터 조선 시대까지 여러 사찰에서 제작하였다.

양주 회암사지를 비롯해 서산 보원사지 등에 석조가 남아 있는데, 그중에서 회룡사 석조는 화강암 통돌을 직사각형으로 다듬고 그 안을 파내어 바닥을 평평하게 만든 것이다. 석조 중에는 모서리를 둥글게 한 것들도 있는데, 이 석조는 사각형으로 각진 모양을 하고 있다. 바닥 한쪽에 동그란 구멍이 있는데, 이것은 물을 빼낼 때 사용했던 배수공으로 보인다. 이러한 배수공은 대부분의 석조에 있는 것이다. 한편, 석조 앞쪽에는 U자 모양으로 앞으로 튀어나온 주구(注口, 물이 흘러나오는 출구)를 만들었는데, 이렇게 주구까지 만든 석조는 흔하지 않다.

회룡사는 무학대사가 창건한 것으로 전해지는 조선 전기의 사찰이고,

커다란 통돌을 단정하게 잘 다듬어 만든 회룡사 석조(石槽)

경내에 15세기에 건립된 것으로 추정되는 오층석탑이 남아 있는 것으로 미루어 이 석조 역시 조선 전기에 만들어진 것으로 추정하고 있다. 오랫동안 계속해서 물을 담아 사용해 와서 표면에 세월의 흔적이 배어 있다. 조선 전기에 만들어진 대표적인 석조라고 할 수 있다. 조선 후기 허목(許穆, 1595~1682)이 회룡사의 석조에 관해 기록해놓았다.

> 그 위 회룡사(回龍寺)는 산수(山水)가 아름다운 절로, 절은 오래되어 불전(佛殿) 정문 옆에 석조(石槽)가 있는데, '홍치(弘治) 14년(1501, 연산군 7)'이라고 새겨져 있다.
>
> -「갑인 기행(甲寅記行)」, 『미수기언(眉叟記言)』 별집 제15권

다만 지금 이 석조에서는 '홍치(弘治) 14년'이라고 새겨진 글씨를 찾기가

어렵지만, 바로 이 석조를 말하고 있을 것이다.

선인들이 다녀갔구나!

회룡사는 경관이 아름답기로 이름나서 조선 시대 문인들의 시문에도 적지 않게 등장한다. 경치를 즐기러 일부러 회룡사를 찾은 것이다. 회룡사를 감싸며 아늑하게 그 뒤를 막아주는 도봉산과 어우러짐도 좋지만, 특히 회룡사는 그 앞을 흐르는 계곡이 일찍부터 널리 알려져 있었다. 지금은 계곡 옆으로 길을 높게 닦아 놓아서 계곡이 좁아지기도 하고 옛 정취를 느끼기는 어렵지만, 비가 온 뒤에는 암반 위를 흐르며 때로는 폭포를 이루는 장관은 여전히 감탄을 자아낸다.

앞에서 석조에 관한 기록을 남긴 허목은 회룡사를 이렇게 방문했다고 기록했다.

> 4월부터 비가 오지 않아 가뭄이 지금까지 50여 일이나 지속되어 냇물이 마르고 벼의 싹이 시들어 버렸다. 조계(曹溪)에서 나와 30리를 가면 회룡사(回龍寺)가 나온다. 전날 밤에 비로소 비가 내려 시냇가 바위 사이로 물소리가 들리고, 빗속에 산새들이 서로 재잘대었다. 시내의 폭포 아래에는 물이 맑고 바위가 깨끗하여 그 위에서 놀 만했다. 회룡사는 산수가 아름다운 절로서, 세워진 지 오래되었다. 조계에서 나와 이학록(李學錄)이 먼저 돌아가고, 조군(趙君)은 회룡사까지 전송 나와 이별을 고하였다.
>
> **-「갑인 기행(甲寅記行)」, 『미수기언(眉叟記言)』 별집 제15권**

회룡사는 도봉산에서도 특히 산수가 아름답고 폭포가 장관을 이루는 곳으로 일찍부터 널리 이름이 나 있었기에 그곳을 즐겨 찾았다는 설명이다. 조선 후기의 문신 채제공(蔡濟恭)은 회룡사 폭포를 가서 보고는 놀라 글을 남겼다.

> 을사년(1785, 정조9) 여름 (…) 나는 회룡사(回龍寺) 앞 폭포 물줄기가 매우 장관이라는 말을 듣고는 어렵사리 가마를 준비하여 시내를 건너 덩굴을 헤치고 갔다. 비말(飛沫)이 쏘아 대는 기세 때문에 가까이 갈 수 없었으므로, 폭포 좌측으로 난 길을 통해 곁눈질로 멀리 바라보며 마치 버리고 가는 듯 훌쩍 올라갔다. (…) 물은 도봉에서 발원(發源)하여 대략 10리쯤 흐르다가 여기에 이르러 갑자기 바위를 맞닥뜨린다. 우뚝 솟은 바위는 높이가 거의 5~6장 정도인데, 물이 어쩔 수 없이 문을 빠져나가려고 다투며 몸을 조인 채 떨어지니, 솟구쳐 흩어지는 것도 있고 서서 뛰어오르는 것도 있고 거꾸러져 옆으로 떨어지는 것도 있고 재빨리 곧바로 쏟아지는 것도 있었다. 어떤 것은 소용돌이치며 끓어오르기도 하고 어떤 것은 부딪히며 부서지기도 하는데, 많기로는 천 섬(石)의 구슬과 같고 시끄럽기로는 만 개의 우레와 같았다. 나를 따라 유람하는 사람들 모두 탄성을 질렀고, 나도 마음과 눈으로 꽤 놀랐다. (…) 폭포여 폭포여, 내가 너에게 무엇을 허물하랴. 마침내 감개하여 기록하였다. (…)
>
> -「**회룡사에서 폭포를 구경하고 쓰다**(回龍寺觀瀑記)」, 『**번암집**(樊巖集)』 제35권

이처럼 도봉산에 둘러싸여 아름다운 자연경관을 누릴 수 있고, 그 안에서 오랜 시간에 걸쳐 형성되어온 문화재를 만날 수 있는 절이 회룡사다. 회룡사는 망월사와 함께 의정부의 문화재를 다수 품고 있는 문화유

산의 보고라고 할 수 있다.

이와 함께 호원동 호원고등학교 옆에 있는 약수선원(藥水禪院)에는 목조보살입상(木造菩薩立像)이, 망월사에서 그리 멀지 않은 도봉산 원효사(元曉寺)에는 불법 중 가장 높은 법이라는 묘법연화경(妙法蓮華經)을 담은 기록유산 원효사묘법연화경(元曉寺妙法蓮華經)이 있다. 모두 경기도 유형문화재로 지정된 귀중한 유산이다.

3장 | 어떤 달이 보이는가?
-망월사-

망월사에 이르는 길

수도권 전철 1호선을 타고 서울에서 의정부 쪽으로 가다 보면 망월사역(望月寺驛)이 있다. 서울시의 동북쪽 끝인 도봉구를 지나 의정부에 들어서자마자 첫 번째 맞는 역이다. 망월사역 2번 출입구를 나와 왼쪽으로 조금 걸으면 곧 신한대학교 모퉁이에 이르고, 여기서 오른쪽을 향해 꺾으면 벌써 멀리 하얀 바위들이 솟아 있는 절경을 이루고 있는 산이 보인다. 도봉산이다. 그 바로 아래에 망월사가 있다.

망월사역을 돌아 도봉산을 향해 얕은 오르막길을 걷다 보면 '원도봉산 입구'라고 적힌 이정표가 있다. 10분 정도 걸어 올라가면 공중에는 아주 커다란 고가도로들이 좌우로 가로지르는데 이것이 수도권 제1순환도로다. 도봉산 경관을 가로막고 있고 차들이 달리는 소리도 크지만, 이렇게 큰 도로는 이곳이 예나 지금이나 서울에서 경기도 북부를 이어주는 중심 교

원도봉탐방지원센터 앞에서 만나는 작은 폭포

통로라는 것을 말해준다. 다시 10분 정도 더 오르면 정면 경사지에 자리 잡은 쌍용사와 마주하고, 그 오른쪽으로 북한산국립공원 원도봉 탐방지원센터가 보인다. 도봉산으로 들어가는 지점이다.

원도봉탐방지원센터 앞으로 계곡을 가로지르는 다리를 건너면 신기하게도 사람 소리, 차량 소리가 언제 그랬냐는 듯 들리지 않고 온통 산 소리, 물소리만 들린다. 원도봉 계곡이다. 이 원도봉 계곡은 하얀 바위와 맑은 계곡물, 그리고 소나무와 단풍나무, 신갈나무 등이 자아내는 녹색 숲이 어우러져 있다. 맑은 물이 흐르는 편안한 곳에는 계곡에 발을 담그고 담소 나누는 사람들을 볼 수 있다. 계곡 길을 따라 처음 만나는 다리가 중생교(衆生橋), 그다음이 천중교(天衆橋), 그리고 세 번째가 극락교(極樂橋)인데, 중생이 천중(불법을 지키는 여덟 신장인 팔부중의 하나)의 보살핌으로 깨달음을 얻어 극락세계로 들어가는 과정을 순서대로 배치해놓은 듯하다. 다리

왼쪽 암벽에 머리를 내밀고 있는 두꺼비 바위와 멀리 보이는 수락산

를 건널 때마다 마치 차안(此岸, 생사의 고통이 있는 이 세계)에서 피안(彼岸, 고통이 없는 열반의 세계)으로 넘어가는 듯한 느낌이다.

그리 가파르지 않아 힘들지 않게 올라온 것과 달리 '망월사 0.9㎞'라고 적힌 이정표 앞으로 갑자기 경사가 급한 돌계단이 앞을 가로막는데, 고개를 들어 바로 그 큰 바위벽을 올려다보면 머리를 앞으로 쑥 내민 것이 두꺼비 바위다. 그리고 그 오른편으로는 멀리 도봉산을 빼닮은 수락산이 있다. 즉 도봉산과 수락산이 이렇게 양쪽에서 의정부를 감싸고 있다.

원도봉 계곡 바위벽에 '南無阿彌陀佛(나무아미타불)'이나 '安國(안국)' 등을 음각해놓은 명문들이 있는데, 모두가 염원을 담아 정성을 기울여 새긴 흔적들이다. 그런데 이 명문들은 여기가 곧 불국토임을 뜻하는 표현이다. 불교에서는 각 방위마다 그 세계를 관장하는 부처가 따로 정해져 있다. 그중에서도 아무런 고통 없이 즐거움만 있는 최고의 이상 세계인 극락세계는

암벽에 새겨진 '안국(安國)' 명문

망월사 원도봉 계곡 폭포

서쪽에 있어 서방정토(西方淨土)라 하고 그 서방정토에 상주하는 부처가 아미타불이다. 도봉산은 의정부를 기준으로 보면 서쪽이어서 서방정토라 할 수 있기에 여기에 극락교를 세우고 '나무아미타불(南無阿彌陀佛)'을 새긴 것이다. 그리고 그 정상 가까운 곳에 높이 솟은 바위 봉우리들을 병풍 삼아 망월사가 있다.

우리가 2편에서 본 박세당이란 분, 그가 수락산 계곡에 살면서 만난 청휘 스님에게 써 준 시가 전해온다.

어느 곳 종소리 귀에 또렷이 들리는가　　何處鍾聲偏到耳
서쪽 봉우리 절 안에 달 밝을 때라오　　西峯寺裏月明時
오 년 만에야 청휘 대사 얼굴 알았나니　　五年方識暉師面
달 보고 종소리 들으며 밤마다 생각노라　　見月聞鍾夜夜思

-『서계집(西溪集)』 제2권, 시(詩), 석천록 상(石泉錄上)

망월사가 있는 도봉산은 북한산(北漢山)으로 불리는 기이한 운명을 만났다. 북한산과 도봉산 중간에 우이령(牛耳嶺)이 있는데 우이령 북쪽이 도봉산, 남쪽이 북한산이다. 그런데 1983년 4월 2일, 북한산이 우리나라에서 열다섯 번째 국립공원으로 지정될 때 우이령 북쪽에 있는 도봉산도 '북한산국립공원'으로 포함되었다. 그러므로 도봉산도 '북한산국립공원'이란 이름이 붙어있는 것이다.

아름다운 산길을 따라 한 시간 반 남짓 오르면 망월사에 다다른다.

역사를 간직한 고찰

망월사(望月寺), '달을 보는 절'이라는 뜻이다. 이 고찰은 신라 선덕여왕 8년(639년)에 신라의 승려 해호(海浩) 화상이 창건하였다고 전해온다. 당시 선덕여왕이 해호 스님을 존경해서 가까운 데 모시려고 했으나 스님은 이를 거절하고 이곳 도봉산 높은 곳에 절을 개창하고 여왕이 사는 서라벌(오늘날 경주)의 '월성(月城)'을 바라보며 왕실이 융성하기를 빌어주었다고 한다. 그러므로 망월사라는 이름은 흔히 생각하듯 달을 보는 절이 아니라, 월성(月城)을 보며(望) 기원하는 절(寺)이라는 뜻이다. 여기서 월성은 물론 반월성(半月城)이라고도 부르는 경주의 신라 왕성(王城)이다.

고려 시대 들어서는 1066년(문종 20)에 혜거국사가 중창했고 그 후 전란 등으로 여러 차례 고쳐 짓기를 거듭하여 오늘에 이르면서 역사적으로 이름이 잘 알려진 많은 고승이 머물러 수행한 곳으로 유명하다. 고려 시대 혜거국사(慧炬國師)와 나옹선사(懶翁禪師), 조선 시대 천봉(天峰), 영월(暎月), 도암(道庵) 등이 그런 분들이다. 혜거국사와 천봉은 승탑(僧塔)이 망월사에 남아 있다. 그리고 근대에 들어와서도 불교만이 아니라 우리의 정신까지를 열어준 용성(龍城)과 만공(滿空), 한암(漢巖), 전강(田岡), 춘성(春城) 등 스님들이 모두 망월사에 머물렀다.

용성은 만공, 만해와 더불어 근대 한국 불교를 대표하는 스님으로, 1919년 3.1운동에 민족대표 33인으로 참가했고, 독립운동에 적극적으로 참여하다가 3년간 투옥되기도 했다. 1925년에 서울 대각사에서 새로운 불교운동과 국민 계몽운동을 시작했다. 용성은 절이 자립하려면 스님들도 농사를 지으면서 수행을 함께해야 한다고 주장하며 자신도 직접 농사일을 했다. 그 뒤 만주 용정(龍井)으로 가서 대각교당(大覺教堂)을 세워 선을 가르치며 선농일치운동(禪農一致運動)을 펼쳤다. 용성이 상당 기간 머무르며 후학들을 길러냈던 곳이 바로 이 망월사다.

만공은 일본강점기에 한국 불교를 일본 불교화하려는 당시 조선총독부의 정책에 정면으로 맞섰다. 교구본사 주지를 맡고 있으면서 갖은 압박과 회유에도 창씨개명(創氏改名)을 끝까지 거부했다. 만공은 스승인 경허(鏡虛)와 함께 한국 근대불교에 선(禪) 수행을 크게 일으키는 데 중심적인 역할을 한 것은 잘 알려져 있다. 예산 수덕사(修德寺)와 정혜사(定慧寺), 견성암(見性庵), 서산 간월암(看月庵) 등을 중창하고, 수덕사 뒤 덕숭산(德崇山)에 금선대(金仙臺)와 전월사(轉月舍) 등을 짓고 그곳에서 수행하며 후학들을 양성했다. 그 만공도 한동안 이곳 망월사에 머물렀었다.

관세음보살이 주재하는 곳

산길을 오르다 보면 도봉산 포대능선, 그 높고 아스라한 바위 정상 바로 밑까지 오르게 된다. 거기에 망월사가 있는 것이다. 망월사 경내로 들어와 오른쪽으로 난 넓지 않은 계단을 조심스럽게 걸어 오르면 왼편으로는 3층으로 된 지장전(地藏殿), 오른편으로는 동종(銅鐘)이 있다. 그곳을 더 오르며 정면을 보면 크고 멋진 2층 전각을 마주 보게 된다. 바로 낙가보전(洛迦寶殿)이다. 모든 곳을 살펴 중생을 구제해주는 관세음보살이 있는 곳이다. 관세음보살은 먼 남해 포탈라에 머문다고 하는데 그곳을 한자로 보타락(補陀落), 보타락가(補陀落迦), 또는 보타락가산(普陀洛伽山)이라고 표기한다. 낙가보전은 여기서 따온 말이고 곧 관음전이기도 하다. 이 전각은 밖에서 보기에는 2층으로 보이지만 안에서는 위아래가 하나로 트여 있는 통층 건물이다. 밖에서는 2층 구조로 위엄(威嚴)과 권위(權威)가 느껴지고, 안에서는 천장까지 층고가 높아 웅장함을 느낄 수 있다는 장점이 있다. 다만 전각의 아래층에는 낙가보전(洛迦寶殿) 현판이 있지만 위층에는 적광전(寂光殿)이란 현판이 있다. 눈 아래로 펼쳐지는 경치가 『화엄경』의 연화장세계인 대정적의 세계라는 뜻에서 적광전이란 이름을 붙인 것이리라. 그만큼 여기서 보는 경치가 절경이다.

낙가보전은 자세히 보면 굉장히 높고 큰 전각이다. 중층 건물로 위엄이 있다. 다만 어울리지 않게 크다거나 사람을 압도하는 듯한 느낌은 들지 않는다. 뒤로 도봉산 바위들이 솟아올라 병풍처럼 감싸주기에 자연스럽게 조화를 이룬다. 자연과 어우러짐을 중히 여기고 자연을 함부로 변형시키지 않으려고 했던 우리들의 전통적인 미의식이 여기에 드러나고 있다.

낙가보전으로 오르는 길에는 작은 문이 있다. 누구라도 통과할 수 있는

도봉산과 어우러져 전통건축의 멋을 담고 있는 '낙가보전'

낙가보전 망월사 간행 범어(梵語) 문자 목판

열린 문이다. 한 사찰 안에서 전각과 전각 사이에 공간을 구분하는 문을 두는 것은 일반적인 일은 아니다. 조선 시대 궁궐에서는 공간 출입을 막기 위해 담장을 두르고 작은 문을 두었지만, 망월사의 것은 낙가보전으로 향하는 사람들에게 관세음보살이 계신 곳이니 마음을 새롭게 하라는 뜻을 전하는 듯하다. 문 한쪽 귀퉁이에 '아니 오신 듯 다녀가시옵소서'라는 말이 있는 것을 놓치면 안 된다.

낙가보전에는 주목해야 할 문화유산이 있다. 경기도 유형문화재로 지정된 '의정부 망월사 간행 진언집 책판 관련 목판 4종'이다. 진언이란 불교에서 서원(誓願)이나 덕, 가르침 등을 담은 신비로운 주문(呪文)을 말한다.

낙가보전에 있는 목판은 진언들을 널리 보급하기 위해 대량으로 찍어내는 데 쓰던 것으로, 망월사에서 간행한 것들이다. 진언집(眞言集)은 본래 조선 후기 용암(龍巖) 체조(體照, 1714~1779)와 그 제자 백암(白巖)이 1777년(정

망월사 천중선원

조 1) 전라남도 화순에 있는 만연사(萬淵寺)에서 간행했었는데 이것이 소실되어버렸다. 이에 영월(映月) 낭규(朗奎)가 이 초간본을 교정하고 보완하여 1800년(정조 24)에 당시 경기도 양주의 망월사(望月寺)에서 다시 간행하였다. 지금 망월사에 보존하고 있는 목판이 바로 이것이다. 불교 목판은 경전을 판각한 것이 대부분인데 진언을 새긴 목판으로 문화재로 지정된 사례는 이 망월사 간행 목판을 포함해 불과 세 건이 전부다.

망월사의 불상들

낙가보전 앞을 지나 왼쪽 계단을 오르면 마당이 펼쳐지고 가장자리로 전각들이 둘러앉아 있다. 천중선원(天中禪院)이다. 선원이란 스님들에게 선(禪) 수행을 교육하고 수행하는 곳이다. 스님들은 여름 석 달, 겨울 석 달 동

고불원 목조불삼존상

안 선원에 모여 참선 수행에 집중하는데, 이것을 안거(安居)라고 한다. 여름 안거는 하안거(夏安居), 겨울 안거는 동안거(冬安居)가 된다. 이런 안거 수행은 이미 석가모니 시대에 시작된 것이다. 천중선원은 대한불교조계종의 종립선원(宗立禪院)이었다. 이것은 앞에서 본 대로 망월사가 일찍이 뛰어난 스님들이 수행하고 후학을 지도하던 사찰이었기에 가능한 일이었다.

천중선원 바로 뒤에 있는 전각이 고불원(古佛院)이다. 이 전각에 꼭 보아야 할 문화재가 있는데, 목조불삼존상이 그것이다.

우리가 불상을 볼 때 가운데 불상이 석가모니불, 왼쪽이 아미타불, 오른쪽이 약사불이다. 불상은 누구의 상인가에 따라 여래(부처님)상과 보살상, 나한상 등 여러 가지가 있는데, 그중에서 머리 가운데 정수리에 높이 솟아 있는 육계(肉髻)가 있고 머리카락이 날카로운 소라처럼 생긴 나발(螺髮)로 되어 있는 것이 부처님, 곧 여래상이다. 고불원에 있는 세 불상은 모두 부처

망월사 영산전 목조불삼존상과 아난존자, 가섭존자

망월사 영산전 십육나한상

상이기에 삼존상(三尊像)이라고 한다. 그런데 이 부처들은 금칠이 되어 있어서 번쩍번쩍 빛나고 있지만, 사실은 나무로 만든 불상, 목불(木佛)이다. 불상은 동이나 나무, 진흙, 철 등으로 만드는 것이 보통인데, 이 삼존상은 나무를 깎아 불상을 조각하고 금을 칠한 것이다. 그래서 이 세 불상을 목조불삼존상(木造佛三尊像)이라고 한다. 모두 17세기 후반에 만들어진 것으로 추정하는데, 완성도가 높고 보존 상태도 좋아서 경기도 문화재로 지정되어 있다.

천중선원 앞으로 계단을 오르면 바깥세상을 훤히 내려다볼 수 있는 곳, 영산전(靈山殿)이 있다. 망월사에서 가장 높은 곳이자, 경관이 단연 아름다운 곳이다. 그 뒤로는 왼쪽에서부터 도봉산의 아름답고 씩씩한 선인봉(仙人峰), 만장봉(萬丈峰), 자운봉(紫雲峰)이 마치 병풍을 이루듯 둘러싸며 장관을 연출한다. 이 봉우리들의 허리에 구름이라도 걸치는 날이면 도봉산과 망월

망월사 영산전과 도봉산 선인봉, 만장봉, 자운봉

사는 그야말로 선경(仙境)이 무엇인지를 보여주게 된다.

고불원에서 본 것과 같은 삼존불에 십육나한상이 함께 있는 곳이 영산전이다. 가운데 삼존불을 두고 그 좌우에 각각 아난존자와 가섭존자를, 그리고 그 바깥쪽으로 십육나한상이 양쪽 각각 여덟 구씩 길게 늘어서 있다. 가운데가 석가모니부처, 왼쪽이 제화갈라보살, 오른쪽이 미륵보살이다. 그 좌우로 아난존자와 가섭존자가 손을 모으고 서 있는데, 이들은 모두 부처의 십대제자(十大弟子)에 속하는 대표 제자들이다.

그리고 그 바깥쪽으로 십육나한이 좌우로 순서대로 자리 잡고 있다. 욕망의 사슬에서 벗어나 더 이상 나고 죽는 생사윤회(生死輪廻)를 반복하지 않는 최고의 수행 경지에 이른 존재를 아라한(阿羅漢)이라고 하는데, 나한(羅漢)은 이 아라한을 줄여 쓰는 말이다. 이미 번뇌를 다 끊어낸 수행자들이다. 망월사 영산전 나한상은 마치 석가모니 삼존불을 가운데 두고 양옆에서 그들을 보좌하듯 줄지어 앉아 있다. 아난과 가섭만 입상(立像)이고, 삼존불과 십육나한상은 모두 좌상(坐像)이다. 그리고 삼존불은 나무로 만든 데 비해, 이 십육나한상은 모두 흙으로 빚어 만든 것이다.

십육나한상은 모두 각기 다른 얼굴, 다른 자세를 보여주고 있다. 바르게 앉아 있는 나한상도 있는 반면에 어떤 나한상은 환히 웃고 있고, 또 어떤 나한상은 얼굴이나 몸을 약간 비틀어 재미있게 보이기도 한다. 염주를 들고 있는 나한상, 호랑이를 들고 있는 나한상도 있다. 모두가 열심히 수행해서 번뇌를 모두 끊어낸 실제 스님들을 보고 있는 것 같다. 이렇게 다양하고 자유로운 자세를 표현하는 데는 나무를 깎아 만드는 것보다는 흙을 빚는 편이 훨씬 편했을 것이다.

망월사 혜거국사 부도

선사들의 역사

사찰 영역에서 조금 벗어난 한적한 곳에 꼭 만나야 할 문화재가 있다. 가장 높은 곳에 있는 영산전 앞을 지나 왼쪽(서쪽)으로 조금 내려간 곳에 있는 '혜거국사 부도'다. 부도(浮屠)란 스님이 입적한 후 사리를 안치한 탑으로, 스님의 무덤이라고 할 수 있다. 불탑(佛塔)과 구분하여 승탑(僧塔)이라고도 한다.

부도는 전체적으로 집 모양으로 만들어졌다. 우선 밑에서부터 팔각형으로 된 받침돌을 놓고 그 위에 타원형 몸돌을 두었다. 그리고 맨 위에는 몸돌을 덮어주는 팔각형 지붕돌을 올렸다. 집을 지을 때도 땅바닥에 바로 사는 공간을 만드는 것이 아니라 기단을 놓아 바닥을 높인 후 그 위에 사는 곳을 만드는데, 탑이나 부도도 이처럼 만든다.

이 부도는 3단으로 된 팔각형 받침돌 위에 몸돌을 올렸는데, 그 몸돌이

망월사 천봉선사 태흘탑

균형이 잘 잡힌 타원형을 이루고 있고 밑부분에 연꽃이 정교하게 장식되어 있다. 크게 화려하거나 큰 부도는 아니나, 모범생을 보는 듯 단정한 모습을 보인다. 한편 전체를 덮어주는 지붕돌은 위에서 보면 삼각형 모양을 여덟 조각 붙인 것처럼 만든다. 지붕돌 각 면은 부드러운 곡선을 이루는 처마 끝까지 한옥의 지붕을 그대로 옮겨온 듯하다.

그런데 이러한 부도 양식은 조선 시대 전기에 유행했던 것으로, 고려 시대에 활동했던 혜거국사와는 시기적으로 차이가 있다. 그래서 이 부도는 훗날 혜거국사를 추모하기 위해 만든 조선 시대 전기의 것으로 추정하고 있다. 조선 시대 전기에 조성된 부도가 상대적으로 많지 않고, 화려하게 멋을 부리지 않으면서도 단정한 기품이 있어서 문화재로서의 가치를 높게 평가할 만하다.

한편 망월사 혜거국사 부도의 주인공으로 망월사를 중창한 혜거국사(慧

炬國師)는 갈양사 혜거국사(惠居國師)와는 비슷한 시기에 활동했던 다른 인물이다. 혜거국사(惠居國師)는 통일신라 말부터 고려 초까지 활동한 승려이자 고려 시대 최초의 국사(國師)로, 고려 정종과 광종 때의 승려였다. 국사(國師)란, 우리나라에서는 삼국시대 신라에서 시작되어 고려까지 이어진 제도인데, '나라의 스승'으로 모실만하신 대덕(大德) 고승(高僧)에게 부여하던 최고의 법계(法階, 스님의 계급)이자 존호(尊號, 덕을 칭송하여 올리는 호칭)를 말한다. 고려 시대 대각국사(大覺國師) 의천 스님이나 보조국사(普照國師) 지눌 스님 등이 그 예이다.

종무소가 있는 무위당(지장전) 왼편으로 돌계단을 오르면 마치 별도의 영역을 만든 것처럼 널찍한 평지가 나오는데, 여기에 탑과 비석 한 쌍이 있다. 조선 후기의 승려 천봉당 태흘(泰屹, 1710~1793)의 부도와 부도탑이다.

이 부도는 받침돌과 몸돌, 지붕돌 모두가 팔각을 이루게 했는데, 이런 모양을 팔각원당형(八角圓堂形)이라고 한다. 팔각이면 모가 나 있기는 하지만 거의 원에 가까우므로 이렇게 부른다. 망월사에 있는 혜거국사 부도와는 전체적으로는 비슷하면서도 자세히 보면 다른 점들도 보인다. 우선 혜거국사 부도는 몸돌이 타원형인 데 비해, 태흘탑은 팔각기둥 모양이다. 그러면서도 여덟 면이 위아래로 곡선을 이루고 있고, 몸돌의 윗부분과 아랫부분에는 연꽃을 양각해놓아서 단조로움을 피하고 있다. 전체적으로 단출하면서도 소박한 느낌이 나는 부도인데, 몸돌 위아래의 연꽃 장식이 이를 보완해주고 있다. 몸돌에는 세 면에 걸쳐 '天峰堂泰屹之塔', '西山五世孫', '崇禎紀元後 三甲寅 暮春下浣立' 등의 명문이 새겨져 있다. 천봉당 태흘선사의 승탑이며, 서산대사의 5세손이고, 1794년에 세웠다는 뜻이다. 이 부도의 주인공인 천봉선사 태흘은 16세에 출가한 후 정조 17년(1793)에 84세를 일기로 입적했으니, 입적한 다음 해에 부도를 조성한 것임을 알 수 있다. 지붕돌은 혜거국사 부도와 마찬가지로 팔각형인데 처마 두께가 두툼해서 길쭉하게 생긴 몸돌과 잘 어울려 보인다. 지붕돌 위에는 다시 연꽃 모양 봉우리로 장식했다.

태흘탑 옆에는 '망월사 천봉선사 탑비(望月寺天峰禪師塔碑)'가 세워져 있다. 천봉선사의 일대기를 기록한 탑인데, 이처럼 부도 옆에는 그 스님의 일생을 담은 탑을 세우는 일이 많았다. 이 탑비는 화강암으로 만든 것으로, 태흘 선사가 입적한 4년 뒤인 정조 21년(1797)에 건립되었다. 네모난 받침돌 위에 비문을 새긴 몸돌을 세우고, 그 위에 한옥의 팔작지붕 모양을 한 간단한 형태의 비석이다. 여기서 간단한 형태라는 것은 비석 중에는 받침돌을 거북 모양으로 하고 지붕돌에도 용을 새겨 화려하게 치장한 것들이 있는데, 그에 비해 간단하다는 것이다.

조선 후기 학자인 이충익(李忠翊)이 비문을 짓고 글도 직접 썼다. 글씨가 아주 단아하고 가지런하다. 글을 쓴 이충익은 비석 뒷면에 "내가 스님을 처음 뵈었을 때가 80세인데 몸은 단정하고 귀와 입은 크고 눈은 샛별 같아 둘러보심에 빛이 났다. 말씀하실 때는 꾸밈이 없고 간곡하시며 또한 복덕 지혜를 다 갖추었다"라고 스님에 대한 평을 적었다.

망월사 동종

다른 문화재들과는 달리 답사객이나 등산객들이 잘 들르지 않아서 놓치기 쉬운 보물이 있다. '무위당' 3층에 있는 한옥이 지장전(地藏殿)인데, 여기 마루에 단아하게 앉아 있는 동종(銅鐘)이 그것이다.

망월사 동종

전체적으로는 한국 전통 종이 갖는 특징들을 갖추고 있다. 윗면에 종을 잡고 있는 용(龍鈕, 용뉴)을 만들어 종걸이 역할을 하게 하고, 그 뒤로 짧지만 은은한 소리가 오래 이어지게 하는 가운데가 비어 있는 음통(音筒)을 짧게나마 세워둔 점, 몸통 위쪽에 연곽(蓮廓)이라고 하는 사각형 공간을 마련하고 그 안에 작은 연꽃 모양 9개씩을 조각한 점 등이 모두 한국 종의 특징이다.

그런데 이 종은 윗면이 곡면을 이루며 위로 불룩하게 올라와 있고, 몸통도 배가 부른 듯 밖으로 나와 있어서 전체적으로 둥글둥글한 모양이다. 위와 아래를 구분하려는 듯 가로로 구획선을 붙여놓은 것도 흔하지 않은 특성이다. 그리고 작은 연꽃 모양 9개씩을 장식한 연곽과 연곽 사이에 보통은 보살상이나 비천상(飛天像)을 표현하는데, 이종은 칼을 빼든 인왕상(仁王像, 불법을 수호하는 신)을 부조해 놓은 아주 드문 사례이다. 이에 더해 음통이 있기는 하지만 매우 낮게 붙어 있다는 점과 용뉴 가운데에 구멍이 뚫려 있는 점도 색다른 점이다.

한편, 아래쪽에는 '건륭 51년인 1786년 병오년 6월 6일에 삼백 근을 들여 낙양 북쪽의 도봉산 망월사에서 만든 종'이라는 내용의 명문을 새겨놓았다. 이렇게 볼 때 망월사 동종은 18세기 후반에 만들어진 것으로, 대체로는 한국 종의 일반적인 특성이 있으면서도 다른 종에서는 보기 어려운 점들도 있어서 조선 후기 종 제작 기술이 쇠퇴해가는 과정을 보여준다고 할 수 있다.

망월사를 다녀가다

망월사는 조선 시대 문인들에게도 주목받는 고찰이어서 여러 시인 묵객의 문집에도 이에 관한 이야기가 실리곤 했다. 맨 앞에서 본 박세당(1629~1703)보다 60년쯤 먼저 산 이정구(李廷龜, 1564~1635)가 망월암, 곧 망월사를 그리며 시를 지었다.

망월암 암자는 아직도 그대로지	望月庵猶在
옛날 도봉산에서 노닐던 그 시절	曾遊自道峯
향등 불빛 십 년 동안 꿈에 봤고	香燈十年夢
불전에는 오경의 종이 울리었어라	佛榻五更鐘
방초 우거져 찾아도 길이 없으니	芳草尋無路
구름 속 등라가 몇 겹으로 얽혔는고	雲蘿隔幾重
스님을 만나 옛날 일을 이야기하니	逢僧話舊事
늙은 몸 진세(塵世)에 있는 게 부끄럽네	衰白愧塵蹤

-『월사집(月沙集)』 제17권, 권응록 중(倦應錄中)

한편 한말의 문신 이유원(李裕元, 1814~1888)이 쓴 글을 모아 엮은 『임하필기(林下筆記)』에는 금강경탑도에 관한 글이 실려 있는데, 망월사의 거사 성월(性月)이 중간(重刊)한 것이라는 기록과 함께 그에 관한 설명이 있다.

금강경탑도(金剛經塔圖)

탑 칠층에 모두 처마와 난간이 있고, 와당(瓦當)은 모두 경문(經文)의 글자를 써서 만들었다. 이 탑은 문수대사(文殊大士)가 만든 것을 범승(梵僧)이 천축(天竺)으로부터 가지고 와 송(宋)나라에서 처음 돌에 새겼다고 한다. 지금은 손연은(孫蓮隱)이 버린 것에서 얻게 되었다. 명(明)나라 만력(萬曆) 연간에 태자태보(太子太保)를 지낸 육수성(陸樹聲)과 징군(徵君)인 진계유(陳繼儒) 등이 새겼고, 향광(香光) 동기창(董其昌)이 쓴 본을 다시 모사하여 간행하였다. (…) 이 도(圖)는 신미년에 망월사(望月寺)의 거사(居士) 성월(性月)이 중간(重刊)한 것이다. 내가 중국 천녕사(天寧寺)에서 철로 주조한 보탑(寶塔)을 보았는데, 그 또한 탑도(塔圖)가 있었다. 길이가 10여 척은 되고 사이에 『화엄경(華嚴經)』을 새겼으니, 금강경도와 똑같이 만든 것이다.

-『임하필기 제31권, 순일편(旬一編)

이처럼 망월사는 빼어난 경관과 아름다운 환경 때문에 많은 스님의 사랑을 받았고 조선 시대 문인들도 이 절에 주목하고 시문을 남긴 것을 알 수 있다. 그만큼 망월사는 달을 보면서 선덕여왕을 생각한 창건주 해호 이후 이 높은 곳에서 달도 보고 떠오르는 해도 보면서 수양을 하고, 눈 아래에 펼쳐진 나라와 백성들을 위해 기도를 올렸음을 이로써 알 수 있다.

달의 기운을 받고 용이 되려면

우리는 여기 도봉산의 망월사와 회룡사 두 큰 절에 오기 전에 이미 의정부의 역사 인물과 그들의 삶의 흔적을 살펴보았다. 조선 전기에 영의정을 지내고 한글 창제에도 참여했던 신숙주(申叔舟)의 삶과 그가 누워있는 묘소, 꼿꼿한 진짜 선비 박세당과 그의 둘째 아들 박태보(朴泰輔)의 삶과 그들의 역사가 남아 있는 집, 임진왜란 때 의병을 일으켜 큰 전공을 올린 정문부(鄭文孚) 장군의 묘, 거기에다가 우리 민족의 잃어버린 역사였던 발해를 되살린 유득공(柳得恭)의 묘소 등을 보고 듣고 찾아가 보았다. 그런 인물의 역사와 함께 도봉산 일대를 지켜온 두 큰 절을 찾아보면 그 속에 담겨 있는 사람의 이야기, 문화재의 이야기가 또 장난이 아니다. 덕의 땅, 용의 땅, 미래의 희망을 다지는 땅으로 의정부를 보고 그 정신을 배우고 기(氣)를 얻어 스스로 용이 되고 싶은 젊은이들이라면 마땅히 도봉산의 깎아지른 절벽에 자리 잡은 이 불교문화재들도 꼭 만나보기를 권한다.

3부 주석

1) 1392년 12월 6일 「태조실록」
2) 1512년 6월 15일 「중종실록」
3) 1821년 7월 27일 「순조실록」
4) 1397년 7월 22일 「태조실록」
5) 1392년 10월 9일 「태조실록」
6) 1393년 2월 11일 「태조실록」
7) 1393년 8월 13일 「태조실록」
8) 1393년 8월 13일 「태조실록」
9) 1398년 8월 26일 「태조실록」
10) 1405년 9월 20일 「태종실록」
11) 청허 휴정, 「학성설봉산석왕사기(鶴城雪峰山釋王寺記)」, 한국학중앙연구원
12) 1402년 11월 9일 「태종실록」
13) 1595년 6월 4일 「선조실록」
14) 1792년 윤사월 24일 「정조실록」
15) 「한국민족문화대백과」 「회룡사 창건설화」

4부

토박이가 안내하는 의정부

● 유호명

경동대학교 대외협력실장. 서울시청 앞으로 30년 가까이 출퇴근하고도 종내 의정부를 떠나지 못하였다. 퇴직 후 고향에서 제2의 삶을 시작하면서, 잊고 살았던 고향의 기억을 깨우는 데 힘을 쏟고 있다. 아스라한 것들을 모아 의정부문화원 발간 <의정부를 담다(유호명편)>에 담았다. 현장형 역사문화 강좌 '걸으면서 음미하는 마을 이야기'(걸음마, 의정부문화원)를 주도하면서, 시민들과 함께 고향 사랑을 키워간다.

1장 | CGV태흥에 앉아 회상한 이태원

2장 | 귀대 때보다 빠른 버스 또 있나

3장 | KD운송그룹 모태 13번 대원버스

4장 | 간다, 간다, 육팔삼일부대!

5장 | 문화촛불 채화의 올림포스

6장 | 빼뻘마을: 박제된 기지촌

7장 | 구성마을 장군가의 잊힌 별들

8장 | 기축이, 아씨 덕에 날다

9장 | 사무치는 그리움: 초혼

10장 | 전좌마을: 어인 행차시오니까

1장 CGV태흥에 앉아 회상한 이태원

예전에 교육부는 학교 밖으로 교사를 내보내 학생의 생활을 단속했다. '조국의 운명을 좌우할 청소년 학생의 불량화 단속은 민족의 염원인 남북통일 대과업 완수를 위함'이기 때문이다. 음주·흡연을 하고 극장을 출입하는 등 이른바 '불량 학생'은 물론, 학생을 사칭하는 청년까지 적발했다. 문교부장관이 인정하지 않는 영화를 보는 학생도 단속했다. 교사는 신분증을 휙 보이며 서둘러 들어가고, 극장은 이들의 진입을 막아 학생의 도피를 도왔다. 교사가 한바탕 훑으면 극장이 헐렁해졌다. 나이트클럽에 가면 미팅을 주선하는 깍듯한 웨이터만 보인다. 그러나 야료를 부리다간 '기도(きど)'를 만난다. 일본말 기도는 완력으로 업장의 안전한 영업을 담보하는 이다. 기도는 나이트뿐 아니라 극장에도 있었는데, 그들은 학생 단속을 위해 나온 지도교사를 상대했다. 업무 특성상 기도는 덩치가 크고 주먹깨나 쓰는 인물이었다. 그러니 단속에 나선 '대체로 샌님'인 교사로서는 '엄포 놓는

이태원씨가 운영하던 1970년대 의정부 중앙극장

기도'와 대거리하기 어려웠을 터다.

그러나 교사 중에도 덩치 큰 사람은 있었다. 뉴스 라이브러리를 검색하다 반가운 함자를 발견했다. 이분을 고교 졸업 후 15년쯤 지나 1990년대 초 광화문 문화공보부에 갔다가 우연히 뵈었다. 키 180센티미터가 훨씬 넘고 풍채도 좋으셨는데, 그 큰 손바닥을 펴서 마뜩잖은 제자 놈의 등짝을 팡팡 내리치며 정신 차릴 것을 주문하셨다. 그래서 별명이 장풍(掌風)이었다. 《경향신문》 기사에 이분이 보였다. 일부를 인용한다.

> **풍기 단속 교사 5명 극장 주인 등이 폭행**
>
> [의정부] 교외 학생 풍기 단속하다 교직원 5명이 극장 종업원들에게 폭행당한 사실이 27일 밝혀졌다. 의정부시 교육청에 따르면 지난 23일 하오 3시 반쯤 의정부 1동 중앙극장에서 의정부여고 김호 조교사와 종합고교

> 장상훈 교사 등 5명의 교외학생지도반 교사들이 극장 출입 학생들을 적발해 훈계하자, 극장 주인 이태영 씨(39)와 종업원 등 5명이 폭언을 하고 영업 방해한다고 주먹다짐하며 인근 파출소로 끌고 갔다는 것이다.[1]

'인근 파출소'는 50~60미터 거리에 있는 동부파출소(속칭 동파(東派))였겠다. 극장은 '지도교사 때문에 장사 못 해먹겠다' 해도, 필자가 고등학교 2학년 때 영어를 가르치신 장상훈 선생님께선 "기도 때문에 지도교사 못 해먹겠다!"라며 분개하셨을 터다. 회상하면 선생님은 고려대학교 정외과 출신이라 정치인 친구도 많았고, 또 정치에 관심도 커서… 가끔 애들이나 가르치는 당신 신세를 탓하기도 하셨던 것 같다. 낭만도 넘치셔서 수업 시간에 배운 영화 〈애천(愛泉)〉의 OST 〈사랑의 샘(Three coins in the fountain)〉과 영화 〈모정(慕情)〉의 OST 〈사랑은 아름다워라(Love is a many splendored thing)〉를 필자는 지금도 가끔 흥얼거린다. 아무튼 이 싸움질을 할 때는 극장 주인도 선생님도 앞날을 모르셨다. 기사 속에 잘못 표기된 극장 주인 '이태영'은 1980년대 우리 영화 발전에 크게 공헌한 태흥영화사 대표 이태원이다. 군납과 건축으로 돈을 번 이태원이 1974년 부도난 친구의 건물을 인수하는데, 거기 중앙극장이 있어 우연히 극장, 곧 영화 배급에 들어섰다.

당시 서울 변두리 의정부의 극장은 '스크린에 하얀 비 주룩주룩 내리는' 낡은 필름이나 돌렸다. 그런데 수완 좋은 그가 중앙극장을 인수하고는 이러한 관행을 깨버렸다. 영화업자들은 서울의 흥행을 고려해 괜찮은 개봉작은 의정부에 주지 않았다. 그런데 명동에서 한가락 했던 이태원이 웃돈을 얹어주고 판권을 확보해 중앙극장은 개봉관이 됐다. 역시 딱지(封)는 처음 떼는(開) 게 중요하다! 오늘날 60~70세 장년의 '영화도시 의정부' 회상에는 반드시라 할 만큼 중앙극장이 등장하는데, 다 이태원 덕이다. 그는 서울 관람료의 반값인 200원 선에 서울 강북의 학생을 끌어들였다. 주말이면 책가방을 든 학생이 12번 승원이나 13번 대원은 물론 영종여객과 평안운수 버스를 꽉꽉 채웠다. 영화만 보나, 짜장면집도 떡볶이집도 동반 활황이었다. 오늘날의 제일시장 중앙통 노점 거리 형성은 중앙극장과 평화극장(후에 국도극장) 등의 영화 관객이 부양한 바라 하겠다.

지동관(志東館)이나 래빈각(來賓閣)도 극장 덕분에 짜장면깨나 팔았다. 2005년 개관 후 지금은 'CGV의정부태흥'으로 간판을 바꾸어 단 의정부동 494-1의 영화관 처음 이름 'THC-9'은 태흥영화사 이름에서 비롯한 '태흥 시네마(Taehung Cinema)'의 약자다. 아홉 개 영화의 동시 상영이 가능한 멀티플렉스다. 역시 그가 실질 소유주였던 의정부동 170-21 국도극장(이전의 평화극장)이 잠깐 동안 'THC-2'로 불렸던 데에서도, 거기에 영사실이 둘이었음을 짐작할 수 있다. 국도극장 600석을 둘로 쪼개 각각 300석짜리 상영관을 만들었다. 그러면서 시장 사정은 또 그새 휙휙 바뀌어, 지금은 모두 문을 닫았거나 소유권이 넘어갔다. 태흥이 제작한 영화는 모두 가히 역대 최고라 할 역작으로, 모두 37편이나 만들었다. 〈서편제〉, 〈태백산맥〉, 〈취화선〉, 모스크바영화제에서 강수연에게 여우주연상을 안긴 〈아제아제바라아제〉가 모두 태흥의 작품이다. 이제는 비록 영화를 만들지 않지만, 영화 저작권을 관리하느라 태흥영화사는 아직 살아 있다. 이 회사의 실질적 본사라 할 사무실이, 이태원이 몸을 일으킨 의정부로에 세금을 내고 있다.

한때 서울 학생을 끌어들이던 중앙극장, 국도극장, 문화극장, 의정부극장이 지금은 모두 문을 닫았다. 일제강점기부터 영화로 유서 깊었던 의정부를 더욱 영화도시답게 만든 이태원도 2021년 세상을 떠났다. 의정부역에 새 역사가 들어서고 신세계CGV(CGV의정부역)가 2012년 문을 열었다. 허허벌판이었던 민락동이 민락지구 아파트촌으로 변하면서 메가박스민락과 의정부롯데시네마도 들어섰다. 세를 불린 CGV는 마지막 자존심이었던 THC-9마저 2014년 인수했다. 오랜만에 THC-9, 곧 CGV태흥에 앉아 이태원 영화(映畵)의 영화(榮華)와 영화 천국 의정부를 회상한다.

1970년대에 강북에서 고등학교에 다니면서 의정부에 영화를 보러 왔던 이들이 과거 그대로의 태흥극장 건물을 만날 수 있다. 의정부역에 내려 동편 광장으로 길을 건넌다. 오른편에 있는 진성약국을 끼고 골목으로 들어가면 문화극장 건물이 있다. 거기서 행복로를 지나 200여 미터 가면 옥상에 '중앙상가'라는 간판을 단 건물에 중앙극장이 있었다. 중앙극장 앞에서 제일시장을 향해 오른편으로 꺾어 200미터쯤에 국도극장(평화극장 → 국도극장 → THC-2로 바뀜)이 있다. 1층 정면에 롯데리아가 있는데, 영화 상영장인 2층으로 올라가는 계단이 있다.
영화를 관람하고 짜장면을 먹었다. 중앙극장과 국도극장 주변의 제일시장도 한 바퀴 돌자. 예전에 없던 시설로 시장 지하에 거대한 실내 포장마차 점포가 빼곡하다. 깨끗하고 다양하다.
의정부역은 1970~1980년대와 사뭇 다르다. 역 동편을 에워싸고 있던 미군부대 캠프 폴링워터 자리에 거대한 광장이 조성되어 있다. 옛 미군부대 담장 일부, 베를린 장벽, 안중근 동상이 있다.
지금의 이 행복로에서 볼거리와 먹을거리로 이어지고 열린다. 로데오 거리와 녹색거리로 빠지기도 하고, 제일시장의 볼거리 먹을거리 지천이다. 포천, 양주, 동두천, 연천, 도봉과 노원에서도 찾아와 함께 어울린다.

2장 | 귀대 때보다 빠른 버스 또 있나

의정부에는 두 개의 시외버스터미널이 있다. 신터미널은 금오동, 구터미널은 의정부동에 있다. 신터미널엔 이용객이 드문드문 있는데, 구터미널엔 버스 대신 승용차만 가득하다. 지금의 터미널, 곧 신터미널은 포천다리(의정부 사람들의 말. 공식 명칭은 양주교. 다리 이름이 과거 대양주군의 중심지가 의정부였음을 증명함!) 동쪽 금오동 369-5에 있다. 1990년 문을 연 이 건물도 이제는 너무 낡아서 2층이 비어 있다. 겨울이면 위아래 합이 여섯 개들이 연탄난로를 두 개나 놓을 만큼 난방 후지고 냉방은… 없다! 열차 이용 늘고 버스 이용 줄어, 방문객이 하루 1000명이나 조금 넘을 터다. 신터미널 형편이 이러하니 구터미널은 말할 것도 없지만, 이 꼭지는 구터미널 얘기다. 주차장이 된 의정부동 151-3 소재 구터미널은 한때 경기 북부 교통의 중심이었다. 터미널 뒷길 할머니순두부에서 이슬 한 모금 마시며 추억 게워 반추한다.

대학 4년 때인 1986년 가을, 직장이 서울 서소문으로 정해졌다. 그해 9월

의정부시외버스터미널 매표소·맞이방

의정부까지 연결된 서울지하철을 타고 출근하게 됐는데, 마치 필자의 취업을 축하하는 듯 여겨져 퍽 흐뭇했다. 이듬해 가을 지금의 가능역인 의정부북부역도 영업을 시작했다. 대학 시절 통학 교통편은 종로 5가로 가는 13번과 강남고속터미널행 113번을 이용했다. 그래서 사실 필자에게 의정부 버스터미널은 1980년대 초반 군 생활 때 풍경으로만 남아 있다. 아무튼 현재와 그때, 40년 격해 신·구 터미널을 비교할 때 가장 큰 변화는 군인이 사라졌다는 점이다. 헌병도 수시로 터미널을 기웃거렸다. 휴가 마친 유일병은 절편 두 말 싼 보자기 들고 의정부터미널에서 마장동 가는 버스를 탔다. 거기서 경기도 양평행 버스로 갈아타고 가다, 옥천면 오빈리에 내려 터벅터벅 걸었다. 그런데 그때 그 버스는 왜 그리 쌩쌩 달리던지…. 휴가 끝 귀대 때보다 빠른 버스 있으면 말해보라!

남녘 출신으로 경기 북부에서 군 생활을 한 남자에게 의정부터미널은

의정부동 소재 (구)시외버스터미널. 현재는 주차장으로 쓰이고 있다

각별한 추억이다. 전방 버스는 모두 의정부터미널로 들어왔다. 내쳐 마장동터미널까지 가거나, 의정부역 열차에 오르거나, 12·13번 버스로 서울에 들거나… 의정부터미널은 일단 왁자지껄 해방의 공간이었다. 더러 휴가와 귀대 길 갈린 동료도 마주칠 정도로 군인으로 붐볐는데, 특히 포천, 철원, 김화 쪽 군부대 장병이었다. 동두천·연천은 경원선 열차가 있었으나, 지금도 그렇지만 포천·철원엔 열차가 없어 그렇다. 지금은 군인 보기가 쉽지 않다. 신터미널 근처에는 군인도, 군인용품점도, 니나놋집도 없다. 이는 또 오롯이 40년 세월의 변화다. 의정부 용현동 306보충대(이전 101보충대)의 해체나 춘천 102보충대 해체 사유로 병력자원 고갈과 예산 효율화를 든다. 그러나 보다 중요한 여건 변화는 교통 발달과 승용차 보급이다. 신병이 전방 사단교육대까지 직접 가는 데 아무런 장애도 없다.

문득 철원, 포천, 남양주에서 의정부로 통학한 고등학교 동문들이 생각난다. 이들에게 의정부터미널은 또 다른 의미를 지녔겠다. 더러 여학생과 풋풋한 러브스토리를 엮은 친구도 있으려나? 한편 경기 북부나 강원도에서 국방 의무 마친 남자에게 또 하나의 기억은 용두동일 것 같다. 동대문구 용두동의 '마장동 시외버스터미널'은 1989년 가을까지 영업을 계속했다. 그러니 1990년대에 군 생활한 사람은 마장동 대신 1985년 개장한 상봉터미널이나 1990년에 문을 연 동서울터미널을 대신 기억하겠다. 구리 지나 철원 가는 여정과, 도농·양평 찍고 강원도 전방에 가는 노선 상봉터미널은 기능과 규모에서 의정부터미널과 비슷했을 것 같다. 반면 동서울터미널은 전방과 고향을 바로 연결하는 교통의 허브였다. 충청·전라·경상 삼남으로 가는 직행 노선도 많아서 하는 말이다.

의정부버스터미널 근방의 성업은 군용품이었다. '오바로꾸(overlock sewing, 휘갑치기)'라고 깔끔하게 계급장과 부대·주특기 마크 달던 곳, 간단한 군용품과 군인이 좋아하는 사제(私製) 생활용품 파는 가게, D&P점 등이 호황을 누렸다. 의정부역에서 포천로터리까지 이어지는 '중앙로' 자동차도로가 지금은 걷는 길 '행복로'로 변했지만, 2009년까지는 터미널 나온 버스가 포천이나 양주·동두천 방향으로 지나는 길이었다. 휴가를 떠나거나 귀대하려 터미널에 내린 군인은 이 중앙로 건너 지금의 부대찌개골목 입구 쪽으로 몰려갔다. '부대찌개'라는 메뉴와 골목이 뚜렷하지 않던 1980년대에 군인들은 왜 그리로 갔을까. 당시 그곳 소방서 뒤에 니나놋집, 방석집이 즐비했다. 선(stand-up)술집이 아니다. 터미널 맞은편 중랑천 골목도 분위기는 매한가지였다. 게다가 (지금도 같지만) 한 집 건너 여관과 ○○장과 모텔이었다. 군복 입고 동기들과 함께 터미널 주변을 기웃거리던 중장년 독자들 많겠다.

귀대 시간이다. 제일시장 통닭골목에 들러 내무반에 풀어놓을 그야말로 '옛날통닭' 두어 마리를 산다. 소주는 됫병이다. 옆구리에 석간신문 낀 신문팔이는 내려갔다. 노란 그물망의 삶은 계란과 사이다, 삼각우유, 바나나우유 아줌마도 돌고 간다. 치근치근 앵벌이 아이한테는 껌 한 통을 팔아준다. 허우대 멀쩡한 총각이 올라와 비뚤비뚤 끼적거린 "존경하는 형님, 누님, 아버님, 어머님! 저는 고아로서~"라고 쓰인 빳빳한 종이쪽을 무릎에 놓고 지나간다. 귀대 자체가 짜증이라, 모자챙 앞으로 내려 잠든 체 무시한다. 운전사가 검표를 했는지 차장이 했는지는 가물가물하다. 돌아보니 배차가 성겼던 당시에는 약간씩 발차 시간에 여유를 준 것 같다. 지금처럼 저기 달려오는 손님, 매정하게 외면하지 않았으니까. 탕! 탕! 딱 두 번 차벽을 친다, "오라~잇!". 버스가 터미널을 벗어난다. 꾸벅꾸벅 졸다 눈을 뜨면, 버스 계단참에 서서 스르르 고개 떨어뜨리던 차장이 졸음을 떨치는 모습이 보였다.

1973년에 지었다는 2층짜리 구터미널 건물은 여직 남아 있어 한약재 점포들이 쓰고 있다. 사실 이 건물은 단층의 버스 승강장이었다. 눈과 비만 피하면 그만이니, 지붕만 있고 외벽은 없는 단층이었다. 벽을 헐어내고 원형으로 보존하면 좋겠다. 그 건물 남동편의 지금 화장실로 쓰는 허름한 2층 건물이 예전에 대합실과 매표소였던 것 같다.

의정부역에 내려 행복로를 따라 걸어보자. 역사 건물에서 동쪽으로 시가지를 보자. 지하 통로 대신 역 광장을 둘러본 후 행복로 산책을 즐기면 좋다. 의정부 경전철 동오역 2번 출구로 나오면 의정부버스터미널(신터미널)이다. 대합실을 둘러보고 횡단보도 건너 중랑천으로 내려간다. 동오역에서 구터미널까지 1킬로미터다. 의정부 경전철 중앙역에서 행복로가 가장 가깝다. 의정부중앙역에서 350미터다.

제일시장은 경기 북부에서 가장 오랜 역사를 가진 가장 큰 규모의 상설시장이다. 시장 한가운데 있는 튀김·떡볶이 노점, 그 인근의 수입 상품 노점(이전의 양키 물건 가게), 구터미널 남쪽의 통닭골목은 충분히 흥미롭다. 구터미널 뒤 행복로의 북쪽 끄트머리, 파발교차로 서쪽 도로변의 '의정부시 퓨전 문화관광홍보관'도 추천한다. 경기 북부 교통과 행정 중심 의정부의 근대 이후 역사가 사진 자료로 전시되어 있다.

의정부중앙역 북쪽은 부대찌개 골목이다. 맛은 어슷비슷하니, 덜 붐비는 식당을 고르는 게 좋겠다.

행복로에는 볼 만한 조형물이 많다. 노송 사이로 도랑이 흐르고, 벤치도 군데군데 있다. 도로 양편으로 특색 있는 카페도 즐비하다.

3장 | KD운송그룹 모태 13번 대원버스

여드름투성이 필자에게는 버스 차장 아가씨를 향한 은근한 정이 있었다. 수작질 아닌, 그저 달달 순수한 중학생의 끌림이었지만. 소년의 부끄러운 마음은 결국 눈길로 그녀에게 가 닿을 수밖에 없었고, 그 마음 잡아챘음을 망연히 창밖 향하다 애써 두리번거리는 소녀의 시선 통해 읽었다. 생각하면 애틋하다. 꼭두새벽부터 자정 가까이 늦도록 시달리는 차장 신세로, 또래 학생 승객들 웃음과 수다 바라보는 마음 얼마나 아팠을까. 움직이는 몸에 달려들 졸음은 별반 없다. 그렇지만 오후 3~4시 버스 출입문 발판에 서서 졸다 화들짝 놀라던 차장 아가씨…. 13번·113번 버스로 서울 통학하던 시절의 늦은 밤 버스 안 정경이 생각난다. 허리에 가죽혁대 돈가방 졸라맨 여차장. 손님 밀어 넣고 올라타기 전 손바닥으로 탕탕 두 번 두드려 "오라~이", 씩씩한 아가씨. 이제는 70줄 연세에 접어들었을 차장들…. 우리의 정 깊은 누님이었다.

여차장(車掌)을 가리키는 말은 안내양으로 치장됐다. 장(掌)은 장악함이라, 안내양은 손님 승차와 발차, 정차 안내와 차삯 수납을 도맡았다. 1987년 말 3만여 명에 달하던 그 안내양이 지금은 흔적 없이 사라졌다. 1982년에 도입된 시민자율버스제와 함께 정류소 안내방송, 하차벨 설치, 출입문 자동화에 따라 역할은 축소되고, 자리도 줄어들었다. 결정적으로는 1989년 말 자동차운수사업법의 "여객자동차운송사업자는 안내원을 승무하게 해야 한다"라는 조항이 삭제되면서 이듬해부터 전국적으로 사라졌다. 납작한 양철 케이스에 넣고 작은 롤러 밀어 하나씩 빼 쓰던 버스 회수권은 대학 시절 딸그랑! 토큰으로 변했다. 세상은 휙휙 쏜 미사일처럼 달려간다. 여직공과 식모와 버스 차장 자리만 사라졌나. 누나와 여동생, 아버지와 엄마, 옹기종기 따뜻했던 밥상도 남매간의 정도 다 스러졌다. 돌아가신 아버지와 어머니, 형님이 문득 그립다. 어지럽다.

1980년대 중반 의정부에서 서울 중구 필동으로 통학한 필자는 의정부경찰서 앞 사거리에서 종로 5가나 장충동까지 버스를 타고 다녔다. 13번 대원버스는 종로5가 기독교방송 앞에서 회차, 같은 회사 113번 버스는 장충동에서 남산을 지나 강남 고속버스터미널까지 달렸다. 현재 106번을 달고 다니는 당시의 13번 노선은 1972년에 개설됐다. 같은 해 지금 구터미널이라 하는 의정부시외버스터미널도 오픈했으니, 말하자면 1972년은 의정부시 대중교통의 편익이 크게 확충된 해다. 무모하기도 했지, 충무로 진양상가에서 시작한 거지반 '깡술(강술)'의 독한 술자리가 툭하면 종로5가 대원버스 종점 담벼락 뒤 포장마차까지 이어졌다. 필자의 학창시절은 대원버스가 데려가고 날라주었다. 1986년 서소문 직장에 몸담은 뒤로는, 그해 의정부까지 연결된 지하철을 이용하게 됐다. 이후에는 가끔 종로에 일이 있을 때조

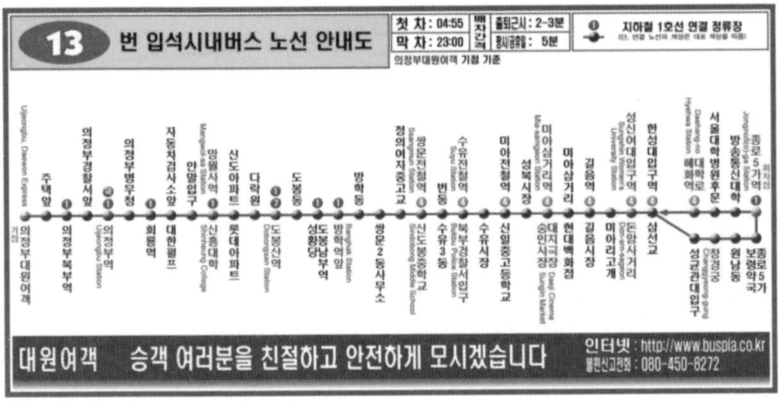

대원여객 13번 버스 노선도

차 다만 1000원짜리 총알택시나 이용했다. 전율스럽다.

1970년대 의정부는 영화도시로 유명했다. 1972년 말 신문의 신정(新正) 영화 상영 기사에 의정부에 있는 시민회관, 평화극장, 문화극장, 의정부극장 프로그램이 소개되고 있다. 후에 세계적 영화제작사가 된 태흥을 설립한 이태원이 의정부 중앙극장을 인수한 해는 1974년이다. 무려 다섯 개의 영화관이 의정부에 있었고, 그래서 13번 대원버스와 12번 승원버스를 비롯해 평안운수, 영종여객 등이 서울 강북의 학생을 의정부로 실어 날랐다. 특히 토요일이면 고등학생은 물론 중학생까지 경원선 열차와 의정부행 버스에 늘 가득했다. 입장료가 서울 반값인 200원 정도여서 학생은 서울 관람료로 의정부 주말 나들이, 영화 관람, 짜장면 한 끼가 모두 가능했다. TV를 보면 70대 연예인이 나와 당시 의정부로 영화 보러 다닌 얘기를 가끔 풀어놓는다. 의정부행 버스 안에 영화와 우정, 가끔은 달달한 남녀 간 풋사랑까

대원여객. 건물은 1970년대 안내양 기숙사

지 가득했다.

영화인 이태원은 1970년대에 의정부 중앙극장과 국도극장에서 번 돈으로 영화사를 차려 우리 영화사(史)에 길이 남을 명작을 만들었다. 그런데 사람들이 잘 알지 못하는 성공 신화가 당시 의정부에 또 있었다. 오늘날 고속, 시외, 공항, 광역, 시내 합해 6000대 가까운 차량을 보유한 국내 최대의 버스회사 KD운송그룹이 그것이다. 이 회사의 창업자는 권영우, 현재 회장은 허명회다. 회사 이름 'KD운송그룹'에서 K는 경기고속, D는 대원고속을 가리킨다. 그 두 기업이 이 운송그룹의 근간이라는 뜻이다. 2007년 'KD그룹'이었다가 2010년부터는 'KD운송그룹'으로 바뀐 이 버스운송업계 절대강자의 탄생지가 의정부다. 경기여객(현 경기고속) 사원이었던 허명회가 1972년 대원여객을 창립한다. 이 회사의 종로5가-의정부 간 13번 버스, 그 황금노선에서 번 돈으로 권영우와 함께 하나둘씩 버스 회사를 인수해 오늘날의

KD운송그룹을 일구었다.

1970년대 대원여객 13번 노선은 의정부의 영화산업 활황과 함께 막대한 현금을 쓸어 담았다. 가능동 26번지는 1972년 창업 때부터 50년 이상 줄곧 종로 5가 노선 대원여객의 차고지로 쓰인다. 이곳에 지금도 외형 튼튼한 2층짜리 기다란 건물이 있다. 당시로서는 썩 잘 지은 이 건물의 기숙시설과 또 학원 교육 제공으로, 대원여객은 버스 안내양에게 선망의 직장이었다. KD운송그룹의 수많았던 M&A와 인수에는 13번 노선이라는 절대적 바탕 외에, 뛰어난 경영과 또 인수 자금 동원도 유효했다 하겠다. 그런가 하면 1989년 말 자동차운수사업법 개정에 따른 안내양 퇴출 또한 당시 버스운송업계의 수익성을 크게 향상시켰다. 1990년대 들어 대원여객은 의정부에서 동대문과 강남터미널로 가던 또 다른 노선인 승원여객 12번과 712번을 인수해 독점한다. 2005년에는 평안운수, 2008년에는 명진여객과 진명여객도 차례차례 흡수했다.

오늘날 서울과 인천 버스 노선은 100퍼센트 공영제로 운영한다. 요금 수입 전체를 광역단체가 가져가고, 대신 버스운송업체에 일정액을 지급하는 방식이다. 경기도의 경우도 이른바 '빨간 버스'라 하는 광역노선은 공영제로 운영한다. 나머지 노선도 거의 대부분 준공영제로 운영 중이다. 개개 버스회사 경영 실력의 뛰어나고 못함이 회사 손익에 크게 매이지 않게 됐다는 말이다. 다만 이 버스회사의 사정 그다지 나쁘지 않은 것은 그동안 꾸준히 매번 싼값에 사들인 자연녹지 차고지가 어느새 일반 주거지로 변해 이익을 남겨주었기 때문이기도 하다. 회고하니 1970년대 이후 수십 년간 그 전국(戰國)시대에 의정부에서 성공한 사업과 몸 일으킨 영웅이 아주 없지는 않았다. 의정부가 시 승격 60년을 평가하는 마당에, 이도 하나의 의정부 역사로 보아 한 줄 기록을 남긴다.

대원버스

13번 대원여객 종점 찾기는 너무 쉽다! 106번 버스 타고 종점까지 가면 된다. 그곳이 바로 이전의 13번 종점이다. 사무실로 사용하는 2층짜리 기다란 건물이 예전의 버스 안내양 숙소다.

의정부동 216-42 소재 의정부 1동 공영주차장은 승원여객 12번 종점이다. 대원여객은 의정부역 앞으로, 승원여객은 제일시장 앞으로 하여 각각 서울로 향했다.

13번(현재 106번) 종점 기숙사 뒤에는 희미하게 철로 걷어낸 흔적이 남아 있다. 흔적 따라 중랑천까지 300미터쯤 가면 금오동 캠프 시어스 기름 탱크로 유류를 운반하던 선로의 가금철교가 나온다. 레일을 걷어내고 아름다운 인도교로 꾸며 놓았다.

인근을 지나는 수도권 전철 1호선 고가철로 밑으로 공원이 꾸며져 있다. 다 걷어내지 않은 폐선로와 산책로가 걸을 만하며, 가능역까지 걸어도 괜찮다. 가능역 고가선로 아래에는 인테리어가 썩 근사한 '가재울도서관'이 있다. 주말(토~일)과 법정공휴일은 휴관한다.

4장 | 간다, 간다, 육팔삼일부대!

1981년 3월 초, 묵직한 어둠의 장막 둘러친 연무대역 플랫폼에 불안한 눈빛의 장정들이 통통한 더플백 엉덩이에 깔고 줄지어 앉아 교관의 선창에 따라 외친다. "간다! 간다! 6831부대!" 6주간 훈련 마치고 '어디로 팔려가나, 강원도 인제로 가면 면회도 안 된다는데…' 불안한 마음으로 목적지 복창하다 뭔가 이상한 느낌을 갖는다. '많이 들어본 이름인데, 어디지?' 밤새 덜컹거리며 달려 미명에 내린 곳이 지금 수도권 전철 1호선 망월사역이었다. 아, 101보충대! 종로 5가 가는 13번 대원버스나 12번 승원버스로 서울 오가며 무심히 봤던 게 기억에 남았던 모양이다. 그해 1월 21일이던가. 큰절 올리고 집 앞 북새통의 중앙국민학교에서 여주·이천 장정들과 함께 의정부역으로 가서 열차에 올랐다가, 한 달 반 만에 다시 의정부로 돌아온 것이다.

의정부 용현동에 있다 2014년 말 해체된 306보충대대는 필자가 군 생활할 때 이름이 '101보충대'였고, 부대는 호원동 망월사역 앞 평화로 변에

'6861부대'라는 간판을 걸고 있었다. 부대명의 숫자는 보안상 수시로 바뀌는 가명이고, '보충대' 같은 이름이 실제의 기능과 역할을 담고 있다. 춘천에 소재했던 102보충대가 강원도 군부대에 병력을 보충하듯, 101보충대는 경기도, 곧 서부전선 군부대의 그 역할을 맡았다. 원래 101보충대는 1952년 경남 동래군(지금 부산 동래구)에서 창설돼 운영되다 1958년, 필자가 태어나기 이태 전 의정부 호원동으로 옮겨졌다. 그리고 필자가 직장생활에 정신없어 의정부를 잊고 살던 때 1989년 용현동으로 다시 옮겨진다. 아무튼 논산훈련소를 거치든 바로 전방 사단에 배치될 예정이든 경기도(정확히는 옛 3군사령부 산하) 내 육군 사단에 배치되는 지아이(GI, Government Issue)는 모두 거기서 3박 4일간 머물다 팔려 나갔다.

논산에 소재한 지금의 육군훈련소는 필자가 입대할 때 명칭이 육군제2훈련소였다. 명칭 '제2'라는 말은 '제1'이 있다는 뜻을 품는다. 육군제1훈련소는 1951년 3월 제주도 모슬포에, 육군제2훈련소는 같은 해 11월 충남 논산에 차례로 설치됐다. 지리적 여건이 마땅하지 않은 제1훈련소는 1956년에 문을 닫았고, '제1 없는' 제2훈련소만 논산에서 운영하다 그 명칭을 1999년에야 육군훈련소로 바꾸어 달았다. 육군의 훈련과 보충 관련 용어를 정리하자면, 훈련소는 논산육군훈련소 하나(특수병과 빼고), 보충하는 큰 부대, 곧 대대(大隊)는 1군 산하의 102보충대대와 3군 산하의 306보충대대가 있었으며, 그 외에 중간급 부대, 곧 중대(中隊)를 사단마다 신병교육대라는 명칭으로 두고 있다. 그런데 급기야 아이들 안 낳거나 덜 낳은 탓에 306보충대대도 사라졌다.

2014년 12월 23일 마지막 입영을 끝으로 의정부시 용현동 306보충대대가 문을 닫았다. 벌써 그 한참 전부터 관련 현수막이 43번 국도 용현동 별

용현동 306 보충대 정문 사진

고개('벳고개'가 아니다. '양현(陽峴)'에서 온 말이니 볕고개) 어름에 달리더니, 이 말이었을 줄이야! 경기도(강원도 철원을 포함)에서 군 생활한 남자라면 101 내지 306 보충대는 잊을 수 없는 그야말로 인생의 한 공통분모다. 내무반 침상에 엎드려 앞날의 두려움에 떨며 (그러나 힘찬 문장으로 씩씩함을 과장하며) 편지를 쓰고, 맡을 보직을 걱정하고, 사제(私製) 소지품과 입고 온 옷가지를 집으로 부쳤다. 과거에 비해 허우대는 부쩍 좋아졌지만, 남자의 완성은 역시 육신이 아니라 정신이라, 생에 첫 이별인 입대 아닐까. 더욱 완벽해지려면 '고무신 거꾸로 신기'까지 당해봐야겠다만.

306보충대 해체(102보충대는 2016년 해체)는 병역 자원의 감소 탓인데, 1993년 46만 명이던 징병 대상자가 2016년 35만 명으로 줄었다. 교통 발달로 전방 사단 신병교육대까지 직접 찾아가는 것도 어렵지 않으니, 국방부로서는 연간 22억 원 절감이 유혹적이기는 했겠다. 22억 원이라…. 그렇다면 당시

306보충대 영내표석 '先鋒三軍(선봉삼군)'. 3군은 서부전선을 담당하였다.(용현동)

306보충대대 폐쇄로 인한 의정부의 경제 규모 감소는 40억~50억 원은 됐을 터다. 갑자기 몇 년 전부터 들먹이는 의정부 중앙초등학교 폐교 얘기가 현실적으로 와 닿는다. 2023년 8월 현재 전교생 347명은 필자가 6학년 때 한 학년 680여 명의 절반 정도니… 1할도 채 안 되는 수치다.

남자가 죽을 때까지 잊지 못하는 것이 여덟 자리 숫자 군번이다. 자는데 건드려도 반사적으로 입에서 튀어나온다. 여자에겐 무엇이 달리 있을지 모르나 남자는 카드나 인터넷용 비밀번호가 하나 더 있는 셈이다. 필자의 경우 '131*****'이다. 첫자리가 '1'이면 논산훈련소, '2'는 101보충대(306보충대대), '3'은 102보충대, '5'는 2군 산하 향토사단 군번이었다. 또 "나는 영장 기다리지 않고 지원하겠다!" 하면 '7'번을 부여하고, 부사관의 경우도 일곱 자리의 다른 번호가 부여된다. 병으로 근무하다 차출돼 부사관 교육을 받으면 군생활 중 군번 두 개를 얻게 된다. 일찌감치 닫은 제주 제1훈련소 군번은 '6'

으로 시작한다는데, 이제 거지반 다 돌아가셨을 듯하다. 장교의 군번은 부사관과 같이 일곱 자리로 구성되는데, 앞의 두 자리는 임관 또는 입대 연도라고 하더라.

수도권 전철 1호선 청량리역부터 그 이북 선로는 본래 경원선이었다. 망월사역은 1966년에 설치됐는데, 이 역은 일제강점기에도 경성 사람이 도봉산 산행을 위해 행락철이면 가끔 타고 내리던 곳이었다. 처음 역사는 현재의 역에서 남으로 450미터쯤 내려가 장수원어린이공원 자리에 있었다. 그리고 그 망월사역 맞은편 호원천 북쪽 건영아파트 자리에 101보충대가 있었다. 보충대의 당시 양주군 의정부읍 호원동 이전이 1958년이니, 1966년 망월사역 설치는 그 목적이 병력 수송에 있었다고 봄이 옳겠다. 논산 연무대역에서 밤새 열차로 올라와 새벽 망월사역에 내려, 더플백 머리에 이고 오리걸음으로 길 건너 부대 정문 통과하던 기억이 아직도 생생하다. 필자처럼 경기도 장병에게 101보(補)와 306보충대 그리고 경기 북부에서 군 생활한 이들의 의정부동 옛 버스터미널과 의정부역 내지 망월사역은 평생 잊을 수 없는 메모리얼(기념물)이다.

그렇기 때문에 필자는 용현동 306보충대 폐쇄 후의 시설 방치나 훼손이 무척 안타깝다. 시설을 부분적으로 남겨 근대역사문화유적이나 미래유산으로 등록 관리할 만하다. 활용에 따라 전국적 인기를 모을 소중한 문화·관광 자원이다. 용현동 455-1 306보충대대 자리나, 호원동 예비군훈련장 자리, 아직 용도 가변인 미군 반환 공여지 어딘가에 '캠프 곰신꾸나'를 운영하면 어떨까. '곰신'은 고무신의 줄임말로, 군대 간 남자를 기다리는 여자를 말한다. 이 말에는 또 '그대가 군대에 가도, 나는 고무신 거꾸로 신지 않겠어요!' 하는, 배신 부정의 맹세가 담겼다. 곰신 관련 온라인 카페도 많고, 회원도 수십만 명에 달한다. 입대를 앞둔 꾸나(군화, 남자친구)와 그 짝패 곰신 쌍쌍이, 땀 흘리고 사랑 태우는 국내 유일의 공간, 어떠한가. 병영 체험이다! 밀리터리룩 제복 지급하고, 캠프 정문에서부터 무자비하게, 무쟈게 돌려라!

육팔삼일부대

사실 찾아갈 만한 시설은 남아 있지 않다. 다만 그 자리에라도 서서 젊음을 추억하겠다면 이렇게 가보자. 101보충대 위치는 호원동 121 현 건영아파트, 예전의 망월사역은 호원동 465 현 장수원어린이공원이다. 망월사역에 내리면 된다. 재개발 준비 중인 306보충대 자리는 용현동 455-1. 의정부역이나 제일시장 앞에서 청학리나 퇴계원 가는 버스(1-1번 등)에 승차, 부대는 없어졌으나 하차 안내는 여전히 '306보충대'다.

망월사역에 내려 도봉산 꼭대기 망월사로 올라갈 수도 있다. 101보가 궁금해 망월사역에 내렸다면, 인근 백영수미술관(호원동 260-13) 관람을 추천한다. 기왕의 의정부 나들이라면 의정부 제일시장과 인근 (구)버스터미널을 둘러보고, 의정부 경전철 중앙역 북쪽 부대찌개 골목에서 식사하는 것도 괜찮겠다. 군 생활 추억에서 뗄 수 없는 장소다.

5장 | 문화촛불 채화의 올림포스

소나무 옹이 관솔, 잔에 콩기름 붓고 심지 누인 등잔, 석유 호롱과 남포 등에 견줄 때 초는 특별하다. 그을음이 현저히 적고, 밝기는 제일이며, 모양까지 희고 날씬하다. 그러나 퍽 비싼 물건이라 부유한 집에서나 엄숙한 의례에 제한적으로 사용됐다. 예를 들면 백년가약 후 꽃잠 잘 때, 새벽 정화수 앞 어머니의 비손, 조상께 올리는 제례, 무속에서 신앙까지 종교의식 따위가 그것이다. 쓰임이 이렇다 보니 촛불의 이미지는 고요와 청정이며, 오롯한 집중이며, 순수한 정성이나 신념이다. 간절함이 반드시 함께하므로 촛불은 또 희망이다. 매년 가을 필자가 접하는 간호대학 학생이 임상실습 전 흰 가운을 갖춰 입고 행하는 나이팅게일 선서는 늘 숙연하다. 의식을 치른 학생에게 봉사와 희생의 정신이 솟구치지 않을 수 없는 분위기다. 촛불은 그 여린 불빛에도 굳은 신념이다.

근래 해외에서 한류의 하나처럼 인식하는 것이 촛불을 들고 하는 야간

집회다. '촛불집회(candlelight vigil)'를 사전에서는 "다수가 주로 야간에 옥외에서 항의나 추모 목적으로 촛불을 들고 진행하는 비폭력 평화적 집회"라고 했다. '비폭력 평화적'이라는 문구가 그 성격을 규정한다. 데먼스트레이션(demonstration)이나 프로테스트(protest)가 시위(위력 과시)로 번역되는 데 견주어, 촛불집회의 '비질(vigil)'은 [밤샘] 간호나 [철야] 기도 같은 의미를 지녔다. 그래서 촛불집회의 원조라 할 외국의 사례는 주로 안타까운 희생자 추모가 대부분이다. 이러한 성격을 추종해 우리나라에서도 촛불집회의 처음 성격은 내면의 의도와 무관하게 외형상 문화제 내지 추모제였지, 시위와 농성이 아니었다. 특이한 점은 처음 촛불집회가 불붙을 무렵에는 '집회와 시위에 관한 법률'의 규제 때문에라도 시위를 자처할 수 없었다는 점이다.

또 지금과는 사뭇 다르게 2000년대 이래 촛불집회에는 축제나 추모 등 평화집회로 유지하려는 분위기와 노력이 있었다. 그럼에도 정부가 이를 불법 집회로 간주해 해산 명령과 물대포와 강제연행을 동원했다. 2009년 가을 헌법재판소가 집시법상 '야간 옥외집회 금지' 조항에 대해 헌법 불합치 결정을 내리기 전까지는 상황이 대부분 그러했다. 과거 집시법에 '해가 뜨기 전이나 해가 진 후에 옥외집회 또는 시위를 해서는 아니된다'는 조항이 있었다. 주최 측이 이를 피해 문화제나 추모제 간판을 걸고 가급적 평화집회로 진행하려 했음에도, 경찰은 이런 행사의 성격을 야간시위로 간주해 단속한 것이다. 2008년 5월의 광우병 쇠고기 수입 반대 집회까지, 이전의 촛불집회는 그렇게 어려운 시기를 거치며 이제 어엿하고 당당한 축제성 시위로 굳어졌다.

저간의 촛불시위를 살펴보면 2002년 효순이·미선이 추모와 SOFA 개정 요구, 2004년 노무현 대통령 탄핵 저항, 2008년 광우병 파동, 2011년 반값

등록금 공약 논란, 2013년 한미 FTA 반대, 2014년 세월호 침몰 의혹 그리고 2016년 박근혜 대통령 퇴진 촉구 등이 있었다. 2019년부터는 조국 장관과 검찰 개혁을 놓고 양 진영 모두 각각 다른 주장으로 촛불을 들었다. 필자는 이들 촛불에 찬성만 하지는 않는다. 오늘까지 단 한 건 발병도 없는 광우병 괴담은 나라가 기울어질 만큼 국력만 허비했다. 촛불에 대한 이 끼적임은 다만 필자가 촛불 문화에 대해 갖는 의정부 시민의 자긍심일 뿐이다.

한국 최초의 촛불집회가 언제였는지는 정확하지 않다. 최초의 촛불은 1987년 6월 항쟁 때 밝혀졌다고도 하고, 1992년 하이텔 PC통신 유료화 때 들었다고도 한다. 그러나 이처럼 기원이 불명함은 곧 당시의 촛불에 큰 의미가 없었다는 방증도 된다. 그래서 진정한 한류로서의 촛불집회는 결국 2002년 6월 13일 양주시 광적면 지방도로에서 조양중학교 2학년의 어린 여학생 신효순과 심미선이 미군의 무한궤도에 깔려 숨진 사건의 항의 때가 된다. 그런데 공교롭게도 이 일은 2002년 5월 31일부터 6월 말일까지 개최돼 전국을 열광에 몰아넣은 한일월드컵 기간에 발생했다. 필자도 서울 서소문의 직장 동료들과 광화문에 나가 붉은악마가 됐다. 효순이·미선이 사건을 모르고 지나갔다. 그러나 그때 의정부에서는 여학생들의 비탄에 찬 눈물과 부르짖음이 넘쳤다. 사고를 낸 파주 주둔 미국 공병여단은 미 육군 2사단 소속이었고, 그 헤드쿼터(사령부)가 의정부 캠프 레드 클라우드(CRC)에 있었다. 6월 20일 밤 CRC 앞에서 최초의 촛불집회가 열렸다!

의정부에서 이들의 추모집회가 열린 데는 두 가지 원인이 있다. 하나는 가해 미군 공병부대 사단사령부가 CRC였다는 것, 다른 하나는 두 여중생의 언니들이 모두 의정부여고 학생이었다는 점이다. 친구 동생이니까 의정부여고 학생들의 추모와 항의는 당연했다. 6월 20일 집회를 이끈 당시 교

캠프레드클라우드 관통도로 개통(2023. 7. 3.)

사는 촛불 사용에 대해 “흔들리고 연약하나 정신이 집중된다. 몸 살라 빛을 밝히는 희생이 뜻 깊다. 약자가 저항하는 작은 방법이다”라고 했다. 평화적 저항이다. 그런데 재미있는 사실 하나가 더 있다. 촛불집회는 당시 국내에 없던 서양 문화다. 여중생들이 사망한 날로부터 5일 후 6월 18일, 사고를 일으킨 미군의 파주 공병대 안에서 자발적 추모식이 열렸다. 이때 미군들이 그네들의 문화로서 촛불을 들었는데, 이를 본 ‘의정부 시위 기획자들’이 썩 괜찮은 이벤트로 보아 차용한 것이다.

SOFA 규정의 불합리는 불합리고, 미군이라고 죄의식이 없으랴. 미군 공병들의 이 추모 촛불이 2002년 말 여중생 추모와 SOFA 개정을 위해 10만 명의 군중을 광화문에 모았을 뿐 아니라, 이후 우리나라에서 하나의 독특한 시위 문화와 사회 변혁을 견인했으니, 세상 참으로 묘하다. 아무튼 말하고픈 바는 우리나라의 촛불집회 또는 촛불문화의 원류가 의정부라는 확인

(위)캠프레드클라우드 정문 1960년대와 1990년대. (아래)Second To None은 미국 육군2사단 캐치프레이즈

이다. 필자에게 더욱 기껍기는, 이 촛불집회가 우리 사회를 바꾸며 전국을 누비다 근래 다시 의정부로 돌아와 불을 밝힌다는 점이다. 과거 의정부역 역전에서 파발교차로까지의 차로 '중앙로'가 지금은 온전히 보행자 천국 '행복로'로 바뀌었다. 때때로 컴컴한 밤 시민들은 행복로에서 촛불을 밝힌다. 더러 정치적 구호가 없을 수는 없으나, 지방자치와 관련한 시민들의 토론과 구호가 밝게 빛난다. 의정부는 '한국도'에 평화의 촛불을 옮겨 붙인 채화의 올림포스 산정이다.

촛불문화 시원 캠프 레드 클라우드(CRC) 앞 가는 방법. 의정부역(4번·5번 출구) 동편 광장으로 나와 동두천 방향에서 5번 버스를 타고 군단 앞에서 하차한다. (15분). 의정부 경전철 흥선역 2번 출구로 나와 '군단 앞'을 물어물어 걸어간다. (10분) 수도권 전철 1호선 가능역 1번 출구로 나와 '의정부공고' 앞으로 '군단 앞'을 물어

물어 걸어간다.

학생들이 촛불을 들었던 곳은 철길 옆 조그만 공터(가능동 311-76)이다. "여기쯤에서 저 미군부대 정문을 향해 울며 진저리치며 촛농을 떨어뜨렸겠지…" 하고 짐작할 뿐. 대신 함께 둘러보면 좋을 곳을 추천한다. 2022년 2월 한국군에 반환 후 굳게 닫혀 있던 미 육군 2사단 사령부 주둔지 CRC에 2023년 7월 영내 관통 도로가 개설됐다. 철조망 안으로 유서 깊은 주한미군 사령부의 막사와 시설을 볼 수 있다.

촛불을 들었던 곳 바로 옆 건널목과 철길에 주목하자. 서울 교외선이다. 경의선 철길의 고양시 능곡역에서 경원선 철길의 의정부역까지 연결해, 서울역 - 용산역 - 왕십리역 - 청량리역 - 창동역으로 해서 경기 북부를 일주하는 철길이다. 2024년 말 디젤 전동차로 재개통할 예정이다.

한창 보수공사 중인 공간 '향군클럽'(가능동 687)도 둘러보자. CRC 정문 앞 도로변 일대는 과거 주한미군 경제로 흥청거리던 곳이다. 이 일대의 기지촌 거리 모습은 사라졌지만, 향군클럽 안에 의정부의 기지촌 역사가 고스란히 박제돼 있다.

만약 CRC 관통 도로를 따라 정문에서 후문까지 걸었다면, 내쳐 의정부종합운동장 메인스타디움을 따라 한 바퀴 돌자. 스포츠콤플렉스다. 조선 제일의 사이클 선수 엄복동 동상과 드라마 <응답하라 1988> 세트 자리도 있다.

6장 | 빼뻘마을: 박제된 기지촌

의정부 '고산동'이라는 법정동 이름은 불과 얼마 전까지만 해도 존재감이 없었다. 주한미군 주둔지 캠프 스탠리와 그 옆 기지촌 '빼뻘'에 가려져 있던 탓이다. 70년 가까운 역사의 빼뻘마을에 대해 끼적이자니 웬걸, 표기부터 마뜩잖다. 빼뻘, 뺏벌, 빼벌, 뱃벌, 배벌 중 무엇이 표준인지 아직도 정해진 바가 없다. 오래전 미군으로 북적이던 시절에 시간이 멈춰버린, 박제된 마을의 처지와 사뭇 같다고 할까. 이제 막 흥기하는 의정부 송산의 고산지구는 전형적 농촌동으로 온통 배밭이었다. 지금도 곳곳이 배밭이다. 그래서 빼뻘마을의 '빼뻘'이 배나무 밭 '뱃벌'이라는 설도 있다. 또 미군부대 앞에 생겨난 기지촌이라는 데서, 클럽 여인들이 길을 잘못 들었어도 '끝내 빠져나갈 수 없는 뻘'과 같은 곳이라는 의미에서 '뺏뻘'이 됐다는 이도 있다. 가족 뒷바라지에 바빴던 우리 누이는 모두 '라 트라비아타(La Traviata)', 곧 춘희(椿姬)다.

의정부에서 퇴계원 방면으로 43번 국도를 타고 만가대를 지나면, 고산동에 의정부교도소와 빼뻘마을, 미군부대 캠프 스탠리가 있다. 아직 의정부시에 양여되진 않았지만 미군은 떠났고, 그 부지 개발에 대한 논의가 뜨겁다. 의정부교도소의 죄수들이 나와 일하던 들판의 농사는 그쳤으며, 이곳에 2028년까지 경기북부법조타운이 들어선다. 세종-포천 간 고속도로 동의정부 IC가 생겼으며, 의정부 경전철 U-라인과 남양주시 별내동까지 들어오는 지하철 8호선 연결도 가능한 예측이다. 이웃 산곡동에 조성 중인 의정부복합문화융합단지도 곧 모습이 구체화될 터다. 빼뻘 일원은 한마디로 상전벽해의 큰 변화에 직면해 있다. 장차 경기 북부에서 가장 핫한 행정·문화·교통의 중심지로 우뚝 설 전망이다. 그런데 이 커다랗고 빠른 변화의 한가운데 위치한 빼뻘마을에 들어서면, 마치 타임머신을 타고 40~50년을 거슬러 1980년대로 온 듯한 느낌이 든다.

캠프 스탠리 정문 옆 빼뻘마을을 걷자면, 좁고 남루한 골목에 커스텀테일러(Custom Tailor, 양복점), 오피스(Office, 이민·국제결혼 대서소), 클럽 하우스(Club House, 홀이 있는 유흥업소) 같은 영어 간판이 즐비하다. 녹슨 간판과 담벼락에 스프레이 낙서나 그림이 기지촌임을 드러낸다. 이곳으로 1960~1970년대에 젊은 여인이 전국에서 모여들었다. 오빠·동생의 학비를 벌겠다는 희생으로 들어와, '양색시'니 '양XX'니 하는 소리를 들으며 '딸라'를 벌었다. 더러는 고향에 여공이나 식모살이 또는 안내양으로 돈을 버노라, 짐짓 에둘렀으리라. 의정부 금오동 천보산에 누우신 효종 임금의 양녀 의순공주를 찾으면, 필자는 기지촌 여인이 연상된다. 효성심에 이역만리로 떠난 공주와 우애 때문에 돈벌이에 나선 누이들. 그리고는 끝내 남도 아닌 부모형제 혈육에게 부끄럽다 외면당한 서러움. 환향(還鄕·고향으로 돌아감)을 포기한

늙고 병든 기구한 연명(延命)이 여직 이 마을에서는 보인다. 슬프다.

흔히 의정부에는 미군 캠프 여덟 개가 있었다 한다. 그러나 이는 공여지 반환이 본격적으로 진행된 2000년대 통계다. 1990년대에만 1993년 용현동 캠프 인디언, 1994년 의정부동 캠프 필라우가 한국군에 인계됐다. 미군부대는 1960년대부터 꾸준히 반환됐다. 캠프 스탠리는 1953년 36야전공병단 주둔으로부터 형성됐으니, 빼뻘마을도 이때쯤 들어섰을 것 같다. 1970년대 지금의 고산지구나 고산초등학교 앞에서 바라본 캠프 스탠리는 말 그대로 밤새도록 휘황찬란한 불야성(不夜城)이었다. 빼뻘마을도 어깨가 부딪혀 걷기 힘들 정도로 붐비는 곳이었을 터다. 그 잘나가던 마을이 2006년 평택기지 건설 확정 후 미군이 떠나면서 쇠락했다. 좁은 골목에 다닥다닥한 점포들로 서울 이태원을 연상케 하던 때 그대로 시간이 멈춰, 색이 바래듯 시나브로 퇴락했다. 이제는 반대로, 불 꺼진 캄캄한 빼뻘마을 거리에 서서 저 멀리 찬란한 고층 아파트 불빛의 고산지구를 바라보며 한숨짓는다.

1960~1970년대 미군 기지촌의 풍경을 보면서 남루하고 어려웠던 애환의 시절을 회상한다. 삶은 무척 팍팍했고 공동체는 파괴됐다. 그래서 지금 빼뻘마을의 공동체 복원 노력이 활발하다. 소외된 억압 속의 기지촌 여성이 건강한 삶을 찾게 돕는 단체 '두레방(My Sister's Place)'도 그중 하나다. 1986년 캠프 레드 클라우드 앞 가능동에서 활동을 시작했고, 캠프 스탠리 앞으로 옮겨 보금자리를 마련한 지도 벌써 30년이 넘었다. 사회도 환경도 변해서 이제는 두레방의 목적도 외국 여성에 대한 긴급구조로 바뀌었다. 빼뻘마을에서는 예술가 부부가 운영하는 'ㅃㅃ보관소'도 활동 중이다. 빼뻘의 사람과 마을을 기록 및 보존하고, 흐려지고 각박해진 마을 공동체 복원에 힘을 쏟는다. 남는 것 없어도 그저 해야 한다는 마음에 빼뻘 사람들의 풋풋한 정

빼뻘보관소(조광희, 김현주 전시 풍경)

을 기록하고, 나누고, 묶고, 북돋우는 이벤트와 프로젝트로 늘 바쁘다.

빼뻘마을은 수락산 자락에 자리한 미군부대 후문에서부터 언덕배기를 따라 좁다랗게 이어진다. 건물 130여 채에 주민은 500명이 넘지 않는다. 마을의 도시 재생은 참으로 지난하다. 웬만해서는 외형적 변화가 보이지 않는 것은 제한된 지원으로 근본, 곧 인프라까지 바꿀 수는 없기 때문이다. 그렇지만 의정부시의 빼뻘마을에 대한 관심은 꽤 높다. 아직까지 유지되고 있는 흔치 않은 건축적 특징, 기지촌의 문화적 특성을 강화할 방법을 고민한다. 취약한 주거 및 생활 환경 개선도 생각한다. 한편 환경 개선이 어렵고 상대적으로 낙후된 데는 토지 소유 문제도 작용했다. 마을은 물론 미군부대 일부도 전주이씨 종중 땅에 있었다. 남의 땅에 외지인이 들어와 무허가로 정착했으나, 종중은 현실을 감안해 임대료만 받아왔다. 그러다 2019년부터 종중은 개별적으로 점유 토지 매매에 나섰지만, 마을 경기가 죽어서 주민의 토지 취득에는 어려움과 갈등이 많았다. 마을의 대동적, 종합적 개발은 어려운 상황이다.

빼뻘마을은 지리적 관점에서 가급적 캠프 스탠리 개발과 엮는 게 좋겠다. 이 반환 공여지 활용 방안은 아직 없는 상태인데, 사실 필자는 이 땅에 대한 어떤 개발에도 찬성하지 않는다. 지난 3월 한미연합훈련 때 이곳에서 대량살상무기(WMD) 제거 훈련을 진행했다. 군인 700명에 탱크 50여 대가 동원될 만큼 시설이 크고 훌륭하다. 원형을 훼손하지 말고 활용해 전쟁에 대비함이 옳다. 그러나 한편 이곳에 양주 배(梨) 품종으로 배밭을 조금 일궜으면 한다. 서울 중랑구 묵동(墨洞)의 우리말은 '먹골'이다. 묵동에서 태릉, 화접, 넉바위, 청학리… 수락산을 감싸 돌아 산곡동과 고산동까지 온통 배밭이었다. 이 배밭에서 생산되는 '먹골배'는 곧 송산배다. 먹골은 생산지 이름이지 품종이 아니다. 옛날 먹골배는 '청실(靑實)'인데, 다 여물어도 지름 6~7센티미터에 푸른빛이 가시지 않는 볼품없는 놈이다. 이 청실배 과수원을 만들어 오리지널 먹골배, 송산배, 의정부배를 맛보자.

빼뻘마을은 의정부동 구터미널이나 제일시장 앞 서울 방향 버스 정거장에서 1-1번 버스에 탑승해 '고산동·빼뻘'에서 하차한다. 구터미널에서 5.5킬로미터. 농협 고산지점 오른편으로 캠프 스탠리 담장을 따라 올라가 골목골목 구경하면 된다. 마을 초입의 두레방(옛 보건소)과 300미터쯤 올라가 위치한 'ㅃㅃ보관소'는 이 마을의 공동체 활성화에 많은 노력을 기울이는 곳이다.

마을의 주택가 뒤편(동쪽) 전주이씨 명산도정 종중 재실과 묘소들은 매우 특별하다(관리인 허락하에 출입). 특히 조선 초에 조성된 왕실 종친의 이곳 묘소 중에는 쌍분의 꼬리가 달린 하트형(♡) 무덤 등 특이한 형태가 있는데, 흥미롭다.

빼뻘마을에서 전주이씨 선산의 산등성이 너머는 의정부시 산곡동으로, 그곳 흑석마을(검은돌)은 전주류(柳)씨 세거지다. 병자호란 때 철원부사로 재직하다 순직한 충신 류질(柳秩)과 열녀문을 받은 그의 두 당숙모 안산김씨, 평산신씨를 함께 기리는 정려각이 있다.

7장 구성마을 장군가의 잊힌 별들

고산동 구성마을은 북동-남서로 길쭉한 부용산 자락의 배꼽쯤에 자리한, 곡옥의 움푹한 데처럼 아늑한 마을이다. 태종 둘째 아들 효령대군 손자 운림도정(雲林都正)의 후손이 효성 지극했는데, 드나들 때 마을 어귀에서 구석(構石, 푯돌)을 딛고 말에서 내려 들어오거나 말을 타고 나갔으므로 생긴 지명이라고 한다. 이 마을에서 최소 다섯 명의 뛰어난 장군이 태어났다. 한 마을에 번쩍번쩍한 스타가 다섯 명이라니, 근래에도 퍽 드문 일이다.

대한제국 때만 해도 백두산 너머 만주까지 조선 영토로 관리했으니, 이를 간도(間島)라 한다. 1712년 조선과 청이 세운 백두산정계비에는 "서쪽으로는 압록, 동쪽으로는 토문을 경계로 한다"라고 적시돼 있다. 만주, 곧 간도는 백두산 서쪽의 서간도와 동쪽의 북간도로 나뉘는데, 정계비에 따르면 최소한 북간도는 명확히 조선 땅이다. 그랬던 곳이 1909년 일본과 청의 간도협약으로 중국에 넘어갔다. 우리는 독도 영유권 문제에 대한 정부의 대응에는 비판을 하면서, 북한 영토 문제에 대해는 무지하거나 무관심하다. 애석한 일이다. 또 다른 영토 문제는 북한이 1990년 국경조약으로 두만강 하류의 녹둔도(鹿屯島)를 러시아 영토로 인정한 것이다.

두만강 하구 북한-러시아 국경에 위치한 함경북도 나선시는 이전에 나진, 조선시대에는 경흥으로 불렸다. 이 경흥도호부의 두만강 하구에 여진족 방어용 보(堡)가 있어 '조산(造山)'이라 했다. 그로부터 20리 아래 동해와 만나는 곳에 두만강의 퇴적토가 쌓여 이루어진 비옥한 섬이 녹둔도다. 19세기 들어 두만강의 물길이 변하면서, 이 하중도는 지금 두만강 북쪽 러시아 땅에 붙어 육지가 되어버렸다.

이야기를 녹둔도로 시작하자. 충무공 이순신에게는 두 차례의 백의종군 경력이 있다. 백의종군이란 흰옷에 계급장만 뗀 참전이 아니라, 보직 해임 상태지만 직급은 유지하면서 새 보직자를 보좌하는 형태로 종군하는 처벌이다. 충무공의 두 번째 백의종군은 가토 기요마사(加籐淸正)가 온다는 첩보가 거짓임을 알고 출전하지 않다가 당한 것이다. 그리고 그에 앞서 있었던 첫 번째 백의종군은 바로 경흥 녹둔도에서 있었다.

임진왜란을 전후해 행적과 운명이 비슷한 두 장수가 있었다. 한 사람은 충무공 이순신, 다른 한 사람은 의정부 고산동 구성마을의 완녕부원군 이경록(李慶祿)이다. 이순신과 이경록은 세상에 나온 때와 전란 중 순직한 해가 한두 해 차이로 비슷하다. 과거급제도 1576년 식년시 무과 병과로 동일하다. 조선의 최북단 경흥에서 남해 바다까지 피땀으로 지켜낸 권역도 그렇다. 나라 향한 충의와 사람 앞의 신의도 마치 둘이 하나인 듯 뜨겁고 진중했다. 질시로 인한 백의종군, 그 고난도 녹둔도전투로 인해 똑같이 받았다. 한 사람은 전란의 마무리인 양 노량해전 끝 적탄에 맞아 운명했고, 다른 한 사람은 제주 성산포에서 축성을 독려하다 질병과 과로로 세상을 떠났다. 다만 한 사람은 원 없이 싸웠지만, 한 사람은 임금의 수성(守城) 명령에 울화만 삭였다.

땅 끝 경흥에 속한 녹둔도는 여진족의 침입이 잦은 변방이라, 20리 밖의 조산보 둔병이 일하면서 싸워 지키고 있었다. 조산보에는 병권을 지닌 군관 만호가 머물렀고, 경흥은 고을의 수령 도호부사가 일을 봤다. 이 변방으로 두 사람이 비슷한 시기에 부임한다. 이순신은 1586년 종4품 조산만호로, 이경록은 이듬해인 1587년 종3품 경흥도호부사로 부임한다. 1587년 음력 8월 둘이 함께 녹둔도로 나가 추수를 감독할 때, 여진족이 습격해 군졸 10여 명을 살해하고 160여 명을 잡아가는 전투가 터졌다. 곧바로 추격해 추장 등 적군을 죽이고 포로도 데려왔지만, 아군 사망에는 책임 문제가 따랐다. 문제는 이런 사태를 예견한 이순신이 미리 주둔군 증원을 요청했고 전투 시 지원도 요청했지만, 병마절도사가 이를 수용하지 않았다는 것이다. 결국 '대등한 공방'은 패배로 둔갑하고, 두 장수에게는 백의종군하라는 벌이 떨어진다.

백의종군한 이순신과 이경록은 이듬해 전투에서 다시 몸을 세웠다. 그리고 3년 후 1591년 2월 이순신은 전라좌도 수군절도사, 이경록은 나주목사로 각각 승차한다. 이듬해 임진왜란이 발발했으니, 문득 암군(暗君) 선조가 무슨 생각을 했는지 신통하다. 이순신은 물에서 적선을 깨고, 이경록은 뭍에서 의병장 김천일과 함께 왜적을 쳤다. 그러다 개전 두 달 후인 7월에 이경록은 제주목사로 나간다. 제주를 빼앗겨 왜군의 배후지가 되면 문제가 크겠다는 조정의 판단이었다. 그래서 그 어려운 때 기병 300명을 붙여 제주로 보낸다. 후에 갑갑하고 울분에 찬 이경록이 군사 200명을 뽑아

완풍부원군 이서(李曙) 신도비와 묘소(고산동 구성마을 뒤)

참전하겠노라 주청해도 조정이 말린 것 또한 이 때문이다. 그래서인지 이경록의 제주는 전쟁 통에 평온했다. 제주에 부임한 목사들의 평균 재임 기간이 1년 10개월이라는데, 이경록은 1599년 초까지 6년 5개월을 재임했으니 전무후무한 기록이다.

산꼭대기의 봉수대를 해안에 설치할 경우 이를 연대(煙臺)라고 한다. 제주 해안에는 지금도 '연대'가 많다. 기록에는 제주에 25개의 봉수대와 38개의 연대가 보인다. 필자는 이 중의 상당수를 약 7년간의 긴 재임 중에 이경록이 쌓았으리라 추정한다. 한림읍 석축 명월진성도, 제주읍성도 이경록이 쌓았다. 그리고 이경록은 성산포 산성의 외성(外城)을 쌓던 중 과로와 풍토병으로 끝내 순직했다. 영웅은 때가 만든다. 이경록과 이순신… 한 사람은 수군통제사, 한 사람은 제주목사였다. 맡은 직분에 따라 한 사람은 온갖 데 돌아치며 깨부수고 다니되, 다른 사람은 다만 한 곳을 굳건히 지켜야 했다.

출발선과 닮은 재주와 타고난 인품이 비슷해도, 이때는 다만 운이 성취를 아퀴 짓는다. 그래도 이경록의 충정과 아쉬움만은 그대로 스러지지 않아, 그의 아들이 이괄의 난과 병자호란 때 나라의 큰 기둥이 됐다.

고산동 구성마을 뒤 산자락에 조선팔도를 쟁쟁 울리던 영웅, 호걸, 장군이 여럿 누워 있다. 효령대군의 5대손 오위장 이간(李幹)부터 그 아들과 손자 대에 모두 다섯 분의 무장, 스타가 한 마을에서 났다. 이경록 장군과 그의 동생 청백리 수군절도사 이경유, 이경록의 아들 완풍부원군 이서(李曙) 장군과 그 사촌 완계군 이기축(李起築) 장군이, 초라한 분상(墳上)으로 당신들의 청명을 드러낸다. 그러나 그들의 맑은 삶은 그들의 태도일 뿐, 이를 후세에 드러낼 책임은 우리의 몫이다. 인지하지 못함과 무관심이 안타깝다.

문무겸전한 장군 완풍부원군 이서는 이경록의 아들이다. 무관으로서 최초로 병조판서를 지냈고, 《화포식언해》와 《마경언해》 등 병서도 지었다. 치밀한 사람이다. 병자호란 때 인조가 피신한 남한산성을 그 10년 전인 1626년에 보수하고 행궁도 지었다. 그러고는 총 2000자루, 화약 1만 80근, 곡식 400섬, 간장 200통, 소금 90여 섬을 비축했다. 은 7600냥도 쟁여두었다. 인조가 그곳에서 무려 47일간이나 농성할 수 있었던 것은 모두 그의 예비 덕분이었다. 그는 인조반정 정사일등공신이다. 1623년 3월 12일 밤 동원된 반정 세력의 무력은 임진강 하류를 지키던 장단부사 겸 경기방어사였던 이서가 이끌어낸 700여 명의 병력이 주축이었다. 그날 창덕궁에 쳐들어간 군병의 선봉도 이서 장군의 사촌동생 이기축이었다.

이경록(제주목사, 병마·수군절제사)과 아들 이서(병조판서)를 생각하면 숙연하다. 아버지는 부친의 장례도 못 치르고 제주에 갇혀 7년을 애쓰다 눈을 감았다. 아들은 어영대장으로 남한산성의 인조를 지키다 진중에서 스러졌다.

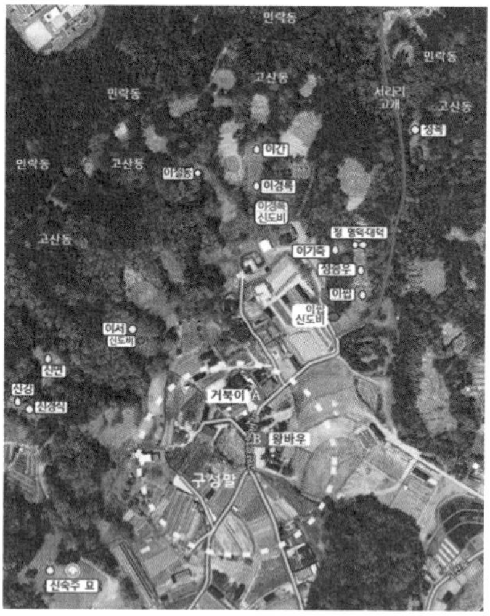

구성마을 뒤 부용산 자락 묘소들(고령신씨와 전주이씨 문중)

아비는 왜가 제주에 교두보를 확보하지 못하게 굳건히 지켜 이순신의 공(功)을 도왔다. 아들은 산성과 행궁을 쌓고 군수도 예비했지만 보람이 없었다. 쓸쓸하기는 구성마을 묘 앞에서 더욱 더하다. 목사 이경록 묘는 초라해도 그럭저럭, 그 동생 이경유 묘는 어디인지조차 모르겠다. 배향공신 이서 묘도 수수하나, 그 사촌 이기축 묘는 비갈은커녕 상석에 새긴 글조차 판독이 어렵다.

구성마을 장군가 무덤을 대중교통으로 찾아 가기는 퍽 불편하다. 구성마을에 있는 맛집 '거북이집'(고산동 296)이나 '왕바우'(고산동 295) 주소를 내비게이션에 입력하고 찾아가면 좋다. 경전철 차량기지역(60분 간격 운행)에 내려 보한재의 신숙주묘를 둘러보고 산자락을 따라 걸어도 좋다.

어떤 경우든 구성마을 뒷산의 묘소 지도를 꼭 살피기 바란다. 묘비 마모가 심해 판

구분	이순신	이경록
봉작-시호	덕풍부원군 충무공	완녕부원군 -
생몰 연도	1545 - 1598 명종1 - 선조31	1543 - 1599 종종38 - 선조32
과거 응시	1576 식년武科 丙科(병과)	1576 식년武科 병과 3위
녹둔도 전투 당시	조산 만호 종4품 1586 ~	경흥부사 종3품 1587 ~
임진 왜란	전라좌수사 1591 ~	나주목사 1592 ~ 의병 합류
	삼도수군통제사 1593 ~ 1598	제주목사 (7년) 1593 ~ 1599
전사 장소	노량해전 1598	성산포 축성 중 1599
백의 종군	녹둔도 전투 패배	녹둔도 전투 패배
	가등청정 생포 불응	-
사당-묘소	현충사	-
	충남남도 아산	경기도 의정부

닮은꼴 이순신과 이경록

독이 어렵고, 의정부시나 종중의 이들 호국 영령에 대한 안내도 매우 인색하다.

마을 뒷산의 이름은 부용산이다. 구성마을에서 북서쪽으로 1킬로미터, 야트막한 고개를 넘어 15분쯤 걸으면 '송산사지(松山祠址)'라는 잘 꾸민 공원이 나온다. 1997년 복원한 사당에 송산 조견(趙狷) 등 여섯 명의 고려 절신(節臣)의 위패를 모셔놓았다.

8장 기축이, 아씨 덕에 날다

조선시대 설화 중에 '관상 보는 주모의 남편 출세기'가 있다. 주인공은 의정부 고산동 산52-8, 구성마을 뒷산 완계군 이기축이다. 이 유명한 설화의 내용을 요약하면 '부잣집 딸이 못생긴 머슴에게 시집을 가겠다고 한다. 그 아비에게 쫓겨난다. 부잣집 딸은 한양으로 올라가 주막을 차리고, 신랑은 무예를 닦는다. 주막에 들른 반정 세력과 엮어 신랑도 거사에 참여한다. 이윽고 크게 현달한다'는 이야기다. 이기축과 그의 처에 대한 이 설화는 《금계필담》, 《국조인물지》, 《청구야담》, 《실사총담》, 《해동야서》 등 여러 책에 등장한다. 다만 줄거리가 조금씩 달라서 여주인공이 실제 정실부인 단양우(禹)씨로 나오기도 하고, 부잣집 딸 정(鄭)씨, '동정월(洞庭月)'이란 정씨 성의 기생이 되기도 한다(뒤의 두 정씨는 실제 첩임). 그러나 실존 인물 이기축은 효령대군의 후손으로 충청수군절도사 이경유의 얼자다. 어려서는 능양군(후에 인조)의 동네 친구요, 인조반정 정사공신 완풍부원군 이서의 사촌동생이기도 하다.

홍길동의 '호부호형 못 하는 신세'는 빈말이 아니다. '종년 소생' 얼자는 재산 상속도 어려웠으니, 이기축의 젊어 머슴살이는 어느 정도 사실일 터다. 우직한 호걸이 무과에 급제한다. 사촌형 이서를 무척 따라서, 그의 장단부사 재직 때 함께 움직여 인조반정 주력군의 선봉에 선다. 병자호란 때는 남한산성으로 인조를 호종하며, 여러 차례 죽기를 무릅쓴 전투도 치렀다. 인조가 그를 매우 아껴서, 정사공신(3등)에 책훈하면서 이름 기축(己丑, 태어난 해)을 '기축(起築)'으로 바꿔 지어주었다 한다. 이 호걸은 벼슬과 재물에 욕심이 없었다. 박세당의 의정부 장암동 세거가 그 부친이 인조반정 때 받은 사패지에서 비롯하는데, 이기축은 그런 은전조차 사양했나 보다. 고향 송산에 내려와 한가롭게 살다 죽었는데, 이때 자손들은 몹시 가난했다. 그의 성품은 묘소에서 극명하다. 상석 외에는 석물이 전혀 없다.

머슴 이기축과 혼인한 부인의 주막 얘기는 그 버전이 여럿이라 했다. 여인이 기축의 정실 처인 단양우씨인지, 그를 사랑한 평양 기생 동정월이거나 또 다른 여인인지 알 수 없으나… 아무튼 그러한 스토리는 오롯이 그가 '여인이 먼저 인연 맺자고 들이댈' 정도의 듬직한 호남이었다는 방증이겠다. 틀림없이 그의 큰아버지 이경록과 아버지 이경유는 물론 그의 사촌형 이서에 견주어 손색없는 호걸이었으리라. 인조반정의 정당성 여부를 떠나 충신이며 애국자요 위인이다. 효칙할 분이다.

이기축묘 앞에 서면 마음이 쓸쓸하다. 다른 전주이씨의 무덤에서 뚝 떨어져 있어, 서얼에 대한 집안의 대접으로 느껴지기도 한다. 반쯤 주저앉은 합장 단분 앞에는 비석이 없다. 그저 창연한 상석 하나뿐인데… 그 전면에 새긴 글조차 닳아 식별이 어렵다. 겨우 판독되는 글자는 '정사공신 자헌대

의정부시 고산동 구성마을 뒤(완계군 이기축 묘)

부 완계군(靖社功臣 資憲大夫 完溪君)'과 '정부인 단양우씨 부좌(貞夫人 丹陽禹氏 祔左)'뿐이다. 향로석에 가려진 글자가 더 있는지는 확인하기 어렵다.

이기축 장군의 후손 중에 뛰어난 문인이 있다. 시인 이옥(李鈺, 1760~1815)은 남양(南陽, 화성) 사람인데, 사실 그의 본향은 바로 의정부 송산(고산동) 구성마을이다. 이기축의 4대손이다. 아버지 이상오(李常五)가 처가(이옥의 외가)가 있는 남양으로 이주하면서 남양 사람이 된 것이다. 그러나 당시 반가는 대체로 서울 사대문 안과 고향에 모두 거처를 두었으니, 이상오도 실은 서울-양주 내지 서울-화성을 오가며 생활했으리라. 이상오가 남양으로 완전히 낙향한 때는 이옥이 21세 된 1781년이다. 아이러니한 점은 이옥의 4대조 이기축과 그 사촌형 이서가 인조반정에 참여해 가문을 세웠다면, 반대로 그 후손 이옥에 이르러서는 정조가 문체를 두고 일으킨 반정 때문에 가문이 그만 주저앉았다.

한시 한 편 감상하고 지나가자.

기쁘다고 머리에 기대지 말아요　歡莫當儂髻
옷에 동백기름 묻을걸요　衣沾冬栢油
좋다고 내 입술 가까이 마세요　歡莫近儂脣
붉은 연지 녹아 흘러들어요　紅脂軟欲流

남녀의 만지며 물고 빠는 농탕질이, 신윤복의 풍속화 속 어디 으슥한 곳에서 보이는 애정행각만 같다. 이 한시는 1800년경에 쓰였다. 이옥의 작품 《예림잡패》에 실린 한시 65수 중 하나다. 그의 시론 〈이언인(俚諺引)〉에 따르면, 시인이라면 사물의 참 모습을 표현해야 한다. 하나도 같은 것 없는 만물의 그 구체적 개별성을 드러내라고 주문한다.

이옥은 도리·윤리 같은 성리학의 바름(正)보다 사람의 꾸밈없이 오롯한 참(眞)된 감정에 천착한다. 사물마다 고유의 성질과 모양과 때깔과 소리가 있다며, 문학이 다루어야 할 바를 사람의 마음, 특히 남녀 간의 사랑으로 보았다. 그는 '한쪽으로 치우쳐 깊이 빠지는' 경향을 보이는 여성의 감성을 치밀하게 드러낸다. 그의 섬세하고 디테일한 표현은 성리학풍의 추상적·도덕적 표현을 떠나, 이제껏 다루지 않던 사물로 확장된다. 생각하면 아름다움은 바름보다 참됨에 있는 것도 같다. 이런 이옥보다 조금 이른 시기에 비슷한 풍조의 글을 쓴 사람이 연암 박지원이다. 하지만 임금 정조에게 '성리학에 기반한 정통 고문체'를 벗어난 이들의 글쓰기는 질서와 근본을 흔드는 해악이었다.

당시 중국에 유행하던 패관문학의 영향으로 자유분방한 연암의 글쓰기는 큰 반향을 일으켰다. 그러나 정조는 《패관잡기》 등 명말청초의 문집과 서양학을 삿된 것으로 규정하고, 이를 금해 순수한 고문으로 회귀하기를 바랐다. 새로운 문체와 지식이 기존 질서를 허물지 않을까 하는 우려는 권력자인 왕으로서 당연했겠다. 정조는 연암에게 그러한 글을 쓰지 말 것과 반성문 제출을 명한다. 이렇게 정조가 취한 일련의 대처가 이른바 문체반정이다. 본래 반정(反正)은 '바른 곳으로 되돌림'인데, 그렇다면 정조의 문체반정이 과연 그러한 성격을 지녔는지는 무척 의문이다. 구체제 수호와 문화적 탄압으로 보인다. 아무튼 성균관 유생으로 대과를 준비하던 생원 이옥에게도 하루 50수의 반성문 제출, 강제로 군대에 보내는 충군(充軍) 같은 처벌이 떨어졌다. 과거 응시를 불허하는 정거(停擧) 처분도 받았다.

이옥과 의정부 송산(松山)의 인연으로 돌아가자. 의정부 송산 낙양동에 《발해고(渤海考)》를 쓴 문화류씨 유득공의 묘가 있다. 득공의 부친 유춘(柳瑃)과 역시 송산 고산동 구성마을 전주이씨 출신으로 이옥의 부친인 이상오는 동서간이다. 여기에는 사연이 있다. 본래 양주 송산 사람 이상오는 남양 송산 사람 군수 홍이원(洪以源)의 딸에게 장가들었다. 양주 송산 사람 유춘은 홍이원의 사촌인 이성현감 홍이석(洪以錫)의 맏딸에게 장가들었다. 이상오는 1722년생, 유춘은 1726년생으로 네 살 차이다. 고향이 양주 송산으로 같고, 처지도 반가의 서얼로서 비슷했다. 그런데 이상오의 부인 홍씨가 일찍 죽는다. 그러자 조카사위를 아깝게 여긴 홍이석이 막내딸을 재취로 보냈다. 그녀가 낳은 아들이 바로 이옥이다.

이상오는 첫 부인 남양홍씨를 송산 고산동 구성마을 뒷산에 장사 지내고, 남양 송산으로 이사가 아예 남양 사람이 됐다. 아무튼 그래서 그 아들 유득공과 이옥은 이종사촌 사이가 됐다. 이옥의 관료로서 영달하려는 꿈은 문체반정으로 무너졌다. 그러나 문인 이옥이 우리 문학사에 어떠한 의미를 지녔다면, 그 문예적 성취의 바탕에는 띠동갑인 이종사촌 형 유득공이 크게 작용했으리라. 규장각 검서관 득공이 동생의 왕성한 독서욕을 채워줬을 것이고, 청나라의 신문화와 경향도 부어줬을 터다. 유득공묘는 본래 민락동, 지금의 낙양물사랑공원 뒷산에 있었는데, 공원이 들어서게 되어 이웃 자일동으로 옮겨졌다. 의정부 고산동 전주이씨와 민락동 문화류씨, 양주 송산 유득공과 남양 송산 이옥… 공교롭다. 우리가 다시 어디서 어떻게 만날지는 아무도 알 수 없는 일이다.

이기축묘(고산동 산52-8)를 포함해 고산동 전주이씨 호걸들의 묘소 찾기는 무척 어렵다. 이웃 신숙주의 후손 고령신씨 묘를 생각하면 지켜보는 제삼자가 다 속상하다. 이 전주이씨 집안의 중량감 있는 역사 인물 중 지방문화재로 등록된 인물은 한 사람도 없다. 이기축묘를 찾아가보자.

고산동 산52-7 길가에 세운 운림도정 이핍(李愊)의 신도비를 찾아간다. 신도비 위로 50미터쯤 올라가면 나오는 이핍의 장인 정종우(鄭宗寓)묘 남쪽으로 40미터 거리에 있다.

9장 사무치는 그리움: 초혼

의정부 경전철 곤제역의 '곤제'는 낙양동(洛陽洞)의 아늑한 마을 곤제(昆弟)에서 따왔다. 곤은 형(兄)과 같은 뜻이니 곤제마을은 곧 형제마을이다. 500여 년 전 양주조(趙)씨 형제가 동네를 일으켜 마을 이름이 됐다고 한다. 법정동 이름인 '낙양'도 이들 형제의 숙부 조말생과 관련된다. 양주조씨 곤제의 형 조극관은 단종 때 병조판서, 동생 조수량은 평안도관찰사를 지냈다. 이들의 낙양동 세거는 정황상 곤제의 아버지 조계생과 그 동생 조말생 또는 그 윗대부터인 것 같다. 조극관은 수양대군(세조)이 한명회·홍달손 등과 일으킨 쿠데타 때 김종서 일당으로 몰려 종로에서 목이 잘렸다. 시체도 수습하지 못했다. 관찰사로 평양에 가 있던 동생 조수량도 한성으로 초치돼 귀양길에 올라 살해된다. 집안이 풍비박산을 맞았다.

조극관의 시신을 수습하지 못해 곤제마을 선영(낙양동 산124)에는 조수량만 있다(네이버 두산백과의 조극관 묘역은 허구임). 그런데 참 묘하다. 의정부 송산에는 계유정난의 가해자와 피해자 무덤이 여럿이다. 극관과 수량을 모신 사당 바로 옆에 딱 붙어, 이들을 격살한 반란군 장수 홍달손의 묘와 남양홍씨 선영이 있다. 그런가 하면 이웃 고산동에는 문종의 자식(단종) 부탁을 뿌리친 세조의 배향공신 신숙주 묘가 있다. 그뿐인가, 용암산 너머 남양주 진접에는 세조 부부의 광릉이 번듯하고, 시선을 조금 멀리두면 남양주 진건에 단종 비 정순왕후의 사릉도 있다. 사별하고 64년을 더 모진 목숨 이어간 정순왕후, 그 묘택의 '생각 사(思)' 자만큼 간절한 사념이 또 있으랴. 가슴이 아릿하다. 문득 영화 제목 〈'(The good, the bad, and the ugly)'(석양의 무법자)〉가 생각난다.

곤제마을 조수량묘 바로 위에는 부친 계생이 누웠다. 이 글은 조계생과 그의 둘째 마나님 그리고 이웃 민락동의 사당 송산사(松山祠)에 배향된 평양조(趙)씨 '견(狷)'에 엮인 기이한 인연 이야기다. 이야기를 고종·순종(엄밀히는 명성·순정 황후)의 홍릉·유릉 이야기로 잠시 옮겨가자. 1895년 10월 을미사변 때 살해된 왕후 민비의 장지는 그해 말 구리 동구릉 안의 숙릉(肅陵)으로 정해졌다. 이후 묘호를 홍릉(洪陵)으로, 장지는 청량리 지금의 홍릉으로 바꾸고… 죽은 뒤 776일이 지난 1897년 11월에 하관한다. 끝이 아니었다. 시나브로 국운이 기우는 걸 풍수 탓으로 알고 1900년 여름 경기도 양주(지금 남양주) 금곡으로 천장을 결정한다. 금표를 세우고 무려 2만여 개의 무덤을 옮기도록 한다. 세상 어디에 이런 폭군이 있나.

그렇게 1900년 여름 양주조씨, 능성구씨 종중을 비롯해 수많은 왕실 종친의 묘를 파헤쳐 황망 중에 옮기게 하고는… 그러구러 장장 19년을 더 있다 고종이 승하하고 1919년 2월 말에야 청량리 홍릉을 열었다. 그리고 기미독립만세 부르던 날 고종도 인산(因山)한다. 망극(罔極), 임금의 은혜는 가이

곤제마을 조수량 묘소

없다! 아무튼 이런 봉변을 당해 조계생의 묘도 의정부 낙양동으로 옮기게 됐다. 지금 남양주 수석동 한강 가의 조말생을 비롯한 양주조씨 분묘도 모두 그때 황급히 쫓겨난 것이다.

이번에는 의정부 송산사지의 또 다른 조씨 조견(趙狷)을 만나보자. 조견은 고려 충정왕 때 태어나서 조선 세종 때 눈을 감았다. 고려 조정에서 안렴사(조선의 관찰사)를 지냈는데, 이후의 이력에 대해서는 기록마다 다소간 이견이 존재한다. 야사에 따르면 그는 시종 조선의 출사 요청에 응하지 않고 은둔했다. 자를 종견(從犬, 주인을 따르는 개), 호를 송산(松山, 고려의 도읍지 개경의 송악산이 연상됨), 함자를 견(狷, 굳을 견)으로 고친 점으로 미루어, 그의 고려를 향한 마음을 읽을 수도 있다. 근래 다시 세운 의정부 민락동 송산사에서 다른 다섯 명의 고려 절신과 함께 제향을 받는다.

다시 곤제마을 뒷산으로 가자. 곤제(형제)의 부친 조계생의 마지막 벼슬

조계생 묘비의 신창표씨 '招魂'(초혼) 표기

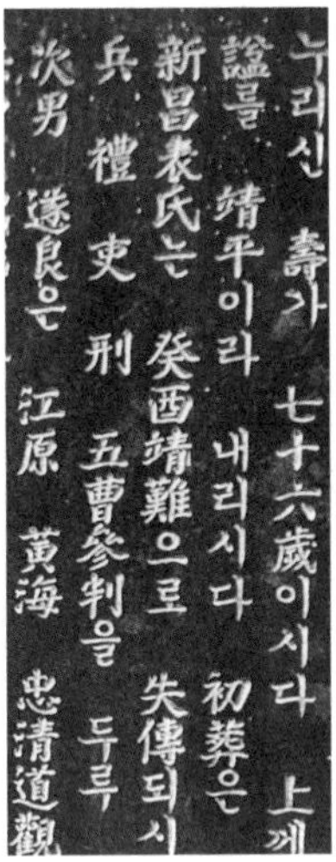

조계생 신도비 비음 표기(계유정난으로 실전)

은 의정부 참찬(정2품)이었다. 묘비에 따르면 조계생에게는 첫 부인 윤씨(망자 기준으로 남편 왼편에 묻힘)와 둘째 부인 신창표씨(新昌表氏)가 있었다. 표씨는 조계생이 수원부사로 있을 때, 나이 49세 된 1411년이나 그보다 약간 늦게 두 번째 부인으로 맞아들였다. 표씨에 대해서는 '초혼, 간좌(招魂, 艮坐)'라는 부기가 보인다. 간좌란 간방(艮方), 곧 동북쪽을 등진 자리를 말한다. 한편 "부르다가 내가 죽을 이름이여~" 하는 소월의 시 제목이기도 한 '초혼'에는 두 가지 뜻이 있다. '혼 부르기'는 우선 전통 장례 중 사람이 숨지면 지붕이나 마당에서 그가 입던 옷을 흔들며 막 떠나는 영혼에게 돌아오라고 부르는 것이다. 달리 '고복(皐復)'이라고도 한다.

다른 초혼은 시신이 없어 망자의 체취가 밴 물건, 곧 옷이나 이불 등으로 치르는 장례 방식을 말한다. 이렇게 만든 묘를 초혼묘라 한다. 홍릉의 명성황후 무덤이 끝내 시신 찾지 못해 이불을 대신 넣은 초혼묘다. 아무튼 묘비

명에 기대면, 어떤 연유로 표씨의 시신을 찾아 모실 수 없었고, 그래서 대신 유품을 북동쪽에 묻었다. 묘비 옆에 세운 신도비 뒷면에는 "표씨는 계유정란으로 실전(失傳)"이라고 적혀 있다. 조계생이 죽은 것은 1438년, 계유정난은 15년 뒤인 1453년의 일이다. 재취였으니 계유년에 그녀는 아직 젊었을 것인데, 팔도 쩌르르 울리던 자식 둘은 일시에 역적이 됐다. 표씨 스스로 삶을 작정했거나, 아니면 연좌에 걸려 노비로 떨어졌거나 했을 듯하다. 그러니 어쩔 수 없이 조계생묘에는 다만 '초혼'일 수밖에 없었겠다.

《조선왕조실록》에 흥미로운 기록이 남아 있다. 태종 11년 윤12월 1일의 기사다.

> 사헌부가 상소해 조견의 죄를 청하면서 "과부 표씨의 뜻을 빼앗고자 했으니 재상답지 않습니다" 했다. 임금께서 논하지 말라 하셨으니, 그가 공신인 때문이다. 표씨는 오건의 아내로, 일찍 과부가 됐지만 집이 부유했다. 박지가 조견에게 중매해 표씨가 허락했다. 혼인 날 저녁 표씨가 조견의 늙고 수염이 흰 것을 보고 도망해, 사헌부에 "조견이 억지로 장가들려 한다" 고발했다. 얼마 후 수원부사 조계생에게 시집갔다.

《조선왕조실록》에 별 시답잖은 연애 이야기를 다 적었다. 흥미 있는 점은 여기 등장하는 세 사람이 모두 현재 의정부 송산에 연고를 두었다는 사실이다. '송산 조견'의 사당은 민락동, 조계생 부부의 무덤은 낙양동에 있다.

기사에는 당찬 표씨의 성품이 오롯하게 드러난다. 바로 검찰에 고발했을 뿐 아니라, 상대를 바꿔 조계생에게 재가했으니 무척 당찬 사람이다. 대단히 매혹적이었을 것 같기도 하다. 그녀가 1411년에 재가했다 보면 조계생은 49세, 조견은 띠동갑인 61세였다. 조견이 개국공신에다 부원군씩이나 됐어도, 표씨는 수원부사 조계생을 택했다. 삶을 새옹지마라 하던가… 권력가의 청혼을 거절하고 젊은 준걸을 택했다. 그러나 남편이 죽고 웬걸 집안은 나락으로 떨어졌다. '삼족을 멸한다' 했으니, 부모·형제·처자에 든 표씨도 횡액을 면치 못했을 터다. 안타까운 일이다. 알 수 없는 일이다. 다만 첨언으로 마무리하자. 옛 인물의 무덤을 찾아 비석을 보거든, 특히 그 뒷면(碑陰)을 찬찬히 읽길 권한다. 의외로 많은 정보가 담겨 있다.

당당한 러버(lover), 표씨 부인의 혼령을 보러 가는 길은 내비게이션에 의정부시 낙양동 산124를 입력하면 간단하다.

대중교통은 의정부 경전철 곤제역 2번 출구로 나와 개울(부용천)을 건너지 말고 상류로 천변을 100미터가량 올라가면 왼편에 민락평광장로교회가 나온다. 그 앞에서 왼편으로 굴다리를 통해 300미터쯤 가면 곤제마을이다. 마을 안 삼거리에서 왼편으로 100여 미터에 사당 충모재가 있으며, 그 약간 못 미쳐 왼편으로 산기슭에 위치한다. 금오동 의정부시외버스터미널에서 부용천을 따라 상류로 곤제역까지 30분쯤 걷는 것도 즐겁다.

중랑천의 지천인 부용천이나 민락천을 걸어보는 것도 좋겠다. 지하철 1호선 회룡역에서 U-라인(의정부 경전철)으로 갈아타고 고가레일 위에서 내려다보는 재미도 각별하다. 곤제마을 외에 인근의 다음 장소를 소개한다. 경전철의 이웃 정거장 '어룡역'에 내리면, 5분 거리에 의병장 충의공 정문부묘가 있다. 24시간 365일 개방한다. 묘소 앞에 북관대첩비(北關大捷碑) 복제품도 있다.

주변에 《발해고》 저자 유득공묘(자일동 산129)와 한국전쟁 때 의료 지원에 나선 노르웨이 이동외과병원 노르매시(NORMASH) 주둔지 상록근린공원(금오동 476-3)도 있다. 유득공묘는 철제 펜스를 넘어가야 하니 안전주의.

10장 | 전좌마을: 어인 행차시오니까

지명 '의정부'의 유래는 전설 '함흥차사'와 하나의 세트다. 그리고 이 두 말을 하나로 꿰는 가치는 효심이다. 아들 고종에게 외면당한 흥선대원군이 의정부 직곡산장(直谷山場)에 잠시 머문 데는, 이러한 태종의 태조를 향한 효성에 기대려는 마음이 작용했을지도 모른다. 한편 의정부시는 호원동 전좌마을이 이들 지명의 유래와 밀접하리라 추정한다. 필자의 설명에 따라 현장을 둘러보면, 독자는 근 500년 전 《조선왕조실록》에 기록된 어떤 역사의 한 장면을 확인할 수 있다.

회룡역 3번 출구로 나와 신일유토빌아파트 서쪽 신흥로로 간다. 길 건너 카서비스센터 옆 인도(호원동 309-4)에 '태조 태종의 상봉지' 표석이 보인다. 이 표석 뒤가 전좌(殿座)마을이다. 표석의 요지는 이러하다. '두 차례 왕자의 난을 겪은 태조는 오랫동안 고향 함흥으로 은퇴한다. 무학대사의 끈질긴 설득으로 마침내 한성 환궁 길에 올랐다. 태종은 부왕이 환궁한다는

호원동 309-4 전좌마을 표석 '태조-태종 상봉지'

소식을 듣고 이곳까지 와서 맞이했으므로 전좌마을 이름이 생겼다. 또 이곳에서 대신들과 정사를 논했다고 하여 의정부라는 지명을 얻었다.' 의정부의 자존심, 전설 함흥차사와 지명 의정부를 품고 있다. 과연 태조와 태종은 이곳 전좌마을(전좌 : 왕이 앉는 자리 또는 앉음)에서 만났을까.

'-평(坪), -점(店), -장(場), -둔토' 같은 말을 덧대지 않은 지명 '의정부'는 1863년 《북상록(北祥錄)》에 처음 등장한다. 앞의 넷 중 하나를 덧댄 것으로 확대하면, 최초의 기록은 《임진피병록》(이정귀, 1592)의 '의정부장(場)'이다. 임진왜란을 기준으로 태조의 개경 환궁(1402)으로부터 최소 190년이나 지난 뒤에 '의정부'라는 지명이 등장한다. 그렇기 때문에 근래는 지명 의정부가 조선 중기 이후 이곳에 있던 '최고기관 의정부'의 비용을 대던 둔전, 곧 '의정부둔(議政府屯)'에서 유래했으리라는 추정이 정설처럼 굳었다.

태조와 태종의 갈등이 최고조에 달했던 시기는 제1차 왕자의 난(1398년 8

함흥차사 전설의 유래가 된 이성계 외유 노정

월)부터 태조가 장기 외유를 마친 1402년 12월까지 2년 4개월이다. 태조는 1401년(태종 1) 11월 말 한밤중에 갑자기 지금의 동두천 소요산으로 간다. 이듬해 1402년 11월, 이번에는 또 갑자기 소요산에서 함경도 방면으로 떠난다. 그런데 공교롭게도 태조가 함경도 방면으로 출발하고 사흘 후 원산 밑에서 안변부사 조사의가 반란을 일으킨다. 사가들은 대체로 태조가 개입했으리라 추정한다. 이 시기의 이른바 함흥차사는 돌려 말해 태조의 신변보호, 직설하면 신병을 확보하기 위해 파견한 태조의 군병이었으리라 짐작된다.

함흥차사의 사전적 의미는 '심부름을 가서 오지 않거나 늦는 사람'이다. 이 말의 유래는 태조 이성계의 장기 외유와 연관된다. 그러나 《조선왕조실록》에 따르면 태조는 안변부사가 일으킨 반란 기간에 함경도로 가서 함주(咸州·지금의 함흥. 지명'함흥'은 1416년 처음 등장)에 최대 9일간 머물다 평안도로 방향을 틀었다. 이동 중 찾아온 신하 가운데 그가 죽인 사람도 없다. 게다가 태조가 당시 밖으로 돌다 돌아간 곳도, 한성이 아닌 개경이었다. 1402년 음력 12월 8일 태종은 평안도에서 남하한 태조를 개경 북쪽 황해도 금천군 금교역에서 맞이해 개경으로 들어간다. 소요산 남쪽의 의정부 지역은 태조와 태종의 노정에 놓일 수 없는 곳이다.

외유하던 태조가 머문 곳은 옛 양주

태조의 장기 외유 3년 후 1405년 10월, 조선은 한성으로 수도를 다시 옮긴다. 칠순 나이에도 이때까지 태종에 대한 태조의 미움은 가시지 않았던 것 같다. 그렇지만 그럴수록 자식 태종의 마음은 납덩이처럼 무거워졌다. 아버지는 언제 가실지 모를 천수를 다 누린 목숨이다. "마음 풀어드리지 못한 채 돌아가시면 이 불효를 어찌할꼬…" 몹시 노심초사했을 터다. 《조선왕조실록》에서 두 사람의 마음과 거동을 살펴보자.

"큰(德) 수(壽)를 누리소서." 덕수는 물러난 상왕의 거처를 이르는 일반명사다. 한성 재천도 후 태종은 창덕궁 시민당(時敏堂) 자리에 덕수궁을 마련했다. 태종은 1405년 재천도 후 2년간 20회나 덕수궁에 들러 잔을 올리거나 모시고 잤다. 건국 초에다 재천도의 엄청난 난제 처결 중에 태종이 이렇게 자주 아버지를 찾은 연유는 무엇일까?

1406년 태종은 어떤 연유인지 갑자기 세자에게 옥쇄를 내주며 물러나겠다고 했다. 신하들이 갈팡질팡하다 태상왕 태조에게 달려가 물었다. 그러자 태조는 "이는 하늘이 그렇게 시키는 것이라, 나 또한 어찌 제지할 수 있겠는가?"라고 했다. 그렇지만 나라를 생각하면 일어나서는 안 될 일이었다. 태조는 조용히 아들 태종을 불러 말했다. "국가의 대사를 내게 고하지 아니함이 옳은가. 왕은 수염과 머리카락이 벌써 희어졌나? 아직 학문에 통하지 못하고 사리도 알지 못하나! 내가 100세를 맞은 뒤에는 맘대로 하든 말든, 죽기 전에는 다시 이런 말 듣고 싶지 않구나."(1406년 8월 30일) 신하들에게 한 말과 독대한 아들에게 한 말의 결이 사뭇 다르다.

흥미로운 상황은 이어진다. 태종이 아뢰기를 "지금 신(臣)이 혼자 들어와 곁에 모시고 있으니, 부왕의 말씀을 누가 알겠습니까?" 한다. 말씀을 공증해달라는 청이다. 그러자 태조가 곧바로 도승지 황희를 불러, 앞서 자신이 한 말을 다시 읊었다. 《조선왕조실록》은 "이리하여 이날 임금이 몹시 취해서 환궁했다"라고 적었다. 이 사건에는 여러 의미가 함축되어 있다. ① 환궁 후 4년이 지났지만 아직 태조의 분노가 사위지 않았음이다. ② 그러나 정말 태종이 왕위를 버렸을 때 나라가 어찌 될까 하는 태조의 자문과 '노(No)답'이란 결론도 읽힌다. 한편 태종의 입장에서도 '더 이상 이대로 가면 안 된다!'는 어떤 절박감에 사로잡혀, 말하자면 건곤일척의 도박에 나선 것이리라. 이해에 태조는 71세, 내일 바로 눈을 감는다 해도 이상할 것 없는 나이였다. 이보다 더 절박한 동기가 또 있을까.

근 10년 묵은 태조와 태종의 갈등이 이날 다 풀렸으리라. 그동안 태조가 품었을 증오와 어쩔 수 없는 답답함, 그래서 아비에게 다가설 수 없는 태종의 황망한 안타까움이 모두 사라졌으리라. 같은 해(1406) 11월 5일 태종이 양주목 남쪽에 머물렀는데, 태조의 환궁을 기다리기 위해서였다. 태조가 양주 객사(양주시 고읍동)에 머물자, 태종이 가서 뵙는다. 다시 양주목 남쪽으로 내려와 묵고 이튿날 해촌(도봉동)에서 또 뵙는다. 《조선왕조실록》에는 이 시기 부자의 양주부 나들이 기록이 자주 보인다. 이를 찬찬히 음미하면 모

사패산1보루에서 본 전좌마을과 직동근린공원

든 갈등이 스러졌다는 느낌이 오롯하다. 태조는 이렇게 자식과 화해한 이태 후, 1408년 73세로 승하한다. 다 내려놓고 편히 가셨으리라.

태조-태종의 화해는 지명 ‘의정부’를 낳고

필자의 스토리텔링은 이러하다. 옛 양주 땅을 중심으로 태조와 태종의 갈등이 존재했다. 돌이킬 수 없는 상황을 만든 태종이, 그러나 곧 돌아가실 아버지의 마음을 돌리려 노심초사했다. 조석으로 찾아뵈며 극진하게 모시기도 하고, 그러다 안 되니 “못해먹겠어요. 다 던져버리겠습니다!” 하며 투정도 부렸다. 그러나 태종의 그런 행위가 오롯이 아들의 아버지를 향한 효심과 염려임이 신료와 백성의 눈과 귀에 차곡차곡 들어찼다. 태조의 끝내 용서함과 태종의 지극한 효심이 쌓이고, 거기에 이를 지켜본 지역주민의 뿌듯한 자긍심이 덧붙는다. 세월이 흘러 의정부에 전좌마을과 의정부둔이라는 지명이 생겼다. 그러구러 또 수십 년 세월이 흘러 이윽고 전설과 사실이 하나로 묶인다. 함흥차사와 전좌마을과 삼정승의 의정부가 하나의 스토리로 탄생한다.

사패산에서 실록의 한 쪽이 보인다

그러면 전좌마을의 '전좌'는 어디서 유래하는 것일까? 전좌마을 옆 회룡천을 따라 사패산에 오른다. 석굴암 뒤 가파른 산길을 450미터쯤 오르면 능선길이다. 게서 오른쪽으로 20~30미터, 호원동 산34-1번지 암석 봉우리(355미터)가 사패산 제1보루다. 바로 밑 시원하게 뚫린 서부로가 숲을 가로지른다. 수락산 도정봉에서 북으로 굽이진 산자락이 신곡동 서해아파트 뒤 발곡근린공원에서 멈춘다. 시선을 가까이 하여 서부로를 밑변으로 한 삼각형 숲에 주목하자. 이 숲이 제1보루 봉우리에서 완만하게 흘러내린 지세임을 단박에 알 수 있다. 사패산 일부가 특이하게 이곳에서 회룡역까지 비죽 돌출했다. 그곳이 전좌마을 뒤, 미도아파트 북쪽의 야트막한 구릉 직동근린공원이다. 이 공원에서 그 바로 밑에 위치한 마을 '전좌'의 또 다른 의미를 찾을 수 있다.

《조선왕조실록》에는 호원동 전좌와 관련해 다른 설명이 가능한 단서가 있다. 지금의 의정부 중랑천 서편 평지 전체의 지칭이었을 '녹양(綠楊)'은 《조선왕조실록》에 근거해 특징적으로 말하면 하나의 거대한 군사훈련장이다. 동시에 임금의 사냥터였다. 군사훈련을 강무(講武)라 하고, 강무 중에서도 특히 왕 앞에서 하는 큰 훈련은 대열(大閱)이라고 한다. 1536년(중종 31) 7월 7일 자 기사는 다음과 같다.

아뢰기를 "녹양장 대열하는 곳의 전좌할 자리를 살펴보니 도봉산 거암(擧巖) 아래 산기슭이 동쪽으로 추동(楸洞)을 향해 있는데, 중산(中山)과는 거리가 5~6리쯤 동네 어귀가 평탄하고 광활해 10만 병마(兵馬)라도 용납할 수 있습니다" 하니, 그곳에서 대열하라고 했다.

군사 3만 명에 장비와 말먹이, 식량 등을 챙기는 이들을 포함해 10만 명 규모의 군사훈련을 상상해보라. 이 대규모 훈련을 참관할 임금의 자리(전좌)를 잡으러 다녀와 하는 보고다. 직동근린공원에서 북쪽 녹양벌판을 바라보면 무릎을 탁 치면서 "딱 여기가 그 전좌!"라고 외칠 수밖에 없다. 기사 속 거암(들바위)은 틀림없이 제1보루다. 동쪽으로 중랑천 건너 산기슭에 추동마을은 지금도 있다. 공원 남쪽에 붙은 미도아파트에 오르면 왼편 사패산과 홍복산, 오른편 천보산과 효자봉·도정봉에 둘러싸인 평지가 한 눈에 들어온다. 직동근린공원 산자락 호원동 산14-35에 왕이 앉아 훈련을 참관했을 것으로 추정된다. 전좌마을 미도아파트 뒷산이다.

사패산 1보루를 가려면 지하철 1호선 회룡역 3번 출구에서 곧바로 직진, 회룡사로 향한다. 회룡골매표소까지 1.3킬로미터, 20분. 매표소에서 석굴암 산신각까지 1.1킬로미터, 오르는 데 20분 걸린다. 산신각 뒤로 등산로를 따라 급경사 500미터를 20분쯤 오르면 제1보루에 도착한다. 하산은 북쪽으로 사패산 제2보루 아래에서 호암사를 통과해 파머스빌리지(카페) 앞으로 내려와 직동근린공원까지 2킬로미터, 30분쯤 걸린다.

직동공원 지세(地勢) 살피기가 시간적 또는 육체적으로 부담스럽다면 곧바로 전좌마을 표석과 직동근린공원으로 이동한다. 회룡역에서 전좌마을 '태조 태종 상봉지' 표석(호원동 309-4)까지 750미터, 7분 걸린다. 이곳에서 회룡사를 향해 가다 한국개나리아파트 뒤 모퉁이에서 오른편으로 직동근린공원까지 630미터, 10분 걸린다.

사패산까지 간다면 회룡사와 호암사도 둘러보는 게 이득이다.

석굴암에서 백범 김구의 필적 암각문을 감상한다. 사패산에서 회룡천, 중랑천을 따라 동쪽으로 수락산까지 거대한 대전차 방어벽 구조물이 남아 있다. 직동근린공원 숲속에서 지하 벙커를 수색할 것, 공원에서 내려와 회룡천 둑길 따라 5~6미터 간격으로 설치된 등받이 없는 반원형 벤치를 유심히 보자. 벤치 아래 바닥에 반달형 철판이 깔려 있다. 모두 방어벽 참호로, 의정부는 군사훈련장이며 수도 서울 방어의 마지막 보루임이 분명하다.

4부 주석

1) 《경향신문》, 1974년 2월 27일.

5부

청년의, 청년에 의한, 청년을 위한 도시 의정부

● 오강선

인덕대학교 교수. 동국대 영문학과를 졸업했고 동 대학원에서 디지털컨버전스로 석사학위를 받았다. 1986년 KBS 교양 PD로 입사해 「TV는 사랑을 싣고」 「해피 선데이」 「윤도현의 러브레터」 등의 예능 프로그램들을 만들었고 전략기획팀장, 콘텐츠사업 부장, 국장을 역임했고 최근에는 KBS 혁신추진단장으로 일했다. 현재는 디지털 기술 변화가 우리의 삶을 어떻게 바꾸는지 관찰하고 연구하는 일을 해오고 있다.

1장 무색무취 의정부, 보이지 않는 변화가 꿈틀거린다

서울을 중심으로 의정부 반대 방향에 있는 화성에서 태어나 수원에서 자란 나에게 의정부는 매우 낯선 도시다. 나뿐 아니라 수도권 남부에 사는 사람들에게 의정부, 동두천, 포천 같은 서울 북쪽에 있는 도시는 생활 연관성이 거의 없기 때문에 매우 낯설게 느껴진다. 오히려 저 멀리 부산이 훨씬 친숙한 느낌이다. 이처럼 같은 경기도인데도 한강을 사이에 두고 경기 북부와 남부가 상당한 이질감을 갖고 있다.

이렇게 낯선 이방인의 눈으로 동네를 살펴보고 알아가는 것은 매우 흥미로운 일이다. 특히 이방인의 시선은 그 지역에 살고 있거나 잘 아는 사람들은 익숙해서 당연하거나 무감각하게 생각하는 특별난 것들을 찾아내는 이점이 있다. 내가 이번 여행에서 발견한 의정부의 특징은 평범함속에 미래형 도시가 자라고 있다는 것이다. 이 글에서는 21세기 미래형 도시가 무엇이고 왜 의정부가 미래형 도시로 발전하고 있는지 살펴보려고 한다.

처음 방문했을 때 의정부의 겉모습은 부천, 안양 등 다른 서울 위성도시들과 크게 다르지 않았다. 서너번 방문해도 느낌은 같았다. 의정부동을 중심으로 구도심은 안양 구도심을 보는 듯하고 민락지구 같은 신시가지는 평촌을 보는 듯하다. 도대체 의정부에 대해서 무슨 이야기를 할 수 있을까? 의정부를 잘아는 사람한테 물어봐도 비슷한 대답이 돌아왔다.

지금까지 막연히 갖고 있던 의정부의 이미지는 군사도시라는 것이다. 필자는 1980년대 초에 평택 안정리에 있는 캠프 험프리에서 카투사로 군복무를 했다. 그래서 미군을 중심으로 하는 기지촌 문화와 분위기에 익숙하다. 의정부는 미군기지의 본거지에 해당하기 때문에 40년이 지난 지금도 의정부는 미국 문화가 두드러진 도시라고 생각했다. 그런데 오랜만에 의정부를 돌아보면서 군대 기지촌 문화는 찾아볼 수 없고 의외로 평범한 모습에 궁금증이 생기기 시작했다.

또 하나 의외였던 것은 의정부에 사는 청년을 만나보면 그들에게 미군부대에 대한 기억이 거의 없다는 것이다. 그들 의식 속에 미군부대 문화는 부대찌개 정도였다. 미군부대는 2000년대 초반부터 의정부에서 철수하기 시작해서 2007년 정도에는 모두 이전했다. 그러니까 지금 20대 후반에서 30대 초반 청년은 유년 시절에 미군부대와 함께 자란 것이다. 그런데도 이들에게 미군부대의 기억은 없었다. 의정부의 겉모습도 빼뻘마을[1] 등 일부 지역을 빼고는 대부분 재개발됐거나 개발 중이어서 신도시 같은 분위기다.[2]

이렇게 청년의 기억에서 미군부대의 추억이 거의 없는 것은 의정부의 지역 특성 때문인 것 같다. 지금까지 의정부에서 태어나서 자라고 성인이 되면 대부분 서울로 직장을 얻어 떠나 토박이라는 의식이 별로 없었다. 의정부에서 생활하더라도 언젠가는 의정부를 떠날 거라는 생각이 많다. 또 한편에서는 서울에서 이주해온 세대가 많아서 지역에 대한 애착이 적기도 하다. 그런데 이번에 의정부 곳곳을 돌아보고 여러 청년을 만나고 관찰하면서 의정부 미래의 희망을 발견했다. 의정부의 정체성을 찾아보고 자신들이 생각하는 의정부의 미래를 만들어가고자 하는 청년이 늘어가고 있는 것이다. 안양과 수원권에서 40년을 살면서 발견하지 못한 청년의 변화를 의정부에서 만나면서 의정부라는 도시가 궁금해졌다. 그렇게 의정부를 알아갈수록 21세기 미래 도시가 요구하는 조건을 의정부 시민은 무의식 속에 하나씩 갖추어가고 있다는 것을 발견했다. 청년을 중심으로 의정부 시민은 어떻게 의미 있고 행복한 삶을 살 수 있는 21세기 도시를 만들어가는지 살펴보려고 한다.

2장 | 의정부가 군사도시라고요? 의정부 역세권의 매력

1호선 전철을 타고 의정부역에서 내리면 의정부의 현주소를 느낄 수 있다. 거의 대부분 도시에서 중앙역은 비슷한 모습이다. 역 앞 광장과 상점 거리, 지하상가 등이 있다. 의정부역 주변도 비슷한 풍경이다. 역에서 내리면 광장 대신 공원이 조성되어 있고 길 건너편에는 상가 그리고 규모가 제법 큰 지하상가가 있다. 역사는 신세계백화점과 영화관 등 부대시설이 들어서 있다. 옆에는 경기 북부권에서 제일 큰 의정부 제일시장이 있고 신세계백화점이 생기면서 오거리를 사거리로 만들어 차 없는 거리를 조성한 행복로가 있다. 그리고 그 옆에는 부대찌개 거리가 있어서 많은 사람을 끌어들이고 있다.

의정부 역사에 들어선 신세계백화점은 복합 시설로 의정부 변화의 상징이다. 2012년에 개장한 백화점은 연면적 1만 5000평에 이를 정도로 경기 북부 지역의 대표 상점이 됐다.

수도권 북부 지역 프리미엄 상권을 대표하는 의정부 역사 내 신세계백화점

지난 10년간 매출이 계속 증가하고 있다니 아마 의정부 시민뿐 아니라 주변 양주, 동두천, 포천, 연천 등지의 시민이 이용하는 것으로 볼 수 있다. 복합 시설이다 보니 대형 서점, 극장, 명품 숍과 다양한 식당이 들어서 있어 고급 상품과 서비스를 원하는 고객이 서울로 가지 않고 이용할 수 있다. 의정부 신세계백화점은 상징성이 크다. 제일시장과 의지몰[3] 등 전통시장 상권에 프리미엄 상권이 더해지면서 의정부 역세권은 어디에서도 보기 드문 종합 상권을 형성하고 있다. 어떤 종류의 고객도 즐길 수 있는 지역이 된 것이다. 실제 3층 명품관은 서울 북부권의 노원 롯데백화점보다 훨씬 큰 규모를 자랑한다.

21세기는 보편적 접근성[4]이 매우 중요하다. 신세계백화점은 전통시장인 제일시장, 규모가 큰 지하상가 의지몰, 행복로 젊음의 거리 상가, 부대찌개 거리 등과 함께 보편적 접근성을 갖춘 의정부 중앙 상권 플랫폼을 완성하는 역할을 한다. 이런 여러 상권은 서로 보완과 상호작용을 하면서 시너지 효과를 낼 뿐 아니라 더욱더 성장할 것으로 예상된다. 그럴 경우 의정부역 상권은 경기 북부 지역뿐 아니라 서울 동북부 지역의 중심 역할을 하게 될 것이다.[5]

3장 | 시민 자치 문화의 전당이 되고 있는 '역전근린공원'

신세계백화점 건물이 있는 의정부역 앞에는 큰 공원이 조성되어 있다. 미군부대 캠프 홀링워터를 반환받아 시민공원으로 꾸민 것이다. 북측에는 역사 공원의 개념으로 구성되어 있고 남측은 시민 공동체 공원 개념의 무한상상 시민공원으로 꾸며져 있다. 미군기지 반환지에 대한 개발 문제는 논쟁이 많다. 여러 이해관계가 얽혀 있고 관점이 다양하기 때문이다. 특히 산업단지로 개발해서 일자리를 만들자는 주장이 가장 강력하게 대두되는 것이 일반적인 현상이다. 의정부도 그런 의견이 많지만 다행인 것은 지금까지 반환지 개발은 병원, 관공서 그리고 의정부 역전근린공원으로 이루어졌다. 왜 공장이나 기업을 유치해서 산업단지를 개발하는 것보다 우리 문화생활과 직접 관련된 시설로 만드는 것이 21세기 도시의 조건을 갖추는 데 유리한지 뒤에서 자세히 살펴보려고 한다.

역전근린공원 북측에는 평화통일을 기원하는 역사공원 개념으로 구성

평화를 상징하는 의정부 역전근린공원에 있는 베를린 장벽

되어 있다. 가장 인상적인 것은 베를린 장벽 구성물 설치다. 의정부가 북한과 가까운 북부 도시여서 어느 도시보다도 통일에 대한 염원이 강해 독일 정부 기관에서 기증을 받아 다섯 개의 베를린 장벽을 설치했다. 옆에는 차하얼학회[6]의 도움으로 한중 우호 증진 차원에서 중국에서 제작한 안중근 의사 동상이 있다. 이곳에는 3·1운동 기념비, 평화의 소녀상도 함께 설치되어 있다. 또 한편에는 한미우호증진기념비와 의정부시 50주년 기념비도 있다. 의정부와 관련된 역사나 염원을 담은 설치물이 눈에 띄지만 한 가지 아쉬운 것은 공원을 이용하는 시민이 별로 없다는 것이다. 아마 장치 위주로 구성되어 있고 이 공원에서 경험할 수 있는 콘텐츠가 적기 때문일 것이다. 그런 면에서 남측에 있는 무한상상시민정원은 미래형 공원으로서 가능성을 보여준다.

무한상상시민정원은 2016년 행정자치부 마을공동체정원 조성사업에

의정부역 광장의 튤립공원

선정되어 2017년에 개장했다. 마을공동체정원이란 지역주민이 정원을 가꾸고 농작물도 재배하면서 공동 문화를 만들어가는 공간을 의미한다. 이 공간은 의정부의 시민단체가 주도해 지역의 기업체와 상인연합, 축산협회, 산림조합 등 지역의 각 기관 및 단체가 참여해 콘텐츠를 채워가고 있다. 올봄에도 튤립 정원을 꾸며 많은 시민이 찾았다. 필자의 마음에 제일 들었던 것은 아트캠프다. 정원 동쪽에 자리한 아트캠프는 2017년 문화체육관광부의 지역 기반 문화예술 거점 공간 조성사업으로 시작해 2019년 4월에 개관했다. 의정부역에서 2분 거리에 있어 접근성이 뛰어나다. 근처에 지하상가와 제일시장 그리고 젊음의 거리 행복로가 있는 황금 입지에 예술문화 시설이 있다는 것은 의정부 시민에게 축복 같았다.

의정부문화재단 홈페이지에 가보면 아트캠프는 '문화예술로 소통하는 열린 문화공간 의정부 아트캠프'라는 슬로건이 걸려 있다. 공연장과 커뮤

시민들의 예술 놀이터, 의정부 아트캠프

니티 공간, 휴게 공간과 카툰 카페로 구성되는데, 전통 공연 기반인 의정부 예술의전당이 신세계백화점처럼 고급 서비스 역할을 한다면 아트캠프는 제일시장과 같이 일반 서민이 접근하기 쉽도록 하는 보편적 서비스 역할을 하는 곳이다. 블랙박스 씨어터에서는 의정부의 신인 예술인이 공연한다. 커뮤니티 공간은 다양한 예술 단체의 활동을 지원하고, 시민 간 네트워크가 이루 어질 수 있도록 공유 공간 역할을 한다. 카툰 카페는 300여 권의 만화책을 보유하고 있고 이를 기반으로 청년 교류의 장이 되고 있다. 야외무대에서는 버스킹 공연도 자주 있어 신진 예술인의 활동 무대가 되고 있다. 또한 경기시민예술학교 등 예술 교육의 장으로도 활용되고 있다.

아트캠프는 컨테이너박스를 재활용해서 만들었는데, 용도별로 색깔을 다르게 구성해서 캠프라는 이름을 사용하고 있다. 캠프 블랙은 블랙박스 씨어터로 공연장이며, 캠프 오렌지는 커뮤니티 공간, 캠프 민트는 휴게 공간, 캠프 옐로는 카툰 카페 공간, 그리고 캠프 퍼플은 사무 공간이다. 무한상상시민정원이 정적인 콘텐츠로 구성된다면 아트캠프는 시민이 참여하고 시민이 만드는 역동적 콘텐츠로 채워진다. 의정부 청년의 삶을 소개하면서 의정부 역세권을 제일 먼저 소개하게 된 것도 이 아트캠프 때문이다. 처음 역전근린공원을 돌아보면서 잘 만들어놨네 하는 인상은 있었지만, 다른 도시의 공원과 큰 차이점은 발견할 수 없었다. 그런데 아트캠프를 보면서 예술문화를 중심으로 끌어들인 의정부 역세권의 지속 가능 발전성을 찾을 수 있었다.

4장 | 21세기는 예술과 콘텐츠가 있어야 도시가 지속성을 가질 수 있다

오래전부터 지역 살리기의 핵심은 시설 중심이었다. 전통시장 건물을 개조하고 공원을 만들고 기업을 유치하는 등 하드웨어 중심의 정책이 대부분이었다. 하드웨어는 기반 시설이기 때문에 반드시 필요하다. 하지만 그것만으로는 절대 활성화될 수 없다. 그곳에 거주하는 시민이 만드는 콘텐츠와 활동이 없으면 아무리 좋은 시설이라 해도 쓸모없는 것이 된다. 그 콘텐츠의 핵심이 예술이다. 즉 예술 없는 도시는 지속성을 가질 수 없다. 로컬 살리기 분야를 오랫동안 연구한 모종린 교수는 이를 창조경제[7]라고 부른다. 지역주민 스스로 창조적 활동을 통해서 콘텐츠를 만들고 서로 소통하는 커뮤니티를 형성해야 지역 공동체가 지속성을 갖는다는 것이다. 이때 창조적 활동은 전통 예술만을 의미하지 않는다. 전통시장 상인이 그 지역 고유의 서비스를 유지하고 개선하는 것도 큰 범위의 예술 활동이다. 이를 통칭하는 단어가 문화다.

행복로 차 없는 거리 조성 전 거리 풍경

또 하나는 세계화가 완성되고 전 세계가 하나로 연결되면서 지역(로컬)이 더욱더 중요해지고 있다는 점이다. 특히 플랫폼 경제가 주도권을 쥐면서 중간 영역이 사라지고 전 세계를 아우르는 글로벌 서비스가 아니라면 더 작은 단위로 쪼개지는, 마을의 특색을 기반으로 하는 것이 오히려 경쟁력이 있다.[8] 따라서 예술의전당같이 보편적으로 어느 지역에서나 제공되는 고급 예술도 중요하지만, 그 지역주민의 예술 활동이 활성화되어야 하이퍼로컬 개념의 문화 콘텐츠가 만들어질 수 있다. 그런 의미에서 아트캠프는 무한상상시민정원과 함께 의정부 시민의 문화 활동 거점 역할을 하는 것 같다. 누구나 자신의 콘텐츠를 공개하고, 누구나 문화를 배우고 또 서로 교류하는 가운데 의정부만의 독특한 문화 콘텐츠가 생산될 것이다.

행복로에서 펼쳐지는 비보이 퓨전MC 공연

대한민국 비보이의 본거지 행복로

2000년대 초 의정부에 있는 중학생 열 명은 비보이 팀을 결성한다. 이들이 고등학생이 되면서 만든 비보이 그룹이 퓨전MC다. 이들은 한국을 넘어 세계무대에 도전하면서 2015년 세계 랭킹 1위에 오른다. 이들을 중심으로 의정부는 비보이의 메카가 됐다. 지난 6월에도 의정부시 대표 비보이 팀이 네덜란드에서 열린 '2023 월드 브레이킹 클래식'에서 우승하는 등 그동안 의정부 비보이 팀은 세계대회에서 여러 차례 우승했다. 이들 비보이 팀의 활동 본거지가 의정부역 앞에 있는 행복로 문화의 거리다.

행복로 문화의 거리는 의정부역 교차로에서 대각선으로 폭 20미터, 길이 600미터의 공간이다. 예전에 4차선 간선도로였던 이 공간을 의정부 역사 내 신세계백화점 건립 계획이 세워지면서 차 없는 거리로 조성한 것이다. 의정부역에서 건너가면 제일 처음 만나는 것이 태조 이성계의 기마상이고 중간 중간에 거대 조각상이 세워져 있다. 소나무숲과 작은 실개천이 흐르고 중간 중간 휴식 공간이 조성되어 있다. 그런데 이 중에서 가장 눈에 띄는 것은 네 개의 크고 작은 공연장이다. 이곳에서 청년들이 각종 공연을 펼치고 행사나 축제 등이 열린다. 그중 신한은행 앞 광장에서는 비보이[9] 공연이 자주 열린다. 매년 4월부터 10월까지 주말이면 의정부의 스트리트 비보이 정기공연이 펼쳐지고 10월이면 의정부시와 퓨전MC 팀이 주관하고 전국 비보이 팀이 참가하는 '의정부 비보이 페스티벌'이 열린다.

문화도시를 표방하는 의정부시에서 비보이 활동가들은 아주 중요한 역할을 한다. 앞에서 살펴본 것처럼 공간적으로 전통시장이 더 활성화되고 지속성을 가지려면 고급 서비스의 대명사인 신세계백화점의 존재가 중요하듯이, 문화에서도 핵심 역할을 하는 주체가 필요하다. 그런 의미에서 의정부 비보이 청년들은 행복로가 문화의 거리로 지속성을 갖는 데 아주 중요한 역할을 한다. 그동안 국내 대회 100회 이상, 세계 대회 50여 회 우승한 비보이 팀이 주말마다 공연을 이어가면서 크고 작은 다양한 공연이 실효성을 확보할 수 있는 것이다. 그런 면에서 의정부에 비보이 청년들이 있다는 것은 큰 축복이다.

21세기 도시, 행복로에서 시작한다

1970년대 초에 개발된 여의도광장은 7만여 평에 이른다. 1980년대까지 이곳은 국군의 날 행사를 비롯해 대규모 집회가 열렸다. 대통령선거 때는 100만 명 이상이 모이는 선거전이 펼쳐지기도 하고, 종교 행사 등 수십만 명 이상이 참가하는 행사가 모두 이곳에서 펼쳐졌다. 특히 민주화운동이

행복로 연인들 거리

한창이던 시절 노동조합이나 야당의 시위가 자주 열렸다. 요즘 광화문광장을 생각하면 된다. 1997년 자연녹지공원화 계획이 발표됐을 때 많은 사람이 반대했다. 심지어 노조나 시민단체의 집회를 막기 위해 공원화를 한다고 주장하는 사람도 있었다. 그 여의도공원이 지금은 시민이 가장 사랑하는 장소로 변했다. 점심 때 가보면 공원을 걷는 직장인으로 가득하다.

서울 광화문광장 길은 왕복 12차선의 교통 대로였다. 2009년 도로 중앙에 공원을 조성해서 시민이 이용하게 했다. 당연히 교통 정체가 심해질 것이라고 반대하는 사람이 많았다. 하지만 그 후 광화문광장은 말 그대로 시민광장이 되어서 온갖 시민 행사의 본거지가 됐다. 그리고 2022년 한쪽 길을 완전히 막아 도로의 절반 이상을 공원 광장으로 바꾸었다. 본격적인 도로 축소 시대로 가고 있는 것이다. 비슷한 시기에 서울 시내에서는 고가도로 철거도 대규모로 이루어졌다. 교통 대란이 일어날 것이라고 걱정하는 사람이 많았지만 10년이 지난 지금 오히려 교통 흐름은 더 좋아지고 시민의 이용 환경은 훨씬 쾌적해지고 있다.

자동차산업은 20세기 산업화 시대를 맞아 인간의 삶을 가장 강력하게 지배해왔다. 건물부터 상점까지 도로를 중심으로 도시가 설계됐으며, 당연히 도로는 부동산 가격 형성에 가장 중요한 요소였다. 사람보다는 자동차 중심으로 도시 개발 정책이 시행되어왔던 것이다. 얼마 전 보행 신호등에서 무조건 정차 후 통과해야 하는 규칙이 시행되면서 보행자 우선 제도가 계속 강화되고 있지만, 골목이나 신호등에서 아직도 보행자는 차가 오면 멈칫하고 무의식 속에 자동차에 통행을 양보하는 모습을 쉽게 볼 수 있다. 그만큼 자동차 우선 문화는 우리 삶 속에 뿌리 깊게 박혀 있다고 할 수 있다.

구글의 웨이모나 GM의 크루즈는 자율주행자동차를 연구 개발하는 회사다. 이들이 꿈꾸는 것은 자동차 중심 문화에서 사람 중심 문화로 바뀌는 세상이다. 보통 교통 서비스 혁명[10]이라고 하는 자율주행자동차가 상용화되면[11] 지금의 도로 중심 문화는 파괴적 혁신을 겪을 것이다. 이것은 일과 삶과 배움이 융합하는 21세기 라이프스타일 혁명과도 연관이 있다.

일과 삶의 균형[12]은 1970~1980년대 여성이 본격적으로 직장 근무를 시작하면서 가정의 일과 직장의 일이 양립할 수 있어야 한다는 의미로 등장했다. 2000년대 들어서는 모든 영역에서 일과 개인의 삶이 양립해 삶의 질을 높일 수 있어야 한다는 의미로 사용되고 있다. 그 뒤로 직(job), 주(live), 락(play)의 개념이 사용되기 시작됐는데, 의정부처럼 서울 근처의 도시는 주거의 근거지고 서울이 일과 놀이의 장소 역할을 하는 것에서 이제는 한곳에서 일과 삶과 놀이가 함께 이루어져야 한다는 의미다. 현대사에서 강남이

행복로에 시민들이 앉아 쉬는 차 없는 거리

가장 뜨는 동네가 된 것은 삶과 일과 놀이가 한곳에 있기 때문이다. 그런데 문제는 앞에서 창조경제를 살펴본 것처럼 21세기 디지털 패러다임이 우리 삶을 지배하기 시작하면서 일의 성격이 바뀌고 있다는 것이다.

필자는 이 주제를 20여 년 동안 연구해왔는데, 한마디로 정리해 이야기할 수 있다. 산업화 시대, 곧 '직업을 쫓아가는 시대'에서 디지털 네트워크 시대, 곧 '직업을 다듬어 만드는 시대'로 전환된다는 것이다. 직업을 다듬어 만드는 것은 새롭게 창조하기도 하지만, 기존의 직업도 새로운 기술과 방법으로 자신에게 맞게 다듬는 것을 포함한다. 이를 골목길 경제학자 모종린 교수는 '창조경제'라고 표현한다. 이때 창조는 새로운 물건을 만드는 것이 아니라, 이용자에게 새로운 경험을 제공하는 것을 말한다. 그래서 디지털 시대에 영어 크리에이티브(creative)는 새로운 것을 만드는 것이 아닌, 새로운 경험을 제공하는 것을 의미한다. 유튜브 콘텐츠 제작자를 크리에이터

연인들의 거리로 사랑받는 행복로

라고 하는 것도 이들이 새로운 콘텐츠를 만들어서가 아니라, 새로운 경험을 제공하기 때문이다. 이용자에게 새로운 경험을 제공해줘야 하는데, 이용자는 한번 경험하면 새로운 경험을 끊임없이 요구한다. 이미 경험한 것은 이용가치가 떨어지기 때문이다. 디지털 시대 시장의 변화 폭이 큰 이유다. 그렇기 때문에 지속적으로 배우고 익히지 않으면 이용자가 요구하는 새로운 경험을 제공할 수 없다. 그래서 21세기는 락(놀이)보다는 배움이 훨씬 중요한 요소가 된다. 지금 청년은 일과 삶과 배움이 융합하는 시대에 살고 있는 것이다.

의정부 행복로는 청년 크리에이터가 삶과 일을 함께하는 장소로 발전하고 있다. 배움은 이렇게 청년이 서로 교류하면서 이루어진다. 의정부에서 살며 멀리 서울에서 일(직장)과 놀이를 하는 라이프스타일은 교통(도로)을 중심으로 이루어진다. 차 없는 거리가 존재한다는 것은 일과 삶과 배움이 융합하는 새로운 패러다임이 형성된다는 것을 의미한다. 의정부시는 행복로의 차 없는 거리에 시민의 이용이 늘어나자 더 공격적으로 로데오 거리와 녹색 거리도 차 없는 거리로 추진할 예정이다. 이렇게 되면 의정부 역세권은 최초로 직(job), 주(live), 학(learning)의 모델이 될 것이다. 그것이 성공하려면 기성세대가 일에 대한 개념부터 바꾸어야 한다.

학생과 이야기하다 보면 아직도 부모 세대는 자녀가 좋은 직장에 취직하기를 바라고 또 그렇게 되도록 강요한다. 아마 의정부에 사는 많은 부모가 자녀가 학교를 졸업하면 서울에서 취직하기를 바랄 것이다. 노는 것도 일이 되는 시대에 옛 패러다임으로 접근하면 거의 실패한다고 보면 된다. 그런 의미에서 행복로 주위의 상점 하나하나는 로컬 크리에이티브 경제의 주역이 될 수 있다.

남녀노소 계층을 가리지 않고 행복로를 찾는 것을 보고 그 가능성을 보았다. 그 최전선에 청년 크리에이터가 있다.

5장 도서관의 도시 의정부, 크리에이티브 경제의 가능성을 보다

의정부 경전철 서쪽 종점인 발곡역에 내리면 아파트 단지 근처에서 장암발곡근린공원을 만날 수 있다. 공원 북쪽 끝에 자리한 3층 규모의 현대식 건물 1층 홀에서는 작은 음악 공연이 펼쳐지고 주민들은 계단이나 간이 의자에 자유롭게 앉아 공연을 즐기고 있다. 전국적 명성을 얻은 의정부 음악도서관이다. 중앙은 3층까지 트인 공간이라 개방감이 있다. 일반 도서관의 이미지가 아닌 공연장에 온 것 같은 경험을 중시한 것 같다. 1층은 책과 음악이 융합된 공간이다. 1층 전체에 음악이 흐르고 서가에는 책이 비치되어 있는데, 특히 어린이 도서가 많다. 일반 도서관처럼 딱딱한 책상에서 독서하는 것이 아니라, 아무데나 편한 곳에 앉아서 책을 읽으면 된다. 바닥에 누워서 책을 보는 어린이도 있다.

2층에는 음악뿐 아니라 악보와 시집도 비치되어 있다. 2층의 특징은 대형 카페처럼 커다란 유리 창가 의자에 앉아 책을 읽을 수 있다는 것이다. 실

음악도서관 창가 의자에서 풍경과 독서를 즐기는 시민들

제로 필자가 방문했을 때도 거의 모든 의자가 책 읽는 사람으로 꽉 차 있었다. 3층은 음악을 중심으로 꾸며졌는데, 뮤직홀이 있어서 공연을 하기도 하고 평소에는 스크린에 공연 실황이나 음악 영화가 상영되어 누구나 감상할 수 있다. 기증자 홀에는 의정부에 거주하는 음악가[13]의 음악 콘텐츠가 전시된다. 곳곳에 오디오 장비를 비치해서 누구나 원하는 음악을 감상할 수 있도록 했다. 특히 미군부대가 많았던 의정부의 특색을 살려서 블랙뮤직 컬렉션이 전시되어 있다. 또 음악가가 작업할 수 있는 스튜디오도 있어 청년 음악가의 사랑을 받고 있다.

도서관은 책을 보관하고 동시에 읽는 것이 목적이다. 역사적으로 오랫동안 도서관은 그 사회 문화의 척도가 됐다. 하지만 모바일 시대가 되면서 편리성과 다양성에서 멀티미디어 기능이 있는 스마트 기기 때문에 그 기능을 잃어가고 있다. 그래서 대부분의 대학이 도서관이라는 이름 대신 스마

복합문화공간으로 변신한 음악도서관

트한 명칭으로 대체하고 있다. 그런데 의정부시는 최근 들어 크고 작은 도서관을 늘려가고 있다. 그리고 시민의 호응도 좋다. 의정부의 도서관은 무엇이 다른가?

의정부 음악도서관은 책만 읽는 곳이 아니다. 음악을 듣거나 창작을 하고 공연도 즐기고 커뮤니티 활동도 할 수 있다. 이를 복합문화공간이라고 한다. 이러한 변화는 영화를 상영하는 극장에서 먼저 일어났다. 케이블과 온라인으로 영화를 볼 수 있게 되면서 극장에 직접 가서 영화를 보는 것은 의미가 없어졌다. 그래서 극장은 오래전부터 복합문화공간으로 변신해왔다. 지금은 극장에 영화를 보러 가는 것이 아니라 문화 경험을 하러 가는 것이다. 실제로는 연인의 데이트 코스거나 가족의 나들이 장소 역할이 주를 이룬다. 그리고 예전에 단관이었던 피카디리나 단성사도 점차 멀티플렉스로 변화했다. 모두 영화 관람에서 경험의 장소로 전환한 것이다. 마찬가지

음악도서관 내부

로 도서관도 책을 소장하고 읽는 장소에서 경험하는 장소로 바뀌고 있다. 특히 스마트폰이 우리 삶을 지배하는 시대에 스마트폰을 떠나 경험을 확장할 수 있는 장소는 더욱더 필요하다.

글을 탐색하고 사색을 하는 경험

스마트폰 시대는 정보의 흐름이 무한 확장하는 세상이다. 그래서 누구나 정보 습득을 쉽고 편리하게 할 수 있다. 그런데 정보량이 기하급수적으로 증가하고 빠르게 유통됨에 따라 사람들은 점점 더 짧은 문장을 찾게 된다. 한때 트위터가 전 세계적으로 유행했고 블로그나 페이스북보다는 인스타그램이 더 인기를 끄는 것도 이 때문이다. 문제는 인공지능 기술의 발달로 단순 지식 활동은 점점 더 컴퓨터가 대신한다는 것이다. 그래서 인간

가재울 도서관

은 문제를 찾아내고 관찰하고 선택해서 결정하는 일, 한마디로 생각하는 일에 집중해야 하는데, 스마트폰은 이런 생각하는 능력을 키우는 것과는 반대 방향으로 우리를 내몬다. 그런 관점에서 도서관이 새로운 경험을 주는 공간으로 탈바꿈하는 것은 아주 큰 의미가 있다. 실제로 음악도서관을 이용하는 사람들의 행태를 보면 매우 다양하다. 책을 읽는 사람, 음악을 듣는 사람, 공연을 보는 사람, 아무것도 하지 않고 가만히 앉아 있는 사람 등 아주 다양한 모습을 관찰할 수 있다. 공통점은 잠시 스마트폰을 접어두고 있다는 것이다.

도서관이 새로운 역할로 변혁하기 위해서 꼭 음악도서관처럼 큰 투자를 하고 거창하게 준비해야 하는 것은 아니다. 의정부 가능역에 있는 가재울도서관이 이를 잘 보여준다. 2017년에 개관한 가재울도서관은 누구나 찾아오기 쉽고 마음 편하게 이용할 수 있도록 기찻길 옆 도서관 개념으로 운

동반북스

책방 옥상에 앉아

영된다. 가능역 5번 출구로 나오면 된다는 안내를 받고 찾아가는데, 겉으로 보면 도서관 같지 않다. 지하철 역사 밑에 거의 버려진 공간을 활용했기 때문에 의외의 도서관이라는 생각이 들었다. 원래 이곳은 노숙자가 상주하던 곳이라 쓰레기가 쌓이고 주변 지역이 낙후돼 있었다. 이 지역에 학교가 열 곳이 넘지만 청소년을 위한 장소는 매우 적었다. 그래서 이곳을 도서관으로 개발한 것이다. 그 후 가능역 주변 지역은 밝은 분위기로 탈바꿈했다. 작은 도서관 하나가 지역사회에 큰 역할을 한 것이다. 2020년에는 노숙자 급식소로 사용되던 곳을 '초록빛 정원'이라는 공간으로 변신시켰다. 식물을 중심으로 하는 이 공간은 지역주민의 커뮤니티 활동 무대가 되고 있다. 가능역 가재울도서관은 지하철 역사 밑에 버려진 하부 공간을 활용해 비용도 절약하고 지역 문화 발전에도 기여하고 있어서 모범적인 도서관 리모델링 사례로 전국 지자체의 벤치마킹 대상이 되고 있다.

마을 북카페 나무

현재 의정부에는 음악도서관과 가재울도서관 외에 정보도서관, 과학도서관, 미술도서관, 영어도서관 등 성격이 다른 큰 도서관이 운영되고 있다. 이뿐 아니라 2011년부터 '책 읽는 도시'를 표방하면서 열네 개의 공립 작은 도서관뿐 아니라 30여 개의 사립 작은 도서관을 운영하고 있는데, 작은 도서관은 마을 공동체 교류의 장이 되고 있다. 최근에는 청년을 중심으로 독립서점이 동네 곳곳에 생겨나 책 읽는 문화의 확장성을 보여주고 있다. 그 중 '동반북스', '책방 옥상에 앉아', '설희책방' 등이 인기를 끌고 있다. 가능동에 있는 동반북스는 동물과 함께 더불어 사는 세상을 모토로 동물을 주제로 하는 책을 소개한다. 동물을 생각하는 사람들의 커뮤니티 공간이기도 하다. 책방 옥상에 앉아는 매월 독립 작가를 초대해서 낭독회를 여는 등 다양한 문화 행사가 열리는 지역 커뮤니티 활동 공간으로 유명하다. 책방과 카페를 겸하는 설희책방은 아파트 상가에 자리 잡아 동네의 사랑방 역할을 한다.

독립서점은 서점 수익만으로는 운영이 힘들기 때문에 카페나 다른 수익 모델을 겸한다. 그래도 재정적 어려움이 제일 큰 문제다. 동네 책방 관련 정보를 제공하는 (주)동네서점에 따르면 2022년 누적 등록 독립서점 1031곳 중 815곳이 운영 중이고 181곳이 폐점했다. 이 원고를 마감할때쯤 설희책방도 문을 닫는다는 소식이 들렸다. 독립서점은 단순히 책을 유통하는 것보다는 마을 공동체에서 지적 교류의 역할을 한다. 특히 책방지기라고 하는 운영자의 성향에 따라서 서점의 개성이 나타나고, 그에 따라 활동 방향도 정해지기 때문에 마을에 뿌리를 둔 지역 문화 활성화에 중요한 역할을 할 수 있다. 재개발로 지금은 없어진 '마을 북카페 나무'가 그 좋은 예다.

마을 북카페 나무는 신곡동 재개발 예정 지구인 구주택가에서 2013년 주민 커뮤니티 공간으로 시작했다. 당시 아파트 관리동 3층 마을 도서관에서 '책 만드는 엄마'라는 소모임을 운영하던 안은성 씨가 뜻이 맞는 두 사람과 함께 마을 공동체 활동을 할 수 있는 북카페를 열었다. 이곳에서 다양한 주민 참여 활동을 하고 지역 작가의 전시회, 어린이의 체험 활동이 이루어졌는데, 철거 예정인 낙후된 마을에서 문화의 중심이 됐다. 이러한 활동으로 2019년 경기도 우수마을상을 수상하는 등 마을 중심 공동체 활동의 모범이 됐다. 의정부 청년 아카이빙 그룹 '81.54'와 함께 '장암 재개발 3구역: 공간과 커뮤니티의 발견' 프로젝트를 진행하기도 했다. 신곡동이 작년에 재개발에 들어가면서 아쉽게도 북카페의 활동은 멈추었다. 이러한 마을 북카페 나무의 기록은 2023년 4월 의정부 미술도서관에서 있었던 시 승격 60주년 전시회에서 전시되기도 했다. 마을 북카페 나무는 지금은 없어졌지만 의정부시가 책 읽는 도시를 추구하기 때문에 그런 정신을 갖고 있는 독립서점이나 북카페 활동은 점점 더 늘어날 것으로 예상된다.

프리미엄 상품 의정부 미술도서관

의정부 역세권 유통가에 명품 유통 브랜드 신세계백화점이 있다면 도서관의 도시 의정부에는 명품 도서관 의정부 미술도서관이 있다. 의정부 미술도서관을 방문했을 때 가장 인상이 깊었던 것은 3층 스튜디오 앞에 있는 ART 글자 모형의 좌대 가운데 있는 구멍에 한 어린이가 들어가 고개만 밖으로 내밀고 책을 읽고 있었던 장면이다. 마치 어렸을 때 다락방에 혼자 올라가 책을 보던 때 같은 느낌이었다. 연인은 데이트 장소로, 부모는 아이와 함께하는 가족 나들이로, 그리고 청년이나 일반인은 다양한 지식 활동을 위해서 이곳을 방문한다. 실제로 아무것도 하지 않고 멍하니 있는 사람도 있다. 말 그대로 새로운 경험을 제공하는 새로운 도서관이다.

도서관 역할과 미술관 역할을 함께 수행하는 공공 플랫폼으로, 미술관과 도서관을 융합한 새로운 시도는 전국 최초의 모델이 됐다. 홈페이지에 있는 도서관 비전은 "공간의 변화는 도서관 문화를 바꾸고 시민의 삶을 변화시키며, 지역을 성장시키는 원동력이 된다는 신념을 가지고, 지식과 문화와 휴식이 공존하는 도서관이 된다"다. 이러한 공간의 변화를 위해서 전 세계 수많은 도서관을 돌아보고 아이디어를 모았다고 한다. 그래서 미술도서관의 건물 형태를 보면 요즘 서울 교외에서 유행하는 대형 카페를 연상시킨다. 전면을 모두 유리 구조로 설치해서 햇빛을 그대로 받아들이는 것에서부터 중앙에 나선형 계단을 중심으로 3층을 개방형으로 설계하고 곳곳에 다양한 경험을 할 수 있도록 배치했다. 대형 카페가 유행하는 것은

의정부 미술도서관

단순히 커피를 마시고 빵을 먹는 목적이 아닌, 특별한 공간 구조에서 특별한 경험을 하고 싶은 대중의 욕구 때문이다. 미술도서관이 공간에 중심을 둔 것도 이곳을 찾는 이들에게 새로운 경험을 제공하기 위한 것이다.

의정부 미술도서관은 이미 전국적 명성을 얻고 있다. 유명 연예인부터 전국의 지자체, 관련 단체가 방문하고 있으며, 소셜미디어에 단골 아이템으로 등장하기도 한다. 전국적 지명도를 얻은 미술도서관은 의정부가 책 읽는 도시가 되는 데 매우 큰 역할을 하고 있다. 요즘 같은 플랫폼 세상에서는 일반 상품과 프리미엄 상품을 동시에 제공해야 확장성을 가질 수 있다. 일반 상품은 일상생활에서 이용가치를 주는 역할을 한다. 플랫폼 확장성을 가져다주는 것이다. 쉽게 풀이하면 누구나 시간과 장소에 구애받지 않고 저비용으로 이용할 수 있음을 의미한다. 스타트업이 처음 플랫폼을 론칭하면 무료로 이용자 확대에 주력하는 것처럼 이런 일반 상품은 플랫폼

미술도서관 내부

저변 확대에 절대적으로 중요하다. 이러한 일반상품 영역을 디지털 경제학에서는 '롱테일'이라는 용어를 사용해 설명한다. 이용자 수가 많게는 수천만 명에서 적게는 한 명까지 다양해서 꼬리처럼 긴 그래프를 그린다는 의미인데, 아마존이 롱테일 경제의 대표 사례다. 아마존에는 판매량이 극소수인 수많은 판매자가 존재한다. 또 유튜브가 좋은 사례인데, 유튜브 콘텐츠의 99퍼센트는 구독자가 몇 명에서 수십 명에 불과한 롱테일 영역에 속한다. 롱테일 영역은 개인 맞춤이 핵심 요소다.

도서관의 롱테일 영역인 독립서점이나 북카페에서 책방지기의 개성이 중요한 이유도 그 운영자의 특성에 따라 그 뜻에 동의하는 이용자의 충성도가 지속적으로 서점 운영을 활성화해주기 때문이다. 이 경우 문제는 서비스 제공자가 수익성을 확보할 수 없다는 것이다. 독립서점이나 북카페가 1년에 수십 개씩 생겨났다가 금세 문을 닫는 이유다. 그런 면에서 의정부시

아파트 단지에서 사랑방 역할을 하던 설희책방이 지난 8월 문을 닫았다.

가 책 읽는 도시를 표방하면서 마을마다 활동을 하는 독립서점이나 북카페에 정책적 관심을 기울이는 것은 바람직한 방향이다. 서점이나 북카페는 경제성 면에서 존재할 수 없는 모델이어서 지방자치단체나 공동체 조직의 지원 없이는 생존할 수 없기 때문이다.

문제는 이런 롱테일 영역만으로는 플랫폼의 경제적 가치를 실현할 수 없다는 것이다. 롱테일 영역은 플랫폼의 영향력을 확장하는 역할을 하고 프리미엄 상품이 경제적 가치를 제공해주는 역할을 하기 때문에 두 개의 영역이 서로 끌어주는 상호작용이 있어야 한다. 그런 의미에서 의정부 미술도서관과 음악도서관은 의정부시 문화 플랫폼에서 의정부 예술의전당과 함께 문화 프리미엄 서비스의 주체가 되고 있다. 정리하면 의정부시 책 읽는 문화 플랫폼은 미술도서관과 음악도서관을 중심으로 정보도서관, 과학도서관, 영어도서관, 가재울도서관 등이 프리미엄 서비스를 제공하고 60

여 개가 넘는 작은 도서관이 지역 공동체의 중심 역할을 하면서 청년이 주체적으로 참여하는 독립서점이나 북카페가 마을 문화 활성화에 실핏줄 역할을 하는 모범적인 사례다. 인공지능 기술이 우리 삶을 지배하면서 생각하는 힘은 미래의 중요한 역량이 되고 있다. 그 생각하는 힘은 긴 글을 읽을 때 가장 효과적으로 키울 수 있다. 그런데 인터넷과 스마트폰 시대가 되면서 우리는 그 반대의 삶을 살고 있다. 이런 환경에서 의정부시 도서관의 새로운 경험 제공은 우리 청년이 잠시 스마트 기기를 내려놓고 사색을 할 수 있는 기회를 제공하고 있다.

6장 | 커피, 베이커리 도시 의정부

로컬 경제학자 모종린 교수는 로컬 콘텐츠 타운이 되려면 독립서점, 게스트 하우스, DIY 공방 그리고 커피와 베이커리가 기본 요소라고 말한다. 지역 활성화에 커피와 베이커리가 왜 중요할까? 《규제를 깬 혁신의 역사》를 쓴 칼레스투스 주마 교수에 따르면 커피는 현대 사회의 문화 발전에 아주 큰 혁신적 역할을 했다. 커피는 아프리카 에티오피아에서 중동을 거쳐 유럽으로 들어왔다. 커피가 들어오기 이전에 정치 이념은 지배 계급인 귀족의 전유물이었다. 그런데 사람들이 커피를 즐기고 카페가 늘어나면서 커피숍은 모임의 장소가 되기 시작했다. 그전에는 기껏해야 술집에 모여 이야기를 나누었는데, 술 문화는 알코올의 지배력 때문에 이성적인 논쟁이 불가능한 특성을 갖고 있다. 그러니까 지배 계급의 카르텔을 강화하는 역할을 해왔다. 그런데 카페에서 맨 정신으로 모여 이야기를 나누다 보니 정보 유통이 자유로워지고 토론 문화가 형성되기 시작했다. 카페를 중심으로 공동체 활동이 활성화되고 토론 문화가 정착되면서 기존 지배 권력의 영향력이 줄어들고 민주 사회로 진보하게 된 것이다.

우리 사회도 카페 세상이 된 지 한참 됐다. 스타벅스 같은 대기업 전문점부터 동네의 작은 카페에 이르기까지 한 집 건너 카페이고 지금도 매일 카페가 생겨나고 있다. 최근에는 서울 근교에 수십억 원을 투자해 조성한 대형 베이커리 카페가 인기를 끌고 있다. 지금의 카페는 예전 유럽처럼 정치 이념을 토론하는 장소는 아니다. 대형 카페나 이색 카페가 유행하는 것은 인스타그램 같은 SNS의 영향으로 현실 체험 성격이 강하다. SNS에서 본 카페에 가서 같은 장면을 찾고 그곳에서 커피를 마시고 빵을 먹으면서 대화를 나누거나 명상에 잠기는, 일종의 가상과 현실의 혼합 경험 체험이 유행하고 있는 것이다. 그런데 커피는 중독성이 있기 때문에 일상생활의 필수 요소로 자리 잡게 되고, 그래서 크고 작은 카페가 한 집 건너 자리하게 된 것이다.

커피숍의 가장 큰 역할도 새로운 경험을 제공하는 것이다. 술 문화와 달리 커피를 마시고 이야기를 나누는 행위는 맨 정신에 이루어진다. 우리나라는 지난 60여 년간 술 중심의 문화를 갖고 있었다. 술자리에서 관계가 이루어지고 그 관계가 사회의 지배 세력이 됐다. 우리 사회가 술로 인한 문제 발생에 관대한 이유다(음주운전만 하더라도 선진국 중 우리나라가 제일 관대하다). 그리고 술 문화는 학연, 지연, 혈연으로 이루어지는 강한 연결의 지배 카르텔을 형성해서 한국 사회를 지배했다. 지난 20년은 그런 술 중심의 문화에서 맨 정신으로 이루어지는 커피 중심 문화로 패러다임이 전환되는 시기였다. 1999년 스타벅스가 이화여자대학교 앞에 1호점을 낸 이후 커피 전문점 시대가 된 것도 이런 시대의 흐름과 일치한다.

지금까지 이런 커피 전문점 시대를 주도한 것도 청년층이었다. 커피 전문점 시대의 촉발자 역할을 한 카페베네가 대중화에 성공한 것도 대학가를 중심으로 하는 확장 전략 때문이었다. 젊은이들이 커피숍에 모여 공부도 하고 대화도 나누고 모임 활동도 하면서 카페는 청년의 놀이터가 됐다. 즉 커피를 중심으로 하는 사회 패러다임의 전환은 젊은 층이 주도한 것이다. 이런 커피 문화의 발전은 술 중심 문화의 종식을 가져오면서 우리나라 사회 진보에 커다란 역할을 했다. 이제는 커피 문화가 보편적 플랫폼으로 자리를 잡았다. 대형 베이커리 카페를 중심으로 핵심 커피숍 이용자가 50대 이상의 기성세대로 이동하고 있기 때문이다. 청년층 마니아를 중심으로 시작한 유튜브가 2018년을 기점으로 50대 이상 기성세대의 대거 유입으로 보편적인, 그리고 막강한 플랫폼으로 자리 잡은 것처럼 커피 문화 플랫폼도 이제는 기성세대의 대규모 유입으로 막강한 경험 플랫폼으로 자리 잡아가고 있다. 그런 면에서 의정부의 커피 문화는 어떠한지 살펴보자.[14]

우리나라의 커피 역사는 대한제국 말 을미사변 당시 고종 황제가 러시아 공사관에 피신해서 처음 커피를 마셨다는 것에서 시작한다. 1910년대 이후 명동, 충무로, 종로 등에 커피점이 생겼는데, 소수의 사람만 이용했다. 그러다가 8·15해방과 한국전쟁을 거치면서 미군부대에서 원두커피와 일회용 인스턴트커피가 유출되어 대량 공급되기 시작했고, 1970년대부터 인스턴트커피가 먼저 대중화했다. 2000년대 들어서 스타벅스를 중심으로 대형 전문점이 커피 문화를 주도하기 시작했고, 지금은 수조 원에 이를 정도로 큰 시장을 형성하고 있다. 의정부도 오랫동안 미군이 주둔했기 때문에 이곳 사람들도 커피 문화에 익숙하다. 그렇다고 강릉 같은 도시처럼 커피 거리가 조성된 것은 아니고, 동네마다 작은 커피점이 산재해 있다.

계곡 카페 나크타

여기에 최근 대형 베이커리 카페가 유행하면서 서울에서 접근성이 좋은 의정부 교외에 대형 베이커리 카페가 많아지고 있다. 최근 산곡동에 문을 연 브런치 카페 '아나키아'는 평일에도 줄을 설 정도로 인기를 끌고 있다. 서울 북부권과 접한 장암동 일대에는 대형 카페 '파크 프리베', '오크힐 커피', '카페 아틀' 세 곳이 인접해 있으며, 의정부 시내 중심부와 가까운 곳에도 베이커리 카페가 여럿 있어 사람들의 발길이 끊이지 않는다. 이렇게 대형 베이커리 카페가 의정부 곳곳에 생겨난 것은 의정부가 수락산, 도봉산, 사패산, 천보산 등 명산으로 둘러싸여 있는 지리적 장점이 있기 때문이다. 이들 대형 카페는 유명한 산자락에 위치해 뛰어난 풍광을 자랑하고 마치 소풍을 온 것 같은 경험을 이용자에게 제공한다.

대형 베이커리 카페가 규모의 확장에 기여한다면, 동네마다 있는 작은 카페는 커뮤니티 활동의 근거지가 된다. 프랜차이즈 커피 전문점과 달리

카페, 송산

독립 카페는 상업적 경쟁력이 없기 때문에 생존 차원에서라도 마을 커뮤니티 활동의 거점 역할을 해야 한다. 앞에서 살펴본 북카페도 커피나 책 판매보다는 공동체 활동의 무대 역할을 하면서 의미를 찾고 있다. 최근에는 마을 공동체 활동을 활성화하는 목적으로 운영되는 카페가 생기고 있다.

용현동에 있는 '카페, 송산'은 마을 공동체 '송산마을 사랑방' 핵심 멤버들이 주축이 되어 2022년 초에 오픈한 커피숍이다. 송산마을 사랑방은 2015년 의정부시가 추진한 의정부형 마을 교육 공동체 프로젝트로 시작했는데, 지금은 이곳만 살아남아서 활동을 계속하고 있다. 송산마을 사랑방 활동은 학교와 마을이 함께하는 것이기 때문에 아이들의 참여가 특색이다. 그래서 솔뫼초등학교를 거점으로 학생, 교사, 학부모, 시민단체가 함께하며 교육과 삶이 일치되는 건강한 마을 공동체를 만드는 것이 활동 목표다. 그래서 내 아이만 잘 키우는 것이 가장 중요한 대도시 문화와 다르게 마을

장 담그기 행사를 하는 송산마을 사랑방

아이들을 다 같이 함께 키우자는 마음으로 부모가 뭉치고 여기에 학교와 마을이 협력해 실질적인 교육 공동체를 만들어가고 있다. 아프리카 나이지리아에는 '한 아이를 키우는 데 온 마을이 필요하다'라는 속담이 있다. 역설적이게도 인공지능 시대에는 다시 부족마을 시대로 돌아가 송산마을 사랑방같이 학교를 중심으로 마을 관계자 모두가 아이들을 키우는 데 함께하는 공동체의 역할이 절대적으로 필요하다. 앞에서 언급한 일과 삶과 배움이 융합하는 21세기 모델에는 교육 공동체 형성이 필수 요소다. 한 가지 아쉬운 것은 학교나 지자체 관계자가 바뀔 때마다 이런 주민의 자발적 공동체 활동에 대한 관심과 지원이 줄어든다는 것이다. 주민의 자발적 공동체 활동은 경제적 한계를 갖고 있기 때문에 민, 관이 지원해주지 않으면 지속할 수 없다. 의정부 주민의 자발적 공동체 활동이 씨앗을 발아시키고 있으니 공공 기관뿐 아니라 지역 경제인의 지원이 더해져 꽃이 피기를 기대해

장 담그기 행사를 하는 송산마을 사랑방

본다.

코로나19를 겪으면서 공간의 필요성에 공감한 송산마을 사랑방 운영진 네 명은 공동 출자해 카페, 송산을 시작했다. 여기에 의정부시 마을 공동체 '친환경마을 만들기'에서 도움을 주면서 용기나 빨대 등을 친환경 제품으로 제공하는 등 차별화를 하고 있다. 또 마을 주민과 공동체 회원들이 직접 만든 컵 받침이나 행주 등 수공예품도 제공한다. 이들은 수익금을 여러 곳에 기부하고 있어 운영진 모두 봉사활동으로 카페를 운영한다고 봐도 된다. 이런 활동은 학교를 거점으로 우리 아이들은 마을이 키운다는 학부모의 마음이 있기 때문에 가능한 것이다.

이런 동네 카페가 수익성을 확보하는 것은 쉽지 않지만, 마을 공동체 활동의 본거지 역할을 하면서 삶과 배움과 일이 융합하는 21세기 라이프스타일의 표본이 될 것이다. 카페는 단순히 커피와 빵을 팔아 비즈니스를 하는 의미보다는 그 공간에서 사람들의 상호작용으로 만들어지는 콘텐츠가 더 큰 의미를 갖는다. 그래서 지역 활성화에 콘텐츠 창작이 중요하고, 그런 크리에이티브한 환경에 커피와 베이커리가 필요하다고 하는 것이다. 이렇게 디지털 온라인 시대에 창작은 공동체 형성이 필수 요소가 되고 있고, 그래서 의정부의 커피 문화 확산은 중요한 의미를 갖는다.

의정부에는 지역적 특성을 살려 오랫동안 생존해온 독립 커피숍도 있는데, 카페 '또다른 세상'은 천보산 밑에 있는 녹양동에서 30년 넘게 운영되고 있다. 커피뿐 아니라 음식도 제공하는데, 30년 동안 실내 인테리어와 정원을 가꾸어온 고풍스러운 분위기가 특색이다. 신도시 민락동에 있는 카페 '파라오아'는 직접 빵을 구워서 제공하는데, 어린이가 직접 쿠키 만드는 경험을 할 수 있는 쿠키 클래스가 유명하다. 신곡동에 있는 '런던 포토하우스'는 영국에서 가이드와 게스트 하우스를 하던 주인이 연 영국식 카페로, 골목에 새로운 느낌을 주고 있다. 그 외에도 동네마다 특색을 가진 카페가 계속 늘어나고 있다. 인테리어가 예쁘고 독특한 분위기의 공간은 젊은이에게 '내가 사는 동네가 좋은 동네'라는 생각을 갖게 하고, 마을 공동체 의식을 기르는 데 큰 역할을 할 것이다. 이런 환경이 청년에게 왜 필요한지 기성세대는 이해하기 쉽지 않다. 예를 들면 미국의 시골에 있는 조그만 대학이 학생 유치에 어려움을 겪자 스타벅스를 교내에 유치하는 전략을 펴는 것도 커피와 베이커리가 주는 경험이 젊은 세대에게는 중요하기 때문이다. 커피의 본거지 의정부에서 커피 베이커리 산업이 활성화되어 청년의 창조도시가 될 것을 기대해본다.

7장 청년들이 의정부를 기록하는 이유

의정부는 역사가 오래된 도시지만, 1950년대 이후 현대사 기간에는 매우 독특한 문화를 보여준다. 한국전쟁 이전에는 양주군에 속할 정도로 작은 도시에 불과했다. 전쟁 전후로 미군부대가 주둔하면서 의정부는 확장의 길로 들어섰다. 1970년대까지 우리나라는 가난했고 미군부대는 가난한 나라 국민에게 최고의 일자리를 제공해주었다. 필자가 1980년대 초 카투사로 근무할 때도 한국인 노무단(KSC)이라고 해서 미군부대 내에 근무하는 한국인 근로자가 많았다. 필자는 건설단 부대 소속이었는데, 한국인 노무단 다수가 중장비 정비 일을 담당하고 있어 이들과 함께 일했던 기억이 난다. 이렇게 미군부대 안에서 정식 직원으로 일하는 사람은 안정적인 경제활동이 가능했다. 또 부대 주변에는 술집이나 미용실, 양복점 등 미군을 상대로 하는 가게가 많았고, 미군을 직접 상대하지는 않지만 미군이나 한국인 노무단을 상대로 경제활동을 하는 이들까지 다양한 사람이 있었다. 미군부대와 관련한 일자리 생태계가 잘 형성되어 있었던 것이다. 즉 미군부대 주변은 가난한 우리나라 사람에게 경제적 여유를 가져다주는 매력적인 곳이었다. 당연히 전국에서 일자리를 찾아 많은 사람이 의정부에 정착하게 됐다. 그만큼 의정부는 다양성에서 큰 특징을 보여주었고, 토박이와 이주민의 구별이 없는 도시가 됐다.

미군은 1950년대 중반에 가장 많이 주둔했고 그 후 조금씩 줄어들었다. 1990년대 말부터 미군부대 이전이 시작되어 2007년에 마무리됐다. 지금은 의정부시에서 미군을 거의 볼 수 없다. 이렇게 미군부대가 평택 등지로 이주함에 따라 미군부대와 관련한 일을 하던 사람도 함께 의정부를 떠났다. 하지만 의정부 인구는 줄어들지 않았다. 동두천이나 양주 같은 주변 지역에서 서울로 이동하는 중간 지역으로 의정부를 선택하는 주민이 많았고 또 서울 집값이 상승하면서 의정부로 이주해오는 주민이 많았기 때문이다. 한마디로 정리하면 1950년대부터 의정부는 각 지역에서 찾아온 여러 종류의 사람이 모여 사는 다양성을 갖춘 도시가 됐다.

다양성은 21세기 디지털 시대에 매우 중요한 요소다. 플랫폼과 생태계 형성이 지속적인 발전의 기본 요소이기 때문에 다양성과 형평성 그리고 포용성[15]을 어떻게 확보하느냐가 모든 조직이 해결해야 하는 난제다. 1963년 시 승격 이전부터 다양성과 포용성을 갖춘 의정부는 미래 도시로 진보하는 데 유리한 점이 많다. 문제는 인구의 유동이 많다 보니 의정부에서 태어난 사람이나 이주한 사람이나 의정부 주민으로서 자기 인식이 별로 없다는 것이다. 부모는 자녀가 자라서 대부분 서울로 취직하기를 원하고 청년도 직장을 찾아 이주하는 것을 자연스럽게 생각한다. 그런데 최근 이러한 성향이 바뀌고 있다. 학교를 졸업하면 꼭 서울로 직장을 얻어서 가야 하는지, 의정부에서 일하면서 살아갈 방법은 없는지 생각하는 청년이 늘고 있다. 이런 경향은 의정부에서 태어났거나 나중에 이주해왔거나 큰 차이 없이 현재 의정부에서 살아가는 청년에게 나타나고 있다. 이것은 의정부에서 자란 청년으로서 정체성을 찾아가는 일에서부터 시작한다. 그래서 청년을 중심으로 의정부를 연구하고 기록하고 정리하는 활동을 살펴보는 것도 미래 의정부의 모습을 그리는 데 도움이 될 것 같다.

청년의 에너지 생태계 '스무살이 협동조합'

의정부시 가능동에 청년 창작 공간 '작당'이라는 건물이 있다. 경기도시공사가 건설한 이 건물 2층과 3층에는 청년 1인 가구를 위한 원룸이 있으며, 1층은 청년이 일을 하고 공동체 활동을 할 수 있는 코워킹 공간[16]이 있다. 이 청년 창작 공간 작당의 운영 주체가 '스무살이 협동조합'이다. 앞에서 이야기 했듯이 21세기는 일과 삶과 배움이 융합되는 시대다. 이미 홍대 앞 등 젊은이가 많이 찾는 동네를 중심으로 주거와 일 그리고 공동체 활동을 할 수 있는 공간 개발이 활발해지고 있다. 이미 수백억 원의 투자를 받은 스타트업도 등장하고 있다. 청년 창작 공간 작당은 의정부에서 일과 삶과 배움이 융합하는 라이프스타일 실험실 역할을 하고 있다.

스무살이 협동조합은 2017년 청소년 자치 배움터 몽실학교 출신들이 서로 도와주고 응원하는 공동체를 만들면서 시작됐다. '우리가 자란 곳을 우리가 살아갈 곳으로'라는 모토로 청년이 지역에서 할 수 있는 일은 무엇일까를 고민하면서 길을 찾는 활동을 하고 있다. 이들은 서로 가르치고 배우고 다양한 실험 프로젝트를 해가면서 의정부의 정체성을 찾아가고 있다.

청년 창작 공간 '작당'

이들의 활동은 의정부의 미래에 어떤 의미가 있을까?

19세기 산업혁명이 도약을 하면서 공장이 생기고 이곳에 사람이 모이면서 도시가 형성됐다. 그리고 대부분의 사람이 산업 구조에 맞는 직업을 갖게 됐다. 그래서 산업화 시대를 '직업을 쫓아가는 시대'라고 한다. 지방자치단체가 기업을 유치하려는 노력은 이러한 과거의 모델을 따르는 것이다. 지금은 '직업을 다듬어 만드는 시대'[17]라고 한다. 21세기가 되면서 디지털 기술이 보편화되고 인터넷이 우리 삶을 지배하면서 일의 성격이 바뀌고, 이에 따라 직업의 변화가 점점 더 빨라지고 있다.

경제적으로는 산업화 시대 이익을 추구하는 형태에서 디지털 시대 가치를 추구하는 모델로 바뀌었다. 그래서 지역 경제를 살리는 문제를 논의할 때 창조 경제를 이야기 한다. 창조경제는 콘텐츠 창작자를 중심으로 마을을 형성하고 21세기에 적합한 일자리를 만드는 것을 의미하는데 이런 문화를 형성해야 청년들이 지속적으로 거주할 수 있는 도시를 만들 수 있다. 스무살이 협동조합은 이러한 실험을 하는 청년 조직이다. 이들은 무엇을 해야 할지 정답을 모른다. 하지만 끊임없이 실험하고 도전하면서 '직업을 다듬어 만드는' 시대의 요구에 응하고 있다.

의정부 마을을 기록하고 미래를 준비하는 청년

의정부의 고유한 문화와 삶을 기록하는 청년들이 있다. 의정부 청년 콘텐츠 그룹 '81.54'는 2020년 로컬 매거진 〈UP〉 창간을 계기로 여덟 명의 청년이 시작했다. 이들은 의정부 사람의 다양한 삶을 기록하는 활동뿐 아니라 여러 가지 공간 기획 프로젝트를 추진하고 있다. 매거진 〈UP〉 제작 활동을 중심으로 '평화로운 의정부 프로젝트 - 사소한 날들', '장암 재개발 3구역 - 공간과 커뮤니티의 발견' 등 로컬 프로젝트를 진행한다. 디자인, 영상, 지역 문화, 예술, 출판, 아카이브, 비건, 제로웨이스트 등 다양한 관심과 재능을 가진 젊은이들이 프로젝트에 참여해 서로 배우고 가르치면서 의정부 청년만 할 수 있는 콘텐츠를 만들어가고 있다.

'불복종 먼지들'은 2021년 코로나19를 계기로 채식과 동물 보호 그리고 환경을 생각하는 활동을 목표로 세 명의 청년이 시작한 환경운동이다. 이들은 대안학교와 몽실학교 학교 밖 청소년 과정을 통해서 만났는데, 서로 가치관이 맞아 이런 활동을 시작하게 됐다. 이들은 평소 SNS 활동을 통해 채식과 기후 위기 관련 정보를 전파하는데, 틈틈이 오프라인 행사에 참여해 전시 활동도 한다. 특히 그리너마켓이라는 제로웨이스트 비건 플리마켓도 세 번이나 열었는데, 이런 활동이 거의 없던 의정부에서 경제 능력도 부

청년 콘텐츠 그룹 '81.54'와 그들이 발간하는 잡지 <UP>

족한 젊은이들이 새로운 길을 열고 있다는 데 의미가 있다. 플라스틱 재활용운동을 하는 '도돌이표 플라스틱'도 2021년 의정부 문화재단의 문화도시 100만 원 실험 프로젝트에서 출발해 경제 능력이 부족한 청년들이 헌신적으로 활동하는 환경운동 그룹이다.

이들의 활동 반경은 대부분 겹친다. 스무살이 협동조합이나 81.54 아카이빙 그룹, 환경운동 등을 주도하는 불복종 먼지들이나 도돌이표 플라스틱 소속 청년은 서로 연결되어 있어서 여러 활동을 겸하는 이들이 많다. 의정부 문화재단에서 5년째 운영하는 '문화예술 기획학교'도 콘텐츠를 기획하고 생산할 수 있는 청년을 양성하면서 여러 청년 활동 단체의 연결고리 역할을 하고 있다. 의정부 문화도시 100만 원 실험 프로젝트도 많은 청소년 활동 단체를 길러냈는데, 청년의 콘텐츠 창작 공간 사업을 하는 '의정부 바이브'가 대표적이다. 2년 반 동안 재개발 지역의 버려진 공간을 활용한 공간 창작 프로젝트 '여튼 952'도 100만 원 실험실에서 시작됐다.

최근에는 '청년 아지트'라는 프로젝트도 시작했는데, 민간 공간 운영자가 청년에게 네트워킹 할 수 있는 공간과 프로그램을 제공한다. 의정부에서도 유명한 '아트볼 프로젝트', '의정부시 청년몰', '더필링컴퍼니', 'M보컬뮤직 아카데미' 등이 참가한다.

살러 오는 도시 의정부를 꿈꾸다

필자는 평생 미디어 콘텐츠 생산업에 종사해왔다. 지금 KBS, MBC, SBS 등 전통 미디어는 존폐가 걸릴 정도로 어려운 형편이지만, 전체 미디어 산업은 계속 성장하고 있다. 그만큼 21세기 디지털 세상에서 콘텐츠 창작 분야는 지속적으로 확장한다는 의미다. 의정부처럼 산업 기반이 약한 주거형 도시에서는 청년의 콘텐츠 창작 분야가 가장 큰 일자리가 될 수 있다. 특히 '직업을 다듬어 만드는 시대'에는 더욱 그렇다. 2022년 12월 문화체육관광부가 '문화도시'로 선정한 의정부시에서는 앞으로 시민이 직접 문화를 만들어가는 미래형 프로젝트가 진행될 것이다. 주한미군의 규모가 크던 시절 우리 대중문화는 미군 클럽에서 활동했던 연예인이 주도했다. 그 바탕 위에 이제 우리나라는 한류로 표현되는 세계적인 문화 콘텐츠 생산국이 됐다. 대중문화예술인이 활동했던 역사적 바탕 위에 더해진 21세기 청년 주도 콘텐츠 창작 활동은 이들의 공동체 형성과 미래 일자리 창출에 기여할 것이다. 의정부가 거주만 하고 서울로 출근하는 도시에서 의정부에 살러 오는 도시로 바뀌는 미래 모습을 이번 프로젝트에서 볼 수 있었다. 의정부의 미래를 기대한다.

5부 주석

1) 캠프 스탠리 후문 고산동에 있는 기지촌마을. 한때는 이태원처럼 번영하던 동네였는데
미군이 철수하면서 쇠락해 130여 가구가 남아 어렵게 살아가고 있다.
한번 들어오면 빠져나오기 힘들다는 옛 기지촌마을이라고 해서 뺏벌마을이라고 한다.
보통 빼뻘이라고 한다. 이곳에 빼뻘보관소라는 곳이 있는데, 청년 예술인이 예술을 통해 쇠퇴한
지역 커뮤니티 활성화 운동을 하고 있다.

2) 현재는 규모가 컸던 캠프 레드 클라우드와 캠프 스탠리가 아직 의정부시에 완전히 반환되지 않아서
미개발 상태다. 이런 미개발 상태는 오히려 미래 지향적 의정부를 만들 수 있는 기회가 될 수 있다.

3) 의정부역 지하상가.

4) 전문 용어로 브로드 커버리지(broad coverage)라고 한다. 산업화 시대에는 고급품, 저가 대량 생산품,
특별 맞춤 상품 등 상권이 분리되어 있지만 지금은 고객이 어떤 수준의 제품이나 서비스를 언제,
어디서 원하든지 제공할 수 있어야 플랫폼으로서 성공할 수 있다는 의미다.
이것은 초개인 맞춤 서비스(hyper-narrow service)를 위한 기반 서비스(플랫폼) 구축을 의미한다.

5) 지금도 어느 정도 그런 역할을 하는 것으로 보인다.

6) 중국의 민간 외교 및 국제관계 싱크탱크.

7) 인류는 2000년 동안 결핍의 시대를 살았다. 그 결핍을 해결하기 위해 물질이 필요하고,
그래서 물질주의는 인류의 가장 강한 패러다임이었다. 그런데 2000년대 이후 풍요의 시대를 넘어서
잉여의 시대가 되면서 탈물질주의가 대두된다. 즉 물질적 부족에서 정신적 부족으로 경제의 기본 조건이
이동하면서 정신적 부족을 충족하기 위한 상품이나 서비스가 필요해졌는데,
이를 창조경제(크리에이티브 경제)라고 한다. 이 창조경제의 핵심이 문화 콘텐츠다.

8) 이것을 하이퍼로컬(hyperlocal)이라고 한다. 지역의 개념이 도시에서 마을 단위로 더 세분화되는 의미다.

9) 비보이는 브레이킹 댄스를 추는 사람을 일컫는다. 1970년대 빈곤 지역이면서 흑인 거주지인
뉴욕시 브롱스에 남미계가 이주해오면서 거주민 간에 폭력적 갈등을 겪었다. 이들 흑인과 남미계 청년이
춤을 추는 동안은 상대를 공격하지 않는다는 협정을 맺으면서 브레이킹 댄스가 유행하기 시작했다.
이러한 평화적 의미를 갖고 있는 비보잉이 의정부에서 핵심 활동을 한다는 것도 역사적 의미를 갖는다.

10) 교통 서비스 혁명(TAAS, Transportation As A Service)은 자율주행자동차의 알고리듬,
전기자동차의 컴퓨터, 차량 공유 서비스의 운전 대여 서비스가 융합해 인간의 운전을 대신하면서
우리 삶을 바꾸는 대규모 패러다임 전환을 의미한다.

11) 전문가의 예상에 따르면 2030년 안에 자율주행자동차가 상용화될 것이다.

12) 워크 앤드 라이프 밸런스(work and life balance), 우리나라에서는 영어의 앞 글자를 따서
'워라밸'이라고 한다.

13) 타이거 JK, 윤미래 등 많은 음악가가 의정부에 거주하거나 방문하고 있다.

14) 예전에 다방 문화가 있었지만, 이는 지금의 커피 문화와는 완전히 다르다.
음악다방이라는 특수한 형태도 있었지만, 대부분 다방은 술 문화의 연장이라고 보면 된다.

15) 다양성(Diversity), 형평성(Equity), 포용성(Inclusion)을 줄여서 DEI라고 하며,
이용자가 절대 왕인 시대 플랫폼과 조직 확장에 매우 중요한 요소다. 기업, 정부, 학교 등
대부분의 조직이 해결해야 할 경영의 최대 과제다.

16) 다양한 분야에서 독립적인 작업을 하는 사람들이 한곳에 모여 서로 아이디어를 공유하며
의견을 나누는 협업의 공간 또는 커뮤니티를 말한다.

17) 영어로 잡 크래프팅(job crafting)이라고 하며, 이는 직업을 새로 만들기도 하지만
새로운 기술과 방법으로 기존의 일도 자신에게 맞게 변혁하는 것을 말한다.

그래서 우리는 의정부에 올라간다

초판 1쇄　2023년 11월 27일

지은이　박종인, 이동식, 류호철, 유호명, 오강선

발행인 겸 편집인　유철상
책임편집　홍은선, 안여진, 김정민
교정·교열　유은하
마케팅　조종삼, 김소희
찍은곳　다라니
종이　월드페이퍼
제작 및 지원　재)의정부문화재단

펴낸 곳　상상출판
주소　서울시 성동구 뚝섬로17가길 48, 1205호
구입·내용 문의　전화 02-963-9891 팩스 02-963-9892
홈페이지　www.esangsang.co.kr
등록　2009년 9월 22일(제305-2010-02호)

979-11-6782-176-8(03910)

※ 가격은 뒤표지에 있습니다.